이슬람의 잊혀진 여왕들

이슬람의 잊혀진 여왕들

1판 1쇄 인쇄 2016년 12월 2일
1판 1쇄 발행 2016년 12월 10일

지은이 파티마 메르니시
옮긴이 알이따르
펴낸이 서의윤

펴낸곳 훗
　　주소 서울시 구로구 구로동 디지털로34길 55 806호
　　출판신고번호 제2015-000019호 **신고일자** 2015년 1월 22일
　　huudpublisher@gmail.com / www.huudbooks.com

디자인 이규환
공급 한스컨텐츠㈜

ISBN 979-11-957367-2-0　03330

한국어판 ⓒ훗 2016, Printed in Korea

＊ 이 책 내용의 전부 또는 일부를 재사용하려면 반드시 저작권자와 훗의 동의를 받아야 합니다.

＊ 이 도서의 국립중앙도서관 출판예정도서목록(CIP)은 서지정보유통지원시스템 홈페이지(http://seoki.
nl.go.kr)와 국가자료공동목록시스템(http://nl.go.kr/kolisnet)에서 이용하실 수 있습니다.
(CIP제어번호: 2016028999)

책값은 뒤표지에 있습니다.
잘못 만들어진 책은 구입하신 서점에서 교환해드립니다.

판매 · 공급 한스컨텐츠㈜
전화 031-955-1960　팩스 02-2179-8103

The Forgotten Queens of Islam

이 슬 람 의
잊혀진 여왕들

Fatema Mernissi
파티마 메르니시

훗

베나지르 부토가
최초였나?

1988년 11월 16일 베나지르 부토가 선거에서 승리하고 파키스탄의 총리가 되자 이슬람의 이름으로 말할 권리를 독점한 자들, 특히 당시 야당이었던 IDA(Islamic Democratic Alliance 이슬람 민주 연합)[1]의 지도자 나와즈 샤리프는 이를 신성모독이라고 부르짖었다. '이런 무서운 일이! 무슬림 국가는 결코 여성이 다스려서는 안 된다!' 그들은 이슬람 전통에 호소하여 이 사건이 '섭리에 반하는 일'이라고 비난했다. 그들의 주장은, 우리 선조들에게 있어서 정치적인 의사 결정은 항상 남성들의 일이었다는 것이다. 헤즈라 1년(서기 622년)부터 지금까지, 이슬람 1500년 동안에 무슬림 나라들에서 공무의 수행은 오직 남성들만의 특권이자 독점이었다.[2] 이슬람을 대표한다는 사람들과 다른 무슬림들에 대한 투쟁의 구호

---

1 나와즈 샤리프는 베나지르 부토가 물러난 후 파키스탄의 총리로 부상했다.

가 이슬람의 방어라고 생각하는 사람들은, 어떤 여성도 이슬람에서 왕좌를 차지한 적이 없었고, 국사를 지시한 적 또한 없다고 주장해왔다. 그래서 그들은 622년부터 1988년까지 어떤 여성도 무슬림 국가를 통치한 적이 없었으므로 베나지르 부토 역시 그럴 수 없다고 말한다.

서양뿐 아니라 동양에서도 모든 언론이 이 주장을 반복하면서 매우 흥미로운 지점을 놓치고 있다. 파키스탄 정치인들은 선거에서 지고 나서야 무슬림 전통을 들먹였다는 점이다.[3] 모순적이게도 이슬람을 대표한다는 정당들의 대표들은 겉으로는 선거를 게임의 규칙 중 하나로 받아들였다. 즉, 그들은 세계 인권 선언의 원칙들로부터 나온 의회 민주주의를 받아들였다. 의회 민주주의에서 투표는 정치적 권력의 주권적 기반이다. 어떻게 그들은 민주적으로 선출된 후보자가 승리를 거둔 후에 새로운 정치적 질서와는 너무도 동떨어진 과거와 전통에 호소할 수 있단 말인가. 선거에서 패배한 프랑스나 독일, 영국, 미국 후보자가 경쟁자를 불신하고, 그래서 선거 결과에 불복하기 위해 과거에 의존하는 일은 거의 불가능할 것이다. 그렇다면 여성을 상대로 선거에 나섰던 무슬림 정치인 남성이 과거를 들이밀고 전통을 무기로 삼아 경쟁자를 부적격으로 간주하는 행위는 어떻게 설명할 것인가? 우리는 정확히 어떤

2 서기 622년에 해당하는 무슬림력 1년은 예언자가 고향인 메카를 떠나 메디나로 갔던 헤즈라의 해이다. 이 상징적인 해가 선택된 것은 당시 예언자가 첫 번째 무슬림 공동체의 지도자가 되었기 때문이다. 1992년은 무슬림력 1413-1414년에 해당하며, 무슬림력의 달 수는 음력이기에 기독교력보다 짧다. 매년 무슬림력은 기독교력 상의 며칠을 가져온다. 나는 일반적으로 이 책 전체에 걸쳐서 먼저 무슬림력으로, 그다음에 해당하는 기독교력으로 날짜를 기재할 것이다.

3 나와즈 샤리프가 이끄는 IDA는 55석밖에 얻지 못했다. 베나지르 부토의 인민당은 직접 선거로 선출된 207석 중 92석을 차지했다. 총 237석이 있으며 그중 30석은 특별석으로 남겨두고 소수자들(특히 크리스천 소수자들)에게 10석을, 여성들에게 20석을 주고 있다.

정치적 영역에 있단 말인가?

　베나지르 부토가 선거에서 승리를 거뒀음에도 파키스탄을 통치할 수 없다고 말하는 것은 의회 민주주의의 정치적 장을, 그 적법성의 기반이 투표가 아닌 또 다른 장으로 옮겨버리는 일이다. 놀라운 것은 무슬림 여성이 전면에 등장하자마자 하나의 정치적 장에서 다른 쪽으로 옮겨가는 바로 그 태세 전환이다. 선거에서 이긴 후보자의 이름이 하싼이나 무함마드였다면 나와즈 샤리프와 그의 지지자들은 이런 식의 홍보전을 펼치지 못했을 것이다. 결과의 애매성은 (권리에 관한 문제에서 항상 폭력을 안고 있는) 여성이 문제일 때만 등장한다.

　이 책에서 나는 그 수수께끼를 푸는 일, 즉 무슬림 여성들의 정치적 권리에 드리워져 있는 그 애매성을 설명하려는 것이 아니다. 공정한 사람들에게는 당연한 일인 '인권'의 실행 가능성과 여성들의 권리를 지키는 일 사이의 신비로운 연결 고리를 세우려는 것도 아니다. 착하고 순종적인 무슬림 여성으로서, 나는 그런 심각한 문제들은 남성들에게 미뤄두려고 한다. 난 내가 있어야 할 곳을 알고 있다. 난 내가 관심을 두는 것들, 그러니까 사소한 것들만 가질 수 있다. 그리고 결코 존재한 적이 없었던 여성들, 622년부터 1989년까지 무슬림 국사를 다뤘던 여성들을 조사하는 것보다 더 사소한 게 무엇이랴? 탐정이 되는 일, 특히 사립탐정이 되는 것은 그다지 심각한 활동이 아니다. 우리는 공권력이 우리의 사건을 맡아주지 않는다고 생각할 때 사립탐정을 찾는다. 그리고 바로 이 여왕들이 확실히 그런 사례이다. 광대한 무슬림 세계에서 누구도 그들의 운명을 걱정하지 않는다. 어떤 공권력도 그들에게 신경 쓰는 것 같지 않다. 게다가, 그들이 존재했다는 증거가 있기는 한 걸까?

가능성은 두 가지뿐이다. 하나는 여성 수장이 존재하지 않았다는 것으로, 이 경우 베나지르 부토가 처음이라고 주장하는 정치인들이 옳다. 다른 경우는 과거에 무슬림 국가들을 이끌었던 여성들이 있었으나 공식 역사 속에서 지워져 버린 것이다. 독자 여러분과 여러분의 전적인 사립탐정인 나는 두 번째 가설을 따라가면서, 세계사에서 가장 매혹적인 숙청들(침묵 속에 전해 내려온, 일련의 국가 수장들에 대한 과거 청산)에 빛을 밝히는 첫 번째 사람이 될 것이다.

어디서부터 시작할 것인가? 여왕들의 시체들 속에서 길을 잃게 될까? 어떤 기념비를 파 봐야 할까? 어떤 궁전을 살펴봐야 할까? 아시아로 날아갔다가 아프리카에서 사라지거나, 지브롤터 해협을 거쳐 유럽을 탐험하며 안달루시아 정원들의 신비를 경험하게 될까? 코르도바(스페인 코르도바 주의 주도–옮긴이)를 탐험해야 할까, 아니면 델리가 더 좋을까? 사나(예멘 수도–옮긴이)와 그 주변을 발굴해야 하나 아니면 배를 타고 인도네시아의 섬들로 가야 하나? 바스라(이라크 남동부의 무역항–옮긴이)와 바그다드를 지나 이스파한(이란의 제3의 도시–옮긴이)과 사마르칸트(우즈베키스탄 사마르칸트 주의 주도–옮긴이)를 돌아보고 몽골리아의 스텝 지역으로 달려가야 하나? 이슬람은 거대하다. 광대하고 조밀하며, 넓은 시간과 공간에 펼쳐져 있다. 만약 실제로 그 여왕들이 존재했다면, 우리는 그들이 있었던 상상 속의 장소를 찾아 어디로, 어느 방향으로 가야 할까?

탐정처럼 조사해야 한다면, 그 방법은 무엇일까? 이런 식의 조사는 어떻게 시작해야 하는 걸까? 문제는 내가 이 분야에 대해 경험이 거의 없다는 것이다. 나는 탐정소설을 제대로 읽은 적이 없다. 난 영웅이 죽자마자 마지막 장으로 건너뛰어서 범인부터 알아낸다. 하지만 가장 위대하고 유명한 탐정들이라면 나에게 도서관에 가라고 조언했으리라 믿는다. 그리고 믿거나 말거나, 찾는 것은 어렵지 않았다. 동화에서처럼, 여왕들, 말리카malika(왕을 뜻하는 아랍어인 malik의 여성형-옮긴이)들, 그리고 카툰khatun(터키나 몽골 왕조의 권력을 가진 여성의 칭호-옮긴이)들이 낡은 책들의 바랜 종이들의 부드러운 틈 사이에서 조금씩 모습을 드러냈다. 그들은 하나씩 하나씩 도서관의 조용한 방을 지나 음모와 미스터리의 끝없는 행렬을 이어갔다. 때로 그들은 둘씩, 셋씩 나타나서, 아시아 이슬람 세계의 머나먼 섬에서 어머니로부터 딸에게로 왕관을 넘겼다. 그들은 말리카 아르와라고, 알람 알-후라라고, 술타나 라디야라고, 샤자라트 알-두르라고, 투르크의 카툰이라고 불렸다. 더 겸손하게는 타즈 알-알람(우주의 왕관)이나 누르 알-알람(세상의 빛)이라고 불렸다. 어떤 여왕들은 권력의 지배권을 물려받았고, 다른 여왕들은 권력을 차지하기 위해 그 후계자들을 죽여야 했다. 많은 여왕이 직접 전투를 이끌었고, 패배를 겪었으며, 휴전을 맺었다. 어떤 여왕들은 유능한 와지르(대신)들을 신뢰했고 다른 여왕들은 오직 자기 자신에게만 의존했다. 그 각각의 여왕들은 자신들만의 방식으로 신민을 대하고 법을 실행하고 세금을 집행했다. 어떤 여왕들은 오랫동안 왕좌를 지켰고, 다른 여왕들은 자리 잡을 시간조차 없기도 했다. 많은 이들이 칼리프(정통 칼리프 시대나 우마위야조나 압바스조의)가 살해당하는 방식으로, 즉 독살당하거나 칼에 찔려 죽었다. 침상에서 평화롭게 죽은 여왕은 드물었다.

더 많은 여왕을 찾아낼수록 내 불안도 더 커졌다. 난 국가의 수장이었던 여성들을 찾고 있었으나 내가 찾은 권력자 여왕들이 모두 국가를 다스렸던 것은 아니었다. 통치자와 통치자가 아니었던 여왕들을 어떻게 구분할 것인가? 왕관이 없었고 겸손만이 위대함의 유일한 표식이었던 이슬람에서 무엇이 국가수장의 명확한 기준인 상징, 즉 주권의 상징들이 될 수 있을까?

이 여왕들의 목록을 만들고 그들의 삶을 연구하고 그들을 분류하기 전에, 우리는 좀 더 평범하고 근본적인 질문에 대답하면서 시작해야 할 것 같다. 이 여성들은 원칙적으로 정치란 남성들만이 배타적으로 추구할 수 있는 것이라고 여기던 나라들에서 어떻게 권력의 찬탈을 꾀할 수 있었을까?

꾸란을 전하는 언어인 아랍어에서 권력 개념을 구체화하는 두 단어인 '이맘imam'이나 '칼리프caliph'에는 여성형 단어가 없다. 『리산 알-아랍 Lisan al-'Arab』 사전에는 무조건 '알 칼리파투 라 야쿠누 일라 리 앗다크르(칼리프는 남성형으로만 쓰인다.)'라고 되어 있다. 원칙이 배타적인 맥락에서, 비록 하렘의 장막 뒤와 그 영역에서라고 할지라도, 수많은 커튼과 베일과 격자무늬 창문들 뒤에서일지라도, 여성이 정치적 의사결정 영역에 침투하는 일은 어떤 경우든 박수받을 만한 영웅적 모험이었다. 어떻게 지금보다 혜택이 더 적었을 과거의 여성들이, 애석하게도 우리 현대인들도 하지 못하고 있는 영역에서 그런 성취를 이룰 수 있었을까? 많은 무슬림 나라들에 일종의 민주주의, 즉 민중을 대변하는 집회, 보통 선거권으로 세워진 기관들, 그리고 선거가 있을 때마다 투표소에 가는 수백만 명의 무슬림 여성들이 있다. 그렇지만 여성이 대표를 맡은 기관은 드물다. 대개 무슬림 의회나 민중 협의회나 혁명 협의회는 하렘을 닮았다. 한쪽 성만이 존재하는 공간인 것이다. 한쪽 성은 다른 쪽 성이 부재한 상태에서 그 성의 문제를 규제하기 위해 고심하고 애쓴다. 이는 고심하고 있는 성이나 부재한 상태의 성 어느 쪽의 문제를 푸는 데도 좋은 방법이 아니다. 대화가 필요한 양측의 문제를 다루는 데는 더더욱 그렇다.

국가가 지불한 교육 덕분에 학위를 받은 여성들의 수가 백만을 헤아리게 되었을 때도—여전히 부유층과 중산층에게만 혜택이 돌아간다고 할지라도—우리가 명석하고 더 잘 알고 더 세련되어졌을 때도, 우리는 이슬람의 여성들이 정치로부터 철저히 배제되어 있음을 알게 된다. 본질적인 문제는 사실 공간의 문제이다. 예기치 못했던 곳에 여성들이 등장하는 순간부터 불편해진다. 그리고 의사 결정이 이루어지는 곳에서 우리 여성들을 보게 될 거라고 기대하는 사람은 아무도 없다. 파키스탄 반동주의자들이 권력 집단에서 더 많은 여성을 보는 데 익숙했더라면, 그들은 베나지르 부토의 등장에도 조금 더 재량을 가지고 반응했을 것이다. 그러므로 우리에게는 우리 할머니들의 비밀을 해독해야 할 긴박한 필요가 있다. 이 신비로운 여왕들은 누구였을까? 어떻게 그들은 남성들을 겁에 질리지 않게 하면서 권력을 얻는 데 성공했을까? 그들은 남성들을 길들이기 위해 어떤 전략을 썼던 걸까? 어떻게 남성들을 조종했을까? 유혹했을까? 아름다움이나 지성, 아니면 부를 이용했을까? 난 정치적으로 야망이 있고 극히 아름다우며 다채로운 매력을 타고난 아랍 나라 출신의 여성들을 많이 알고 있지만, 그들은 정치판에서 성공하는 법을 알지 못한다. 현 상황을 살펴보면, 유혹은 통하지 않으며 아주 낮은 수준으로 분류되는 것 같다. 개인적으로 난 유혹이란 방식으로 애첩에서 정치적 파트너가 되는 문턱을 넘어간 여성을 단 한 명도 알지 못한다.

그렇다면 이 과거의 여왕들이 지닌 비결은 무엇이었을까? 정치적 장이란 여성들이 들어오면 인간과 신성에 벌이 내리게 되는 곳이라는데, 그곳에서 그들은 어떻게 자리 잡을 수 있었을까? 그들의 이름과 칭호는 무엇이었나? 그들이 자신을 감히 칼리프나 이맘이라고 불렀을까, 아니면 더 불분명하고 덜 신망 있는 칭호에 만족했던가?

어떤 오해나 혼동도 피하고자, 이 책에서는 이슬람을 언급할 때는 정치적 이슬람, 권력 관행으로서의 이슬람, 열정으로 생명을 얻고 이익으로 움직이는 사람들의 행동을 무조건 가리킨다는 것을 말해두어야겠다. 이는 성스러운 메시지, 즉 성서인 꾸란에 기록된 이상인 '이슬람 리살라Islam Risala'(예언자직에 대한 신앙. 이슬람에는 124,000명의 예언자를 인정하고 이 중 313명이 경전을 받은 특별한 자들이다. 예언자들 메시지의 핵심은 알라 이외에는 다른 신이 없다는 것이다. 예수도 이슬람에서는 예언자로서 존경받는다.-옮긴이)와는 다르다. 이슬람 리살라를 말할 때면 난 그것을 이슬람 리살라, 혹은 영적인 이슬람이라고 분명히 밝힐 것이다.

차례

I
여왕들과 애첩들
Queens and Courtesans
15

II
이슬람 통치권
Sovereignty in Islams
123

III
아랍 여왕들
The Arab Queens

197

결론
메디나 민주주의(The Medina Democracy)

I

여왕들과
애첩들

Queens and Courtesans

01
이슬람에서 '여왕'은
어떻게 불리는가?

How Does One Say 'Queen' in Islam?

빛바랜 역사책들 속에서 권력을 놓고 칼리프와 끊임없이 경쟁하고 왕좌를 두고 계속해서 술탄들과 겨루는 수많은 여왕과 마주했을 때, 우리는 먼저 가장 분명한 질문을 해야만 한다. 이슬람에서 여왕은 어떻게 불리는가? 꾸란은 세바Sheba의 여왕을 말하면서(꾸란 27. 개미의 장, 구약성서 역대기하와 열왕기상—옮긴이) 그 이름을 단 한 번도 언급하지 않고 있음을 기억하라! 뿐만 아니라 여왕은 이름으로 불릴까, 아니면 아버지나 남편이나 아들의 이름으로 불릴까? 그들은 칭호를 가질 권리가 있는가? 이슬람에서 가장 특별한 두 칭호인 칼리프와 이맘이 아니라면 어떤 칭호를 가졌는가? 다시 한 번 단어들을 통해 지난 15세기 동안 의식적으로든 무의식적으로든 무엇이 가장 깊은 수준에서 이슬람의 정신적 태도를 조정했는지 밝힐 것이다.

성급하게 말하자면, 우선 조금이나마 내가 아는 바로는 현재 쓰이는 의미의 칼리프나 이맘 칭호를 가졌던 여성, 즉 모스크의 예배 때 남녀 모두를 이끌었던 사람은 없었다. 내가 신중하게 말할 수밖에 없는 이유는, 여자 칼리프가 있었던 적이 있느냐는 질문을 하는 것만으로도 어쩔 수 없이 죄책감이 들기 때문이다. 그 질문을 하는 것 자체가 모독인 양 느껴진다. 여성이 감히 역사에 의문을 품는다는 것은 전통적인 무슬림 교육을 받은 내 경험에 따르면 문제시되는 모독이다. 1989년 2월 6일 이 맑은 아침에, 라바트(모로코의 수도-옮긴이)의 대 모스크 중 하나인 자미아 알-순나Jami' al-Sunna에서 몇 발자국 떨어진 곳에서 컴퓨터를 켜놓고, 여성과 칼리파제에 대해 설명하고 있다는 것마저 죄책감이 든다. 이렇듯 단어들이 가진 이상한 연관성 때문에, 예배 시간 전에 어떻게든 해야만 하는 낯설고 산만한 불안감이 든다. 난 정오가 되어 무에찐(기도시간-옮긴이)이 태양이 최고조에 달했음을 알리기 전에 모든 것을 질서 있게 만들고 싶다. 그리고 질서는 여성들은 여성들의 자리에, 칼리프는 칼리프의 자리에 있어야 한다고 지시한다.

칼리프나 이맘의 칭호를 가졌던 여성 권력자는 없었다. 그런 이유로 이슬람 국가의 여성 수장이 없었다고 말해야 하나? 칭호만 가지고 수장의 지위에서 배제하는 것이 옳을까? 만약 칼리프의 칭호를 갖는 것이 통치의 기준이라고 생각한다면, 수장 대부분을 통치자의 위치에서 지워야 할 것이다. 그 칭호를 가졌던 사람은 거의 없었기 때문이다. 칼리프란 종교적이고 메시아적인 차원을 가지는 칭호이며 그 때문에 극소수에게만 약속된 극히 귀한 칭호이다. 과거와 마찬가지로 오늘날까지도 많은 무슬림 수장들이 이 칭호를 얻고 싶어 하지만, 오직 예외적인 소수만 그 칭호를 가질 권리가 있다. 모로코 왕이 그중 하나이다. 그는

'아미르 알-무으미닌amir al-mu'minin'(신자들의 영도자)이자 그 왕조의 기원이 예언자에게까지 거슬러 올라가는, 지구 상에서의 신의 대변자, 칼리프이다.

칼리프가 무엇인지를 이해하려면 그와 대비되는 술탄, 즉 왕이 무엇인지 알아야 한다. 그리고 그 점에서 이븐 칼둔보다 더 나은 대가는 없을 것이다. 이븐 칼둔은 14세기의(헤즈라 732/서기 1332년-808/1406년) 타고난 지식인으로서 안달루시아에서부터 이집트까지 무슬림 세계의 이곳저곳에서 정치 생활을 해왔고 알제리의 티아레트에서 몇 마일 떨어진 오라니Oranie에서 40세에 공직 생활을 은퇴하며 폭력과 전제정치의 이유들을 숙고했다. 그는 자기가 하는 말을 잘 알고 있었다. 정치 생활 중에 그는 군주들에게 봉사하면서 몇 번이나 죽음의 위기를 넘겼다. 그가 말한 바로는, 무슬림 세계의 모든 재난과 그 속에서 용솟음치는 정치적 폭력은 이슬람에게 특별히 주어진 성스러운 임무인 칼리프제가 '물크mulk'(왕권-옮긴이), 즉 그 한계를 모르고 법도도 없으며 군주의 열정에만 반응하는 낡은 전제 군주제로 빗나갔던 데서 나왔다.

물크는…약탈의 정신과 동물성에서 나온 강제와 억압을 의미한다. 대개 지도자가 부여한 규율들은 부당하며 그의 치하에 있는 자들의 물질적인 이익에 해롭다. 그가 자신의 목적과 욕구를 만족시키기 위해서 그들에게 감당할 수 없는 짐을 부과하기 때문이다.[1]

1 Ibn Khaldun, *Al-Muqaddima*(Beirut: Dar al-Kitab al-'Arabi, n.d.) G. Sourdon과 L. Bercher 가 번역한 프랑스어본도 있다: *Recueils de textes de sociologie et de droit public musulman contenus dans les Prolégomènes d'Ibn Khaldun*(Algiers: Bibliothèque de 1'Institut d'Etudes Supérieures Islamiques d'

칼리파제는 신성한 법인 '샤리아'를 따르는 권위를 대표한다는 점에서 물크와 반대된다. 샤리아는 지도자 그 자신에게 부과되며 그의 개인적인 감정을 적법하지 않은 것으로 만든다. 이븐 칼둔의 설명에 따르면 바로 거기에 정치 체제로서의 이슬람이 가진 위대함이 있다. 칼리프는 성스러운 법에 매여 있으며 자신의 욕망과 감정을 점검하게 되는 데 반해, 왕은 상위의 법을 인정하지 않는다. 결과적으로 칼리프에게는 물크에게 없는 또 다른 이점이 있다. 물크는 세속의 이익만을 다루지만, 칼리프는 그 영적인 본질에 따라 내세 또한 관장한다.

물크는 이 세상의 이익만을 추구한다. …하지만 영적인 법관['알-샤리al-shari.' 샤리아를 적용하는 자]은 백성을 염려하기 때문에, 내세에서의 백성의 안녕 또한 보장하는 것이 그의 목적이다. 그러므로 성스러운 계시를 받은 법 아래에서는 현세와 내세의 이익과 관련된 문제에서 공동체가 이 법의 규정들에 따르도록 영향력을 행사할 의무가 있

Alger, 1951.) [이븐 칼둔, 김정아 번역(2012), 무깟디마 1권, 소명출판. 3부 25장: 칼리파위와 이맘위. pp. 311-2. 왕권의 본래 의미는 인류에게 필수적인 사회를 만드는 것이고 그 목적은 지배력과 강제력인데 이런 성질은 분노와 동물성에서 비롯된다. 대개 군주는 올바른 길에서 벗어나는 통치를 하고 그런 통치의 희생자인 백성은 어려운 상황을 겪게 된다. 왜냐하면, 그런 군주는 자신의 목적과 욕구를 위해 희생을 강요하고 이는 백성의 한계를 벗어난 것이기 때문이다.—옮긴이] 이 번역본에는 문제가 있다. 번역자가 물크를 '신권정치 왕족(royauté theócratique)'으로 번역하고 있기 때문이다. 나는 이 번역이 부정확하며 게다가 이슬람을 이해하고자 하는 사람들에게 잘못된 정보를 줄 수 있다고 생각한다. 물크에는 신정의 요소가 전혀 없기 때문이다. 정확히 물크는 지도자의 열망과 허풍 외에는 어떤 신이나 어떤 법도 없다고 주장하는 권력을 말한다. 이븐 칼둔은 본질적이고 고유하게 인간적인 물크와 성스러운 영감의 정부인 칼리프제를 비교하고 있다. 그러므로 물크를 신권정치 왕족이라고 번역하는 것은 이븐 칼둔이 분명히 부정하고 있는 신성한 차원을 덧붙인 것이다. 그래서 나는 이 번역본을 사용하면서도 신권정치 왕족만 물크로 대체했다. 하지만 번역이 아랍어 텍스트를 제대로 반영하지 못했다고 판단될 때는 나 자신이 그 부분을 직접 번역했다. 그리고 그런 경우 아랍어 주석을 달았다.

다. 이 권력은 성스러운 법의 수호자들, 즉 '알-안비야al-anbiya'[예언자들]와 그들의 자리를 대신하는 자들, 즉 칼리파들에게 속한다.[2]

그러므로 지상에서의 알라의 메신저인 예언자를 대리하는 칼리프는 전제 군주인 왕의 자유를 누리지 못한다. 칼리프는 샤리아에 매여 있다. 샤리아는 칼리프의 지배 아래에 있는 개인들에게도 적용될 뿐 아니라 칼리프 그 자신도 구속한다. 또한, 이븐 칼둔에 따르면 정치 체제로서 이슬람이 새롭고 특별한 이유가 바로 그것이다. 칼리프는 성스러운 법에 매여있을 뿐 아니라 그 법을 바꿔서도 안 된다. 법 제정의 특권이 그의 것이 아니기 때문이다. 사실 법을 내리는 것은 알라 그 자신이다. 칼리프가 아무리 강력할지라도 그에게는 법을 만들 권한이 없다. 법을 제정하는 것은 신이다. 칼리프의 임무는 그것을 적용하는 일이다.[3] 그렇다면 우리는 이븐 칼둔(전제 군주제로 고통받았던)에게 무엇이 문제인지 물을 수 있다. 칼리프제가 물크와 다르다면 무엇이 문제인가? 문제는 칼리프제가 지상의 공동체의 이익을 염려해야 하므로, 칼리프제에

---

2 Ibn Khaldun, *Al-Muqaddima*, pp. 190–1. [전게서 p. 312. 왕권이 백성에게 압제, 정복, 아사비야적인 권력의 부정을 목적으로 행사하는 모든 것은 불의이고 적대행위이자 비난받아 마땅한 일이다. 그리고 이런 상황이라면 정책이나 정치적 결정 역시 비난받을 법하다. 왜냐하면, 그것은 알라의 빛이 아닌 환영에 불과한 것이기 때문이다. "알라로부터 빛을 받지 못한 자 그에게는 빛이 없느니라." 왜냐하면, 입법자는 인간의 이득을 인지하고 있기 때문이다. 비록 인간이 내세의 일들을 현세에서 볼 수는 없지만, 부활의 날 인간의 행위는 그것이 왕권과 관련이 있건 없건 간에 모두 자신에게 돌아오게 될 것이다. 예언자는 말했다. "너희의 행위가 너희에게 되돌아올 것이다." 정치적 법률은 현세적 이해만을 고려한다. "그들은 현세의 외형만을 안다." 하지만 입법자가 인류에 대해서 걱정하는 것은 내세에서의 안녕이다. 현세와 내세에 관련된 모든 상황에서 대중이 샤리아의 규범에 응하도록 하는 것이 최종 목적이어야 한다. 이런 통치를 할 수 있는 자는 샤리아의 대리인들인데, 그들은 바로 예언자들이며 그다음으로는 예언자들의 뒤를 이은 칼리파들이다.—옮긴이]

3 Ibid.

는 그 구성 요소 중 하나로 물크가 포함되어야 한다는 것이다. 이 구체적 사항은 현대의 이슬람뿐 아니라 과거를 이해하기 위해서, 특히 왜여왕들이 세속적인 권력만을 주장할 수 있었는지를 이해하기 위해서 중요하다. 폭력으로 신민들을 강제하는 지도자의 권력인 물크는 분명 존재하지만, 정치 체제로서의 이슬람은 물크를 종교법인 샤리아의 지배하에 두기 때문에 그것으로부터 보호된다. 영적인 지도자인 칼리프가 샤리아를 글자 하나까지도 따를 때만 무슬림들은 본질에서 전제적인 물크로부터 보호받는다. 칼리프가 샤리아에 복종함으로써 이상적인 정부라는 기적이 성취되는 것이다. '물크가 강제와 지배를 통해 행한 모든 것은 그저 사악함과 공격성일 뿐이며 법을 내리는 신의 눈에 괘씸한 행동이다. …그 결정은 알라의 빛의 도움 없이 취해졌기 때문이다.'[4] 그리고 이븐 칼둔에 따르면 칼리파제는 성스러운 법 샤리아에 지도자의 의지를 묶어두기 때문에 이슬람의 특수한 제도가 되지만, 물크는 다른 곳에서도 사람들이 모여들어 공동체를 만드는 곳이라면 어디에나 존재한다.

칼리프라는 말의 정의 자체가 다른 누군가를 대리하는 사람이라는 뜻이다. 그는 예언자의 임무를 대신한다. 예언자의 임무란 공동체가 지상에서의 조화로운 삶과 천국에서의 행복한 삶을 보장해주는 종교법에 따라 살도록 하는 것이다. 아무나 칼리프임을 선언할 수 있는 게 아니라, 엄격한 기준을 충족해야 이 특권을 가질 수 있다. 반면에 '살라타salata'(지배하다)를 어근으로 갖는 '술탄sultan'과 '말릭malik'(왕)은 종교에 길

4 Ibid.

들지 않은 날것의 권력을 내포하는 말로 누구에게나 쓰일 수 있다.[5] 그런 이유로 여성들이 그 칭호를 가질 수 있었다. 그 단어들은 어떤 성스러운 임무도 함축하거나 의미하고 있지 않다. 하지만 여성들은 결코 칼리프 칭호를 주장할 수 없다. 여성들을 배제하는 비밀은 칼리프의 자격 기준에 있다.

이븐 칼둔에 따르면 아랍인들은 예언자가 지도자와 백성을 엮어주는 하나의 법인 샤리아를 채택함으로써 힘으로 지배하던 지도자와 복종을 강요받은 백성 사이의 갈등을 해결하기 위해 왔다는 것에 일치를 보았다. 지도자는 이 경우 예언자를 대체하는 칼리프로, 그와 백성 둘 다 신자의 지위를 가진다. 그 둘을 엮어주고 양측의 의지를 종속시키는 것이 성스러운 본질의 법인 샤리아에 대한 믿음이다. 이슬람에서 핵심인 두 단어 샤리아와 '순나sunna'(예언자의 언행-옮긴이)는 '길, 계획된 노선, 경로'를 의미한다. 해야 하는 건 따르는 것뿐이다. 칼리프가 있다는 것은 아랍인들의 역사에서 필연적으로 폭력적인 지도자와 공동체의 관계를 피하도록 해주는 획기적인 일, 아랍 예언자를 매개로 신이 그들에게 부여한 특혜이다. 이것이 바로 비아랍계 국가 수장들은 칼리프 칭호를 받는 특혜를 거의 주장하지 못하지만, 나라를 장악하는 데 성공한 군인이라면 누구나 술탄이나 말릭 칭호를 주장할 수 있는 이유이다.[6]

여성들만이 칼리프 칭호를 열망할 수 없는 것은 아니다. 무슬림 세계

---

5 현재 구할 수 있는 가장 유쾌한 사전인 『리산 알-아랍』을 참고하라. 이 사전은 역사학, 언어학, 문학 등의 작품이며 심지어 일화들도 포함되어 있다. 총 여섯 권으로 되어 있으며 마음 깊은 곳을 매혹적으로 들여다본다. 이 사전을 쓴 이븐 만주르는 630년/1232년에 카이로에서 태어나서 711년/1311년에 죽었다.

에서 권력을 차지한 남성 중에서도 타당하고 합당하게 이 칭호를 가졌던 경우는 드물었다. 칼리프의 임무를 이해한다면 무슬림의 정치 체제와 그 아래 깔린 철학 전부를 이해한 것이다. 특히 왜 여성이 정치에 등장하는 일이 도전적일 수밖에 없는지 알게 될 것이다. 수 세기 동안 적어도 명목상으로는 전설적으로 독실한 칼리프의 감독하에 있었던 여성들의 존재가 무슬림 정치판에 등장한 것은, 세속 중심적이어서 필연적으로 비양심적이며 권력에 굶주린 하수인들의 등장을 알리는 신호였다. 권력의 장에 여성들이 등장한다는 것은 체제의 붕괴를 가리킨다. 체제의 붕괴란, 보통은 배제되는 구성인인 하급자가 책임자가 되는 것인데, 정치 경쟁에서 가장 배제된 자들은 누구보다도 여성들이기 때문이다.

예언자 사후 칼리프제는 이루기 어려운 꿈이라는 것이 드러났다. 그것은 신성한 법에 의해 현명해진 칼리프가 이상적으로 다스리는 행복한 공동체라는 신화적인 환영이었다. 신성한 법으로 인해 칼리프는 민족 중에서 무슬림들을 행복하고 강력하게 만든다는 신의 계획 안의 겸손한 포로가 된다. 이 신화적인 칼리프는 권력에 대해 자기애적인 우려를 하지 않는다. 그는 무엇보다 공동체의 필요에 봉사하는 시종이다. 희한하게도 칼리프라는 단어는 입에 자주 올릴 수조차 없지만 그러한 칼리프에게는 어떤 입법 권한도 없으며 결과적으로 어떤 법적인 개혁도 이룰 수 없다. 샤리아의 창조자인 '알-무샤리al-Musharri'(입법자)는 바로

---

6 이 문단에서 이맘과 칼리프, 술탄과 왕에 관하여 내가 쓴 모든 것은 다음에서 찾아볼 수 있다. Lisan al-'Arab, 'sultan', 'malik', 'caliph'; Ibn Khaldun, *Al-Muqaddima*, ch. 26; Ibn Khaldun, *Recueils de textes*, p. 76

알라 자신이기 때문이다.[7] 그 법은 한 번만으로 그 모습을 드러냈다. 그래서 오늘날 전부 샤리아에서 파생되는 가족법 개혁과 일부다처제 금지와 여성의 이혼 요구, 그리고 동등한 상속권에 대한 여성들의 요구가 비난을 불러일으키는 것이다.

『리산 알-아랍』 사전에 따르면 칼리프란 단어는 남성형만 존재하며 여성형으로 쓸 수 없는 반면에, 술탄과 말릭은 남성형과 여성형이 모두 존재한다. 아랍 문법에서 성별 간의 정치적 권력의 분배는 분명해 보인다. (내가 아는 한) 칼리프가 되었던 여성은 없었지만 어쨌든 '술타나'와 '말리카'(여왕)가 될 수 있었던 여성들은 많이 있었다.[8]

가장 유명한 사람은 술타나 라디야로, 헤즈라 634년(서기 1236년)에 델리에서 권력을 잡았다.[9] 이곳은 1988년 선거에서 베나지르 부토의 주

---

7 칼리프제에 대한 명료하고 간결한 요약을 보려면 다음을 참조하라. Louis Millot, 'Théorie orthodoxe ou sunnite du khalifate', in *Introduction à l'étude du droit musulman*(Paris: Recueil Sirey, 1970), pp. 48ff.

8 9장 '카이로의 여왕'에서 파티마조의 여왕 시트 알-물크가 칼리프 알-하킴의 기이한 실종으로 생긴 권력 부재중에 어떻게 통치권을 잡고 그 이후에 하렘 안에서 어떻게 제국을 다스렸는지 살펴볼 것이다. 시트 알-물크는 지배자로 공식 인정을 받지 않았고 말리카나 술타나의 칭호를 주장하지도 않았다. 그녀는 자신의 이름인 시트 알-물크, 즉 권력을 가진 여성이라는 이름을 간직하는 것에 만족했다.

9 이 책의 목적 중 하나는 역사의 신비를 벗겨 내고 더 쉽게 역사에 접근하기 위한 것이므로, 나는 내 출처를 밝히고, 평가하며, 특히 게으른 자들과 매우 분주한 자들이 어떻게 정보를 신속하게 얻을 수 있는지 알려줄 것이다. 하지만 또한 나는 주저하는 독자들의 억제를 물리치기를 원하며 그 독자들이 무슬림 역사에서 반동주의 세력이 우리를 위협하고 우리의 권리를 막기 위해 사용했던 그 책들을 '직접' 보기를 권한다. 이를 위해서, 나는 '전통적인 주석' 외에도 몇몇 문단에서 다양한 현상을 설명하고 있는 텍스트를 인용할 것이다. 특히 프랑스어나 아랍어, 영어로 쓰여 있는 쉽게 구할 수 있는 자료를 인용할 것이다. 과거에 대한 무지는 우리에게 독이 된다. 우리는 행동해야만 한다. 과거를 읽자!
날짜부터 살펴보자면, 나는 나와 마찬가지로 독자들이 항상 일련의 날짜들을 보면서 역사를 이해할 때 막막해진다고 생각한다. 그리고 두 가지 달력—무슬림력과 서구력—의 병치로 이

요 적수였으며 근본주의자 표를 동원하여 부토를 물리치려는 헛된 애를 썼던 후대의 파키스탄 총리 나와즈 샤리프의 기반인 펀잡에서 멀지 않은 곳이다. 라디야는 어느 정도 베나지르 부토와 같은 조건에서 당시 술탄이었던 자신의 형제 루큰 알-딘이 저지른 범죄에 대해 사람들 앞에서 정의를 요구함으로써 권력을 잡았다. 모로코 여행가인 이븐 바투타를 보면 우리는 어떻게 술타나 라디야가 권력에 오르게 되었는지 알려주는 탁월한 역사가의 기록을 발견할 수 있다. 그는 14세기, 술타나 라디야가 통치한 지 불과 백 년 후에 그 나라를 여행했다. 그녀의 통치는 무슬림들의 마음속에 강한 인상을 남겨놓았음이 분명했고 그들은 이 방문자에게 그 이야기를 해주었다. 이븐 바투타는 탕헤르에서부터 세계 여행을 시작했다. 그는 1332년 9월에 메카를 떠나 바로 우리의 부토의 고향인 빌라드 알-신드로 갔다. 그가 묘사한 이 나라와 통치자들의 모습이 우리의 기본 지식의 일부를 이루고 있는 것은 이븐 바투타의 작품이 오늘날까지도 '베스트셀러'이기 때문이다. 이는 분명 서양적인 의미에서가 아니라 아랍적인 의미에서이다. 다시 말해 모스크의 그늘 아래 수 세기 동안 팔리는 낡은 종이에 평범한 표지의, 가격이 적당

는 더욱 어려워진다. 왕조와 무슬림 통치자들과 그 가계도에 관련된 날짜를 말할 때 나는 계속해서 내가 권하는 두 작품을 언급할 것이다. 하나는 *Encyclopedia of Islam*, 2nd edn(Leiden: E. J. Brill, 1960)이고, 다른 하나는 Stanley Lane-Poole의 *The Mohammadan Dynasties: Chronological and Genealogical Tables with Historical Introductions*(London: Constable, 1894)로 1982년 Al-Dar al-'Alamiyya li al-Nashr(장소 모름)에 의해 *Tabaqat salatin al-Islam*라는 제목으로 번역 출간되었다. Lane-Poole의 책은 상당히 실질적이고 잘 쓰인 책으로, 일찍이 이집트인인 Dr. Ahmad al-Sa'id Sulayman이 자신의 이름으로 *Tarikh al-duwal al-Islamiyya ma'mu'jam al-usar al-hakima*(Cairo: Dar al-Ma'arif, 1972)라는 제목의 책을 출판했다. 이 책은 Lane의 책과 상당히 유사하여(약간의 첨가와 함께) 나는 누가 어떤 책의 저자인지 꽤 헷갈린다.

한 그다지 매력적이지 않은 책이라는 말이다.[10]

술타나의 칭호를 가졌던 또 다른 여왕은 이집트의 통치자인 샤자라트 알-두르이다. 그녀는 다른 군사 지도자와 마찬가지로 전략 지휘를 통해 648/1250년에 카이로에서 권력을 획득했다. 그녀는 십자군 기간에 프랑스 군대를 완파하고 그들의 왕인 루이 9세를 포로로 잡았으며, 이로써 프랑스가 잊지 못할 승리를 무슬림들에게 안겨 주었다.[11]

하지만 아랍 여왕들이 술타나 칭호를 갖는 것은 흔한 일이 아니었다. 역사가들은 흔히 그 여왕들을 말리카의 칭호로 불렀다. 라디야와 샤자라트 알-두르가 둘 다 터키인이었음을 짚고 넘어가야겠다. 그들은 인도와 이집트를 지배했던 맘룩 왕조의 일원으로서 권력을 잡았다. 예멘에서는 몇몇 아랍 여왕들이 말리카의 칭호를 가졌다. 그중에 아스마와 아르와가 있으며 이들은 11세기 말 사나에서 권력을 행사했다. 아스마 여왕은 술라이히 왕조의 설립자인 남편 알리와 함께 짧은 기간 통치했던 반면 아르와 여왕은 거의 반세기 동안 권력을 쥐었다. 그녀는

---

10 Ibn Battuta, *Rihla*(Beirut: Dar Beirut, 1985). [역주: 이븐 바투타의 다음 판본들이 이 책에서 사용되었다: H. A. R. Gibb이 C. Defremery and B. B. Sanguinetti(Cambridge: Cambridge University Press, vol. 1, 1958; vol. 2, 1962)의 아랍어-프랑스어 번역본에서 번역한 *The Travels of Ibn Battuta AD 1325–1354*, 그리고 Mahdi Husain(Baroda, India: Oriental Institute, 1976)이 번역하고 주석을 첨부한 *The Rehla of Ibn Battuta*(India, Maldive Islands and Ceylon). 특정한 번역본은 매번 인용할 것이다. (라디야에 대한 주석들은 후기 작품의 p.34와 p.35에 있다.) 드문 경우에 인용된 문장에 영어본이 포함되어 있지 않으면 주석은 Defrémery and Sanguinetti(Paris: Maspero, 1982)의 프랑스어 번역본으로 만들어졌다.]
[이븐 바투타, 정수일 옮김(2001), 이븐 바투타 여행기 2권, 창비. 10장 델리와 그 역사. 3. 델리 정복과 술탄 샴 딘 랄마쉬와 그 자손들의 델리 통치사. 참조 번역.-옮긴이]

11 술타나 샤자라트 알-두르는 그 시기와 관련된 모든 '공식' 아랍 역사서에서 언급된다. 간략하고 재미있는 설명을 보려면 다음을 참조하라. ch. 13 in Amin Ma'luf, *Les Croisades vues par les Arabes*(Paris: Lattès, 1983, pp. 253ff) [아민 말루프, 김미선 옮김(2002), 아랍인의 눈으로 본 십자군 전쟁, 아침이슬. 13장 몽골인의 채찍.-옮긴이]

484/1090년에 죽을 때까지 국사를 지시했고 전쟁 전략을 기획했다.

말리카란 델리에서 북아프리카에 이르는 무슬림 세계의 어디에서나 어느 정도의 권력을 잡은 여성들이라면 누구에게나 쉽게 주어지는 편리한 칭호라고 생각할 수도 있다. 많은 베르베르 여왕들이 이 칭호를 가질 수 있었다. 가장 유명한 사람은 자이납 알-나프자위야로, 453/1061년에서 500/1107년 사이에 북아프리카에서 스페인까지 이르는 거대한 제국의 통치자였던 남편 유수프 이븐 타슈핀과 함께 통치했다.[12] 역사가들은 자이납을 '알-까이마 비 물키히al-qa'ima bi mulkihi', 글자 그대로는 남편의 물크를 소유한 자, 즉 무대의 주인공으로 묘사한다. 아랍 역사가들은 여성들에게 말리카의 칭호를 부여하는 것에 문제가 없어 보인다. 그들에게는, 여성이 세속적인 권력을 잡는 일은 오늘날 그저 그런 정치인들이 반응하는 것처럼 충격적이지는 않은 듯하다.

권력을 행사했던 여성들에게 주어진 또 다른 칭호는 '알-후라al-hurra'였다. 어원상 알-후라는 노예의 반대인 '자유인 여성'을 뜻한다. 하렘에서 알-후라는 보통 귀족 혈통의 법적인 부인을 말하며 노예 시장에서 주인이 사온 '자리야jarya'에 대비된다. 아랍어에서 '후르'(자유로운)나 '후리야'(자유) 같은 단어들은 현대 인권적 의미와는 상관이 없다. 우리 무슬림 전통에서 자유란 개인의 자율과 독립을 위한 투쟁의 역사에서 나온 것이 아니라 노예 상태의 반대말이다. 이것은 오늘날 무슬림의 역동

---

12 다른 한 제국은 무와히딘의 제국으로 그들을 따라 1130년–1269년에 통치했다. 자이납에 대한 정보를 찾아보려면 다음을 참조하라. Abi Zar' al-Fasi, *Al-anis al-mutrib bi rawd al-qirtas fi akhbar mulk al-Maghrib wa tarikh madina Fas*(Rabat: Dar al-Mansur, 1972), p. 132

성을 이해하는 데 있어 아주 중요한 구분이다. 프랑스 아이들은 자유를 말하면서 선생님들에게서 배운 1789년 파리 거리에서의 시위와 투쟁의 기억(프랑스 혁명–옮긴이)을 떠올린다. 반면 아랍 아이들은 이 단어를 말하면서 압바스 귀족정 황금 시기의 화려함을 떠올린다. 우리 무슬림 선생님들은 이 시기를 통해 아랍 역사에서 다시 없었던, 바그다드 거리에 몰려있는 아름다운 노예들인 '자와리jawari'(여성노예인 자리야의 복수형–옮긴이)를 꿈꾸는 것이다. 선생님들이 경외하던 압바스 시대의 화려함이 바로 어린 시절 내가 받았던 메시지였다. 중학교에 가서야 난 그 시기의 노예제가 어땠는지 들을 수 있었다. 후르hurr의 개념은 우리 마음속에서 귀족정/노예제와 이어진다. '사이드Sayyid'(주인, 군주)의 여성형인 '사이다Sayyida'는 '압드abd'(노예)의 반대말이다. 지금 현대 아랍어에서는 표준어에서나 방언에서나 우리는 남성을 가리킬 때는 사이드를, 여성을 가리킬 때는 사이다라는 말을 사용한다. '자유로운'을 의미하는 후르의 어원은 귀족정의 군주의 신분과 관련되며, 프랑스의 유명한 모토인 '자유, 평등, 박애'에서의 자유라는 단어처럼 전제 정치에 대항한 투쟁과는 상관이 없다. 아랍어의 후르에는 민주주의적이거나 민중적인 함의가 없으며 반대로 노예인 상태, 열등한 상태로부터 구분시켜주는 말이다. 현대 프랑스의 자유가 전제정치에 대항하여 민중들이 권리를 요구한 투쟁과 관련이 있다면, 후리야는 그 반대의 개념인 귀족정의 군주의 신분에 뿌리를 두고 있다. 이븐 만주르는 후르의 동의어가 '아슈라프ashraf', 즉 먼 조상으로까지 거슬러 올라가는 귀족들의 특권이라고 말한다. '샤라프sharaf'는 모든 것에 있어서 우월한 부분('울루우uluw'), 지배적인 부분을 말한다.[13] 인간 중 아슈라프는 상류층를 가리킨다. '알후르'

또한 숭고한 행위를 말하며 후르는 어떤 카테고리 안에서도 최상의 것을 말할 때 쓴다. 예를 들어, 후르 지대는 비옥한 지대를 말하며, 후르 구름은 비구름을, 집안에서 후르는 가장 좋고 편안한 곳을 의미한다.[14] 그래서 후르는 본질적으로 귀족정, 엘리트, 상류 계층과 연관된 개념이다. 독수리를 가리키는 여러 이름 중 하나가 알-후르이다.[15]

모순적이게도 이슬람은 귀족들의 권력을 제한하는 민주적인 기획으로 생겨났으나 아슈라프라는 단어는 결코 그 가치가 떨어지지 않았고 사실 그 반대였다. 꾸라이시 귀족들(메카의 가장 강력하고 부유한 부족으로 예언자는 꾸라이시 부족 중에서 바누 하심 씨족 출신이다. 아랍계 칼리프는 모두 꾸라이시 부족 출신이다.−옮긴이)은 이슬람 이전 시대의 아슈라프였다. 하지만 이슬람이 성공을 거둔 후 아슈라프는 언제나 엘리트들, 도시와 시골의 명망 있는 자들, 그리고 특히 예언자의 후손들에게 쓰였다. 알-아슈라프, 즉 샤리프들은 그 혈통이 예언자의 딸인 파티마와 그의 사위이자 사촌인 알리로 이어지는 계보의 특권층을 가리킨다. 후르는 저항의 개념과도 관계가 있는데, 신부가 후르 밤을 보냈다고 말하면 그것은 남편이 그녀와 잠자리를 하지 못해서 처녀성을 간직했다는 의미이다.[16] 후르에 담겨 있는 이 저항의 개념, 집중된 힘의 개념은 '쓰다'를 뜻하는 단어 '하라라harrara'에서 분명하게 드러난다. 텍스트를 쓰겠다고 한다면 실제로는 '단어들을 해방하는 것(타흐리르 알−키타바tahrir

---

13 *Lisan al-'Arab*, 어근 shin ra fa(sharafa)를 찾아볼 것.

14 Ibid., 어근 ha ra ra(harara)를 찾아볼 것.

15 Ibid.

16 Ibid.

al-kitaba)'이다. 알파벳을 특정한 순서로 배열하여 말이 되게 하고 의미를 해방하는 것이다.[17] '알-무하리르Al-muharrir'(해방자)는 작가를 가리키는 많은 단어 중 하나이다. 후르, 즉 귀족의 의무는 총체적으로 생각하고, 남들을 위해 계획하고, 집단을 고려하는 것이다. 의무와 특권이 엘리트의 명예의 표식이다. 하지만 놀라운 것은 후르라는 칭호는 남성들에게 절대 쓰이지 않는다는 것이다. 이 칭호가 술탄이나 말릭처럼 세속적이거나 영적인 남성 수장들에게 쓰이는 것은 찾아볼 수 없다. 알-후르는 스페인, 북아프리카, 예멘 등 다양한 무슬림 제국의 지역들에서 여성들에게 말리카나 술타나와 동의어로 쓰인다. 11세기와 12세기의 두 예멘 여왕인 아스마와 아르와는 알-후라라는 칭호를 썼으며, 우리는 뒤에서 이들을 살펴볼 것이다. 이후 15세기와 16세기에는 지중해의 양쪽(스페인과 북아프리카)에서 중요한 역할을 했던 안달루시아 여왕들이 이 칭호를 가졌다. 여성들은 대재앙의 시대에 정치판에 등장하는 것 같다. 기독교인들이 스페인에서 무슬림들을 몰아낸 1492년 그라나다의 함락이 그런 경우였다.

이 여성들 중 가장 유명한 사람은 스페인인들에게 술타나 마드레 데 보아브딜이라고 알려진 아이샤 알-후라였다. 보아브딜은 스페인의 마지막 통치자였던 그녀의 아들 무함마드 아부 압달라의 이름이 잘못 전해진 것이다. 무슬림 함락 시기에 그녀는 적들 사이에서 존경을 받았다.[18] 아랍 출처들에서는 그녀의 이름을 거의 언급하고 있지 않지만, 그라나

---

17 Ibid.

18 'Abdallah Inan, *Nihayat al-Andalus*(Cairo: Maktaba al-Madani, 1987), pp. 198ff.

다 함락에 관한 전문가인 압달라 이난은 아이샤 알-후라가 무슬림 역사에서 두드러지는 역할을 했다고 전한다.[19] 그녀가 비극적인 시기에 영웅적 행동을 취했던 뛰어난 지도자임을 밝히고 있는 것은 스페인 문서에 대한 이난의 분석뿐이다. 그는 아이샤 알-후라를 '우리 역사에서 가장 고귀하며 매혹적인 [인물]'이라고 부른다.[20] 이난이 '한 편의 영웅주의'라고 부르는 그녀의 삶은 잘 알려지지 않았으며 이를 연구한 전문가들도 거의 없다. 이난은 그중 몇 가지 사례들을 추적하고 있다. 그에 따르면 866/1461년에 권력을 잡았던 나이 든 남편인 알리 아부 알-하산으로부터 그라나다의 마지막 왕이 된 아들 무함마드 아부 압달라에게 권력을 이양하는 결정을 한 것이 바로 아이샤 알-후라였다. 그 아들은 887/1482년에 어머니의 지시에 따라 권력을 차지했고 896/1492년 운명의 날, 즉 그라나다 함락 1년 후까지 권좌에 있었다. 그는 그라나다의 바누 나스르(혹은 바누 알-아흐마르) 왕조(629/1232-896/1492)의 마지막 왕이었고 우리 역사의 가장 잊을 수 없는 패배와 관련해서 아랍인들의 기억 속에서 영원히 남아 있다. 그는 기독교 군주였던 페르디난드와 이사벨라의 군대 앞에서 패주했고, 이는 8세기 넘게 이어져 왔던 스페인의 무슬림 제국 몰락의 조종을 울렸다. 그래서 왜 아랍 역사가 이슬람 역사에서 가장 쓰라린 시기 중 하나의 목격자이자 배우였던 아이샤 알-후라의 역할에 베일을 덮어두었는지 이해할 수 있다.

아이샤 알-후라가 정치판에 등장한 것은 불행했던 결혼 생활에서

---

19 Ibid., p. 196.
20 Ibid., p. 197.

시작했다. 그녀는 호화로운 알-함브라 궁에 살면서 두 아들 무함마드 (아부 압달라)와 유수프를 낳았으며, 함락에 앞서 있었던 일련의 군사적인 재앙을 겪으며 위험천만한 삶을 살았다. 그녀는 자신보다 훨씬 나이가 많았던 남편이 스페인 포로인 이사벨라의 매력에 사로잡혀 그녀를 총애하게 되자 정치 활동에 뛰어들었다. 이사벨라는 어린 시절 군 원정대 기간에 아랍인들에 의해 포로로 잡혀 왔다. 이사벨라는 유혹의 기술에 숙달하여 총애를 받았다. 이후 이슬람으로 개종하기로 하여 아랍 군주를 우쭐하게 하였고 소라야라는 이름을 얻었다. 술탄은 그녀에게 정신없이 빠져들었고, 이슬람 전통에 따라 우선 그녀에게 자유인의 신분을 준 후 곧 그녀와 결혼했다. 소라야는 술탄의 아이를 가졌고 그녀의 지위는 더욱 강해졌다. 그녀는 폭발 직전인 정치 상황 속에서 칼리프에 대한 그녀의 주도권을 이용해 자기 민족의 승리를 도모하기 시작했다. 스페인 아내의 등장으로 촉발된 위험을 감지한 그라나다의 엘리트들은 아랍인 아내 아이샤 알-후라의 요청에 응답했다. 그녀에게는 두 가지 분명한 목적이 있었다. 아랍 신조를 배신한 왕을 끌어내리고 그 자리를 아들인 아부 압달라로 대체하는 것이다. 아이샤는 미래를 불안해하던 안달루시아인들의 민족주의적 열정을 이용했다.[21] 알-함브라 궁은 전쟁터가 되었고, 대적하는 두 문화를 대표하는 두 여성 사이에서 갈라졌다. 둘 중 하나는 사라져야 할 운명이었다. 그 유명한 사자의 안뜰을 포함한 궁의 곁채를 장악한 아랍 여왕 아이샤 알-후라는 행동을 취하기로 했다. 그녀는 궁을 떠나 바깥에서 공격을 조직했으며,

21 Ibid., pp. 198ff.

남편을 폐위시키고 아들인 아부 압달라를 25세에 왕위에 등극시켰다.[22]

그라나다의 함락은 보통은 하렘에서 거의 마비상태의 삶을 살았을 엘리트 여성들, 패주로 인해 정치적 난전에 휘말린 여성들을 정치판으로 몰아갔다. 이 여성들은 책임을 떠안고서, 공동체와 서구 지중해 지역을 뒤흔든 중대한 사건들에 참여해야만 했다. 이 여성들은 경험이 전혀 없었음에도 그들을 집안 공간에 묶어두었던 전통의 철의 손아귀에서 벗어나서 영민한 전략을 구사했고 최소한 남성들만큼의 지력을 보여주었다.

안달루시아 출신의 모로코인 사이다 알-후라는 패배의 모욕을 씻기 위한 최선의 방법으로 해적질을 시작했다. 그녀는 대단한 재능을 보였고 곧 '하키마 타트완Hakima Tatwan'(테투안—모로코 북부의 지중해변에 있는 항구 도시—의 통치자—옮긴이)이 되었다. 무슬림 역사가들은 이 두 번째 알-후라를 첫 번째와 마찬가지로 경멸적인 침묵으로 다룬다. '아랍 출처에서는 [남편 알-만드리가 권력을 승계받았던 916/1510년에서 949/1542년에 그녀가 폐위될 때까지] 30년 이상 권력을 행사했던 이 여왕에 대한 정보를 실질적으로 전혀 찾아볼 수 없다.' 스페인과 포르투갈의 출처들에 따르면, 알-후라는 외교 게임에서 그들의 파트너였다.[23] 그녀는 수년 동안 테투안의 통치자이자 서쪽 지중해 지역의 명백한 해적 지도자로서 핵심 역할을 했다. 그녀의 동맹 중 하나는 알제 해역에서 활동했던 유

---

22 Ibid., p. 202.

23 예를 들어, 1540년의 스페인 기록에 따르면 해적들이 지브롤터에 급습하여 '많은 전리품과 포로들을 획득한' 후에 스페인인들과 사이다 알-후라 사이에 협상이 있었다. (Colonel de Castries, [R. G. M. E. de la Croix, due de Castries] *Sources inédites de l'histoire du Maroc*, vol. 1), pp. 89, 107.

명한 터키 해적 바르바로사였다.[24] 하지만 해적들만이 그녀의 동맹이었던 것은 아니었다. 남편이 죽은 후 그녀는 왕조의 세 번째 왕이었던 모로코의 왕 아흐마드 알-와타시(932/1524-966/1549)와 결혼했다. 북부에서 자신의 정치적 역할을 포기할 생각이 전혀 없다는 것을 보여주기 위해 그녀는 왕에게 수도인 페즈를 떠나 테투안에서 혼인식을 올리자고 제안했다. 모로코 역사에서 왕이 수도를 떠나 혼인식을 한 것은 이때가 유일했다.[25]

그녀의 가족인 바누 라시드는 안달루시아의 귀족 가문이었고, 다른 많은 사람과 마찬가지로 그라나다가 함락된 후 북아프리카로 돌아가기로 했다. 사이다 알-후라의 삶은 망명의 불안과 스페인의 종교재판을 피해 온 안달루시아의 모든 난민이 겪었던 불안정의 한가운데서 시작되었다. 그녀의 가족은 샤우엔에 정착했다. 거기서 그녀는 이웃한 테투안 도시에서 살고 있던 안달루시아의 또 다른 대가문 출신인 알-만드리와

---

24 'Abd al-Qadir al-'Afiya, *Imra'at al-jabal, al-Hurra Bint 'Alt Ibn Rashid*(Tetouan: Maktaba al-Nur, 1989), p. 18.

사이다 알-후라는 사실, 오늘날 대부분은 스페인어를 사용하는 모로코 북부의 역사가들이 보였던 관심 덕분에 새로운 삶을 찾았다. 이 역사가들은 주로 유럽 출처를 바탕으로 사이다 알-후라에 대한 글을 쓰고 연구를 함으로써 그녀를 복원시켰다. 다음이 그중 몇몇 예시이다. 'Abd al-Qadir al-'Afiya는 *Al-hayat al-siyasiyya wa al-ijtima'iyya wa al-fikriyya bi Shafshawan*(Political, social, and cultural life of Shafshawan) (Rabat: Ministry of Islamic Affairs, 1982), pp. 121ff에서 한 장을 사이다 알-후라에게 할애하고 있다; Muhammad Ibn 'Azuz Hakim, *Sida al-Horra, exceptionelle souveraine*, Mémorial du Maroc, 3(Rabat: Nord Organization, 1982), pp. 128ff; Muhammad Dawud, *Tarikh Taiwan*(Tetouán: Institut Moulay Hassan, 1959), vol. 1, pp. 117ff; Muhammad Ibn 'Azuz Hakim, *Al-Sitt al-Hurra hakima Taiwan*(Tetouán: Mu'assasa 'Abd al-Khaliq al-Torres, 1983). 그녀의 봉지를 밝히는 또 다른 출처는 다음과 같다: Chantal de la Véronne, *Sida el-Horra, la noble dame*(Paris: Hespérides, 1956), pp. 222-5.

25 위의 n. 24

결혼했다. 많은 망명자 공동체들은 안달루시아에 돌아갈 생각에 빠져 있었다. 그들 중 가장 용감한 자들은 스페인인들에 대항하여 원정대를 이끌 생각에 사로잡혀 있었고, 해적질은 이상적인 해결책이었다. 해적 활동으로 쫓겨난 자들이 재빨리 이익(전리품과 포로 몸값)을 획득할 수 있었고 동시에 기독교 적들과 계속해서 싸울 수 있었다. 테투안의 부활의 역사는 안달루시아 망명자 공동체의 수장이 된 알-후라의 남편인 알-만드리 가문과 연결되어 있으며 그 가문의 역사를 반영한다.

> 테투안은 파괴된 지 약 90년 후인 1490년경 혹은 그 얼마 후, 그라나다 출신의 수장 아부 알하산 알-만드리에 의해 재건되었다. …난민들은 페즈에 있는 모로코의 술탄 무함마드 알-와타시에게 사절단을 보냈다. 그는 그들을 환영했고, 그들의 요구에 따라 폐허가 된 도시에 정착하여 공격에 대비한 요새를 지을 권한을 주었다. …술탄의 허가를 받자마자 안달루시아인들은 테투안의 성벽을 재건하고, 주거지를 건설하고, 대 모스크를 세웠다. 그러고 나서 알-만드리의 지도하에 세우타에 정착해 있던 포르투갈인들에 대항하여 성전을 개시했다.[26]

알-후라의 남편이 누구인지에 대해서는 역사적 출처들의 기록이 일치하지 않는다. 테투안에 새 도시를 건설하고 공동체를 이끌었던 것은

---

26 A. Joly, *Téouan*, Archives Marocaines 5(Rabat, 1905), p. 188.

알리였나 아니면 그의 아들 알-만드리 2세였나?[27] 첫 번째 경우라면 그녀는 자신보다 한참 나이 든 남편과 결혼했을 것이다. 그가 생애 말 시력을 잃었다는 사실을 기반으로 그의 아내가 일찍이 정치적 사안들에 참여했음을 설명할 수 있을 것이다.[28] 그 아들과 결혼했던 거라면, 정치 사안에 대한 그녀의 능력을 보건대, 그는 여정을 떠날 때 그녀에게 도시의 수장 자리를 맡겼을 것이다. 공동체 구성원들은 그녀가 권력을 행사하는 데 익숙해졌고 후에는 이의 없이 그녀를 통치자로 받아들였다.[29]

하지만 테투안의 통치자로서 그녀는 알-후라, 즉 주권적 권력을 행사하는 여성의 호칭을 받을 권리가 없었고, 남편이 죽고 나서 1515년에서야 이 호칭을 갖게 되었다. 처음에는 테투안의 지사로서 인정을 받은 후 그녀는 국사를 잘 처리하여 이 도시 국가의 통치자 자리에 올랐다. 그 후 그녀는 오스만의 해적 바르바로사와 접촉하여 함대를 집결시켰고, 지중해 지역에서 사략선(私掠船) 활동을 개시했다. 스페인인들과 포르투갈인들은 이 지역 해양 세력의 일원으로 그녀와 긴밀한 관계를 유지했으며 자신들의 포로 석방에 관해 그녀와 협상했다. 그리고 사이다 알-후라는 스페인과 포르투갈의 문서에서만 그녀를 지칭하는 칭호로, 그들은 이것이 그녀의 이름이 아닌지조차 알 수 없었다.[30]

아랍인들만 사용하는 여왕을 가리키는 또 다른 단어는 '시트sitt'로,

---

27 'Afiya, *Imra'at al-jabal*, p. 10.

28 Ibid.

29 Ibid.

30 Muhammad Dawud, *Tarikh Taiwan*, vol. 1, p. 117; Muhammad Ibn 'Azuz Hakim, *Al-Sitt al-Hurra hakima Tatwan*; Ahmad al-Nasiri, *Al-istiqsafi akhbar al-maghrib al-aqsa*(Casablanca: Dar al-Kitab, 1956), vol. 4, p. 154.

글자 그대로는 '부인'을 의미한다. 이집트 파티마 왕조의 여왕들 중 하나가 시트 알-물크(359/980년생)였다. 그녀는 411/1021년 왕조의 6번째 칼리프였던 남동생 알-하킴의 '실종'을 조직한 후 권력을 잡았다. 그녀에게는 그럴만한 이유가 있었다. 여성들을 집 밖에 나가지 못하게 하고 개들을 몰살하기로 한 칼리프의 무도한 행동들은 도를 넘었던 것이다. 그는 어느 날 아침 일어나서 자신이 신이며 카이로의 사람들은 시트 알-물크를 선두로 하여 자신을 숭배해야 한다고 선언했다.[31]

시트는 특출난 재능을 가진 여성들에게 주어지는 칭호였던 것 같다. 자르칼리가 쓴 『알람A'lam』(아랍의 남녀 유명인들에 관한 책)은 신학 전문가로 알려진 몇몇 여성들을 언급하고 있다.[32] 시트 알-꾸다트[까디(판관-옮긴이) 중의 으뜸]는 14세기에 살았던 '무스니다musnida'(하디스, 즉 예언자의 전례적 말씀의 전문가)로, 다마스커스에서 가르침을 폈고 '피끄흐fiqh', 즉 종교적 지식에 대한 논문들을 썼다(까디는 종교적인 권위자이자 법관이다). 시트 알-아랍과 시트 알-아잠 또한 14세기에 유명한 피끄흐 전문가였다.

무슬림 역사에서 정치적 권력을 행사했던 여성들의 칭호에 대한 나열을 마무리하기 위해, 군사 지도자 혹은 종교 지도자로서 권력을 잡았던, 드물지만 실제 사례들을 언급해야만 할 것이다. 영적인 권력과 세

---

31 Al-Maqrizi, *Al-Khitat*(Cairo: Maktaba al-Thaqafa al-Diniyya, 1987), vol. 2, p. 285; Abi al-Falah 'Abd al-Hayy Ibn al-'Imad al-Hanbali, *Shazarat al-dahab fi akhbar man dahab*(Beirut: Manshurat Dar al-Afaq al-Jadida, n.d.), vol. 3, pp. 192ff(the author died in year 1089 of the Hejira); Ibn al-Athir, *Al-kamil fi al-tarikh*(Beirut: Dar al-Fikr, n.d.), vol. 7, pp. 304ff.

32 Khayr al-Din al-Zarkali, *Al-a'lam, qamus ash'ar al-rijal wa al-nisa' min al-'arab wa al-musta'rabin wa al-mustashraqin*(Beirut: Dar al-'Ilm li al-Malayin, 1983), 8 vols. 'Sitt' 부문 참조.

속적(더 정확하게는 군사적) 권력을 신중하게 구분하는 이슬람에서는 상당히 드문 칭호가 이맘 알-자이드 알-나시르 리 딘 알라의 딸인 예멘 여왕에게 주어졌다. 그녀는 종교 지도자로서 15세기 중반에 자이드의 장수로서 병력을 이끌고 사나를 점령했다. 그녀에게 부여된 칭호는 샤리파 파티마였다.[33] 그리고 타이프 근방 타르바 출신의 한발리파로서 18세기 초반에 이민족의 탈취로부터 메카를 수호해낸 사우디아라비아의 군사 저항 운동을 이끌었던 갈리야 알-와하비야가 있었다. 그녀는 아미라amira의 칭호를 얻었다. 아미르amir는 군사 지휘관의 칭호이다. 군대에서 최고 직위에 있는 아미르는 '아미르 알-우마라amir al-umara'라고 불린다. '이 위엄은 본래 군사 지도자에게 한정된다.'[34] 그녀의 용감무쌍함과 전략적인 능력 때문에, 적들은 그녀가 와하비 군을 보이지 않게 만드는 마법적 능력이 있다고 믿었다. 역사가들은 베두인 군대의 선두에 선 그녀의 모습을 기억할 만한 사건으로 기록하고 있다. '메카 근방의 어떤 아랍 부족들의 저항도 타르바의 아랍인들의 저항만큼 강력하지 않았다. …그들은 선두에 갈리야라는 이름을 가진 여성을 앞세우고 있었다.'[35]

하지만 대개 정치적 장에 들어선 여성들은, 대다수 남성과 마찬가지로 군대의 장수도 독보적인 종교 지도자도 아니었다. 때로 군사 작전을 지휘해야만 하는 경우가 있었으나 그것은 주된 활동 무대가 아니었다.

33 Al-Damdi, *'Aqa'iq al-Yaman*로, Zarkali, *A'lam* 중 'Sharifa' 장에서 인용.

34 *Encyclopedia of Islam*.

35 Mahmud Fahmi al-Muhandis, *Kitab al-bahr al-sakhir*로, Zarkali, *A'lam* 중 'al-Ghaliyya al-Wahhabiyya' 장에서 인용.

종교로 말하자면, 뛰어난 정치인으로서 여성들은 남성과 마찬가지로 영적인 것과 그 상징들에 대한 권리를 요구하는 대신 종교를 조종하려고 애썼다.

말리카, 술타나, 알-후라, 그리고 시트가 무슬림 세계의 아랍 쪽을 지배했던 여성들이 사용한 칭호라면, '카툰khatun'은 아시아 이슬람, 특히 터키와 몽골 제국들에서 자주 발견된다. 이슬람 백과사전(*Encyclopedia of Islam*)에 따르면 카툰은 '소그드 출신에게 붙는 칭호로 돌궐족과 그 뒤를 잇는 터키 지배자들의 아내나 여성 친족들에게 쓰인다.' 배우자와 함께 혹은 단독으로 국사를 지시하는 데 능동적으로 참여했던 많은 여성이 이 칭호를 가졌다. 지배자로 이슬람에 와서 몇십 년 후 이슬람으로 개종한 몽골 군주들이 대면했던 문제 중 하나는, 자신들 문화에서 여성들이 갖는 아주 공적인 지위와 새 종교가 부여하는 여성들의 매우 사적인 지위를 어떻게 조화시킬 것이냐였다. 일 칸국(훌라구 칸이 1225년에 세운 왕조로 현재의 이란, 이라크 지역에 걸쳐 있었다.-옮긴이)의 7대 지배자인 가잔은 694/1295년에 권력을 잡은 후 순니 이슬람으로 개종하면서 이 문제에 부딪혔다.

칭기즈칸의 손자이며 무슬림 제국의 상당 부분을 정복하고 1258년에 수도 바그다드를 점령한 훌라구가 총애하던 아내인 도쿠즈 카툰은 새로운 정복자들이 기독교인을 어떻게 대할 것인지를 알려주는 데 있어 중요한 역할을 했다. 그 자신이 네스토리우스파였던 그녀는 기독교인들을 편애했으며 그들을 관직에 올렸다.[36] 힘스의 아랍 왕실 출신인

---

36 *Encyclopedia of Islam*, article on 'Ilkhans.'

알-사림 우즈벡은 '정치를 논하기' 위해 훌라구를 알현했을 때 그의 아내가 계속해서 함께 있는 것을 보고서 경악했다.[37] 이슬람은 여성의 역할과 그들이 대중 앞에 모습을 드러내는 것에 관한 한 아시아 스텝 지역의 관습에 따라야 했다. 몽골 제국을 가로질러 터키 국가들을 방문했을 때 아랍 여행가 이븐 바투타는 여성들이 끊임없이 정치에 참여하는 데에 놀랐다. '터키인들과 타타르인들 사이에서 그들의 아내들은 매우 높은 지위를 차지하고 있다. 실로 그들은 명을 내릴 때 이렇게 말한다. "술탄과 카툰의 명에 따라."'[38] 카툰은 또한 키르만의 쿠틀루크 칸국의 여왕들의 칭호이기도 했다. 예를 들어, 각각 1257년과 1293년에 그 왕조를 4번째와 6번째로 다스렸던 쿠틀루크 투르칸 카툰과 파디샤흐 카툰이 그런 경우였다.

하지만 그들이 카툰이었거나, 말리카, 술타나, 혹은 단순히 하렘의 어둑한 세계에서 뒤를 조종하던 애첩이었을지언정 칼리프의 칭호를 가진 사람은 단 한 명도 없다. 그렇다면 우리는 여성은 국가 수장의 최고 역할에서 영원히 배제되었다고 결론을 내려야 할까? 예언자 무함마드의 사후 계속해서 무슬림 세계를 달구었던 거대한 논쟁 중 하나는 칼리프의 종족적 기원에 관한 것이었다. 아랍인들만이 칼리프가 될 수 있는지 아니면 다른 종족 집단 출신, 즉 '아자미ajami'도 가능한지 말이다. 아자미는 외국인들, 글자 그대로는 아랍어를 서투르게 말하거나 아랍

---

37 Bernard Lewis, *Islam from the Prophet Muhammad to the Capture of Constantinople*(Oxford: Oxford University Press, 1987), vol. 1, pp. 89~96.

38 Ibn Battuta, *Travels of Ibn Battuta*, vol. 2, p. 340. [이븐 바투타, 정수일 번역(2001), 이븐 바투타 여행기 1권, 창비. 4장 이라크와 페르시아. 7. 바그다드시, p. 336. 정수일은 카툰을 '왕후'로 번역하였다.—옮긴이]

어의 미묘함을 익히지 못한 사람들, 즉 아랍어를 정확하게 말하지 못하는 사람들을 가리킨다.

수 세기에 걸쳐서 권력을 행사해왔던 비아랍계 수장들, 페르시아인, 몽골인, 베르베르인, 쿠르드인, 수단인, 인도인들 및 다른 민족 중에서 술탄이나 말릭, 혹은 그것들의 변형 외의 다른 칭호를 주장했던 사람들은 드물다. 16세기에 오스만인이 칼리프의 칭호를 거머쥔 것은 격한 충격으로 다가왔다. 칼리프는 예언자에 이르는 태생의 고리를 증명해야 하며, 투르크인에게 이는 상당히 거북한 문제이다. 허구적인 이야기에 의존할 필요가 있었고, 오스만 제국은 바로 그렇게 해야 했다.

칼리프의 칭호를 주장하는 모든 무슬림 수장들은 예언자의 자손들, 즉 예언자의 딸인 파티마와 사위인 알리의 자녀들에 이르는 가계도를 증명하여 예언자의 자손임을 증명해야 했다. 처음에는 우마위야조에서 그다음에는 압바스 왕조에서 아랍 칼리프들에 대항한 저항 세력들이 사용했던 표준적인 도전 방식의 하나는 예언자까지 거슬러 올라가는 자신들의 계보를 정확히 주장하는 것이었다. 이 방법을 택하는 자들은 목숨을 걸었고 죽임을 당했다. 칼리프는 오직 한 명일 수밖에 없기 때문이었다. 우마위야조의 칼리프들은 압바스조에서와 마찬가지로 그들의 칭호를 사칭하는 모든 사람의 머리를 베어서 땅과 하늘의 질서를 지키려고 했다. 순니였던 압바스 왕조는 297/909년 자신을 칼리프라고 주장했던 시아 사칭자를 제거하지 못한 그 순간부터 쇠락의 길을 걷기 시작했다. 그는 바로 두 번째 칼리프 왕조인 파티마 왕조(예언자의 딸인 파티마의 이름을 딴)를 세운 알-마흐디 알-파티미였다. 한 편에는 순니 칼리프를, 다른 한 편에는 시아 칼리프를 동시에 가지고 있다는 것은, 힘을 공고히 하기 위해 통합을 지향하는 무슬림의 이상에서 완벽하게 어긋나는 것이었다. 성공하려면 파티마 왕조는 바그다드에서 멀리 떨어져서 움직일 필요가 있었다. 그들은 북아프리카에서 시작했으며, 358/969년이 되어서야 수도를 카이로로 옮기고 이집트와 시리아를 손에 넣을 수 있었다. 이 모든 것은 칼리프임을 스스로 선언하는 일이 그저 흔한 권력가에 의해 가볍게 일어나는 일이 아님을 보여준다. 이 자리는 예외적인 자들을 위한 것이라는 생각이 뿌리 깊었다. 여성이 그 칭호를 주장하는 것은 정신 나간 일이었고, 내가 아는 한 그럴 생각을 할 정도로 분별력이 부족했던 여성들은 한 명도 없었다.

칼리프가 되기 위해서는 남성이자 아랍인이라는 두 가지 자격 기준을 충족해야 했을 것이다. 후자의 기준이 격렬하게 도전받아왔고, 수천 명의 무슬림들이 어떤 무슬림이라도 칼리프가 될 수 있다는 생각을 지키다 죽어갔다. 그러나 남성이어야 한다는 기준에 의문을 던졌던 사람은 없었다. 어쨌든, 누구도 목숨이나 수족을 내걸고 남성만이 칼리프 직위를 차지할 수 있다는 그 기준이, 이슬람의 기반인 평등의 원칙을 위반한다고 주장한 적은 없다. 이슬람은 어떻게 모든 신자가 평등하다는 원칙과 칼리프의 자격에 대한 매우 제한적인 기준 둘 다를 포용할 수 있었을까? 이는 오늘날의 사람들에게 주어진 정치사의 수수께끼 중 하나이다. 술타나들과 그들의 칭호를 찾아가는 과거로의 내 여정의 목적은, 그 방향에 작은 한 걸음을 내딛는 것이다. 과거로 깊숙이 들어가 보는 것에는 한 가지 절대적으로 확실한 점이 있다. 즉, 과거로 돌아가는 일은 불가능하다는 것이다. 무슬림 사회를 포함하여 세상을 바꿔왔던 것은, 그저 당대의 권력에 대한 민중들의 요구뿐만 아니라 그들이 사는 바로 그 환경, 그들이 숨 쉬는 공기, 그들이 추구하는 천국, 그들이 거니는 지구이기도 하기 때문이다. 압바스 왕조 칼리프들의 천국은 현재 우리가 생각하는 천국이 아니며, 그들의 지구는 우리가 생각하는 지구가 아니다. 지구가 태양 주위를 돌지만, 그 시대의 많은 사람은 지구 주위를 도는 것이 태양이라고 생각했다. 하지만 평등함이라는 관점에서 민주주의를 위한 투쟁은 모두가 알고 있듯이 서구의 세계 인권 선언을 들여오면서 시작되지는 않았다. 이는 1세기 이슬람에서 카와리지파와 함께 시작되었다.

카와리지파가 등장하던 시기에, 정치적 관행으로서의 이슬람에 이의를 제기했던 많은 이들이 칼리프가 꾸라이시 부족 출신이어야만 한다는 조건에 의문을 제기했다. 그러면서 이들은 출신 종족에 상관없이 누구라도 칼리프가 되고 무슬림들을 이끌 수 있는 권리가 있다고 주장했다. 카와리지파('이탈자들')는 규정대로 정치게임을 하는 것을 거부했고, 이슬람의 중심 내에서 그들과 대화를 하는 일이 불가능해졌다.[39] 카와지리파가 지도자의 자격 기준에 동의하지 않는다고 선언한 일은 충격적이었다. 당시에는 오직 아랍인만이 지도자가 될 수 있다는 합의가 있었다. 이슬람의 첫 1세기를 지배했던 분위기와 사고방식을 이해하려면, 안달루시아의 이븐 하젬과 같은 세련된 지식인들의 태도를 살펴봄이 좋을 것이다. 그는 무슬림 평등주의 이상을 따르려 했던 신실한 무슬림

39 카와리지파에 대해서는 다음을 참조할 것. Muhammad Abu Zahra, 'Al-Khawarij', in *Al-madahib al-Islamiyya*(Cairo: Maktaba al-Adab, 1924), pp. 96ff; Ahmad Amin, 'Al-Khawarij', in *Fajr al-Islam*(Beirut: Dar al-Kitab al-'Arabi, 1975) [황병하(1998), 이슬람 사상의 이해, 조선대학교 출판국. 제2부 카라지파; 김정위(2000), 이슬람 사상의 형성과 발전, 아카넷. 1장 1-6 카와리즈.-옮긴이]

이었으나 뼛속 깊이 귀족주의를 유지했다.

이븐 하젬은 꾸라이시 부족 출신이 아니었으나 짧은 기간 동안 칼리프의 칭호를 달았던 세 명의 이름을 말하고 있다. 첫 번째는 이븐 알-무할랍으로 우마위야 왕조의 9대 칼리프인 야지드 이븐 압드 알-말릭 (9세기)의 대적자였으며 그의 권위에 도전했으나 실패로 끝났다. 두 번째는 모로코의 도시 시질마사의 통치자인 무함마드 이븐 알-파트로 10세기 중반에 짧게 칼리프의 칭호를 가졌다. 마지막으로 안달루시아의 통치자인 압드 알-라흐만 이븐 아비 아미르는 칼리프 칭호를 유지한 것이 '단 하루였다… 그는 자신이 칼리프로 불리는 것을 듣자 기쁨에 넘친 나머지 자신의 옷을 찢었으나, 정신을 차리고 그 칭호를 거절했다… 그리고 이것은 내가 들었던 가장 어리석은 이야기다.' 이븐 하젬의 비난은 동시대의 무슬림들 대다수의 생각을 드러낸다. 메카 귀족의 일원이 아닌 사람이 그 칭호를 원한다는 것은 순전히 바보짓이었다. 그는 종교 권위자들이 칼리프 칭호를 어떻게 전용하는지를 밝혔으나, 이견이 대두되었을 때는 그 생각을 버렸던 세 명의 또 다른 강력한 통치자들의 이름을 나열한다.[40]

단 하나의 예외는 오스만 제국의 9대 칼리프였던 살림 1세로, 그는 감쪽같이 칼리프의 상징들을 터키로 옮겨서 이 칭호를 탈취해냈다. 그는 당시 칭기즈칸의 바그다드 약탈 이후 이집트로 피신하였다. 그는 거

---

40 Ibn Hazm al-Andalusi, 'Niqat al-'arus fi tawarikh al-khulafa', in *Al-Rasa'il*(서신과 단편 모음집), ed. Hasan 'Abbas(Beirut: Al-Mu'assasa al-'Arabiyya li Dirasat wa Nashr, 1981), vol. 2, pp. 119-22. Ibn Hazm(384-456)은 꾸라이시 전문가로 이 주제에 대한 권위 있는 책인 *Jamhara ansab al-'Arab*(Cairo: Dar al-Ma'arif, n.d.)의 저자이다.

기에 머물고 있던 압바스 왕조의 마지막 칼리프를 조정하여, 그에게 칼리프의 칭호와 그 상징물인 예언자의 겉옷, 예언자의 치아, 예언자의 머리 타래를 넘겨받았다. 이 물건들은 톱카프 궁전으로 넘겨졌다.[41] 상상해볼 수 있겠지만, 이는 무슬림 세계를 들끓게 하는 순간이었다. 오스만 이전까지 예언자의 부족인 꾸라이시 가문 밖의 그 누구도 칼리프 칭호를 얻지 못했으며, 세속적인 권력과 그것이 가진 위험을 초월하는 칼리프의 특권과 마법적인 힘을 손에 넣으려고 시도하지도 않았기 때문이다. 칭기즈칸의 무리들은 1258년 바그다드를 파괴했다. 이슬람 정복을 맡은 훌라구는 바그다드의 마지막 칼리프인 알-무스타심을 포함하여 거의 8만 명의 사람들을 학살했다. 하지만 훌라구는 24년 후인 1282년, 그의 아들이자 제국의 세 번째 통치자 만쿠 티무르가, 그들이 비난했던 종교의 매력에 무릎을 꿇고 새로운 신앙을 선언하면서 아흐마드라는 이름을 얻게 되리라고 결코 상상하지 못했을 것이다. 몽골의 전사들은 이 행동 때문에 혼란에 빠졌고 이는 2년 뒤 (만쿠 티무르였던) 아흐마드의 몰락을 가져왔다. 하지만 그 정복자는 새롭게 정복한 종교의 매혹적인 매력을 이해하지 못했던 것 같다. 13년 후, 칭기즈칸의 또다른 손자이자 제국의 7번째 통치자인 가잔은 무슬림이 되었고, 이때 이슬람은 통치 종교가 되었다. 하지만 몽골은 세력이 최고조에 이르렀을 때 압바스 왕조로부터 제국과 부, 권력, 위엄 등의 모든 것을 빼앗아가면서도 군대의 힘과 그 모든 세속적 승리를 불가사의하게 초월하는

---

41 Jurji Zaydan, *Tarikh al-tamaddun al-Islami*(History of Muslim civilization) (n.p., n.d.), vol. 1, p. 138; Lane-Poole, *Mohammadan Dynasties*.

칼리프의 칭호는 결코 가지지 못했다.[42]

이렇듯 무슬림 위계 체계 안에서 칼리프가 갖는 고유한 지위를 볼 수 있다. 모든 국가의 수장이 칼리프인 것은 아니다. 아랍인이 아닌 사람들이 이 칭호를 갖는 것은 문제시되며, 여성 수장들이 칼리프가 된다는 매우 비현실적인 가설을 생각해본다고 하면 이는 더욱 크게 문제시될 것이다. 하지만 이상적인 권위의 모범인 칼리프제와 여성 통치자는 과연 근본적으로 양립할 수 없는가?

---

42 Ma'luf, *Les Croisades vues par les Arabes*, pp. 253ff; Lewis, *Islam*, pp. 77–96.

02
칼리프와
여왕

The Caliph and the Queen

칼리프와 여성이라는 두 단어를 연결하자 아찔한 현기증이 찾아왔다. 나를 포함하여 신실하고 굳건한 무슬림 교육을 받은 사람은 누구라도 그 두 단어를 함께 나열하는 일이 편치 않을 것이다. 역사적 자료들을 읽을 때면, 그 기분은 완전히 사라지지는 않지만 누그러진다. 신실한 무슬림 교육은 위계질서와 한계를 존중하여 모든 사물과 사람을 적소에 두게끔 신중하게 말할 것을 가르친다. 무슬림 일신교의 본질인 칼리프라는 단어와 여성이라는 단어를 연결하는 것은 신성모독이다. 역사가 가르치는 바로는, 칼리프는 여성이 세속적이고 현세의 권력인 천한 물크와 같은 더 열등한 종류의 권력조차 행사할 자격이 없다고 생각했다. 지상에서의 신의 대표자로서 그리고 원칙적으로 모든 신성 위임의 궁극의 원천으로서, 칼리프는 여성들이 수장이 되는 것을 제도적으로 반대했다. 그 여성들이 술타나가 되고 세속적인 사안만을 다루는 것 외에는 다른 어떤 것도 인정하지 않았다. 하지만 그마저도 여성들에게는 금지되어 있었다. 국사를 지휘할 만큼 높이 올라간 극소수의 여성들이 영적인 비준을 요청할 때마다 칼리프는 이를 거부했다. 어떤 영적인 사안도 주장하지 않고 세속적인 권력을 행사하는 것에서조차 술탄은 칼리프가 승인했음을 표시하는 인가, 즉 그의 영적인 은총을 받아야 했다. 무슬림 사회에서는 아무리 형식적일지라도 어떤 식으로든 신성과의 연계 없이는 지도자가 될 수 없었다. 그리고 이 연계를 담당하는 것이 군사적인 권력을 갖지 않게 되었을 때 칼리프가 가지는 기능 중 하나가 되었다.

역설적이게도 바그다드가 몽골에 의해 함락되어 칼리프의 세속적인 권력이 사라졌을 때서야 칼리프는 자신의 영적인 권위를 되찾게 되었다. 군사 지도자로서의 칼리프가 쇠퇴하고 그의 제국이 붕괴하면서 과거 봉신들이나 노예들과의 구분이 무너졌을 때, 아랍 칼리프들은 그들에게 행사하는 자신의 주도권은 신성한 권위의 궤적에 있다는 것을 알게 되었다. 그리고 바로 이 권력의 분권화와 유사민주주의화, 즉 지방자치적 정부들의 형성과 '아잠ajam'(비아랍인들) 권력의 대두로 인해 여성들에게 왕위를 향한 정치적 길이 열렸다. 하지만 왕들과 마찬가지로 여왕들도 일단 현지에서 권위를 잡고 나면 칼리프의 축복을 구해야만 했다. 칼리프는 정통성에 대한 증서 발급자의 역할을 하게 됐다. 하지만 여왕들은 그 아버지나 남편, 형제들과는 달리 칼리프의 쓰라린 거절을 마주해야 했고, 대개는 그 결정에 어떤 도전도 할 수 없었다. 그리고 그러한 거절은 왕좌를 노리는 다른 지명자들에게 이득이 되었다. 그 때문에 여왕들은 다소 빠른 속도로 패배했고 때로는 비극적인 죽음이 앞당

겨졌다.

  군사적으로 무능력한 칼리프는 제국의 네 귀퉁이에서 권력을 잡고
있었던 장군들에게 루큰 알-딘Rukn al-din(신앙의 기둥), 사이프 알-다울
라Sayf al-dawla(국가의 검), 아미드 알-물크Amid al-mulk(권력의 기둥), 나시
르 알-딘 와 알-다울라Nasir al-din wa al-dawla(신앙과 국가의 정복자)와 같은
영예로운 칭호들 부여했으며, 무슬림 제국이 분리되기 시작했을 때 양
측 모두의 이익을 위해 기능했다. 한편, 무력으로 권력을 잡은 지방의
새로운 장군들은 적법성의 외형, 즉 일종의 종교적인 축복이 필요했다.
다른 한편, 군사적으로 약하고 경제적으로 빈곤한 칼리프는 그 정복
자들이 여전히 그의 권력에서 무언가 필요로 한다는 사실에 흡족해하
고 있었다. 영예로운 칭호들은 일종의 서임식이었다. 그래서 이 칭호들
은 엄숙한 의식에 따라서 수여되었다. '즉위 선언과 관련하여 칼리프의
인정을 받는 것은… 경칭, 화려하게 치장한 군마와 휘장들과 같은 기
타 권위 표지들에 더하여, 분쟁의 여지가 있는 왕위 계승을 한 권력의
도전자에게 그의 적수에 대한 우위를 부여할 수 있었다.'[1] 칭호 수여식
은 지방 수도에서뿐만 아니라 바그다드에서도 이루어졌고 공물이 오가
는 사치스러운 축하연이 펼쳐졌다. 4세기에는 칭호 수여가 칼리프의 가
장 중요한 수입원을 이루었다. 423/1031년에 바그다드의 아미르가 말릭
알-다울라Malik al-dawla(왕)라는 칭호를 받았을 때 그는 칼리프에게 '2천
디나르(은화—옮긴이), 3만 디르함(금화—옮긴이), 비단 10필, 문직 비단 최

---

1 *Encyclopedia of Islam*, 2nd edn(Leiden: E. J. Brill, 1960) article on 'Lakab.'

상급 100필, 그리고 상급 100필'을 주었다.[2]

술탄 직을 갈망했던 최초의 여성은 465/1072년에서 485/1092년 사이의 통치 기간에 바그다드와 그곳의 칼리프를 떨게 했던 셀주크의 술탄 말리크샤의 아내, 투르칸 카툰이었다.[3] 터키 출신의 말리크샤는 자신의 수도조차 방어할 능력이 없었던 칼리프에게 보호의 대가로 웅장한 칭호를 요구했다. 말리크샤 사후에는 후계자인 아들 마흐무드가 4살밖에 되지 않았기 때문에 마흐무드의 모친인 투르칸 카툰이 권력을 잡으려고 했다. 원칙상 이슬람은 어린아이에게 권력을 주는 것을 금지했기 때문에 그로 말미암은 경쟁은 어마어마했다. '말리크샤의 이름으로 모스크에서 낭송되는 금요일 '쿠트바khutba'는 동쪽의 중국에서부터 서쪽의 시리아, 북쪽의 무슬림 국가들에서 남쪽의 예멘에 이르는 제국 전체에 울려 퍼졌다.'[4] 말리크샤는 위협적인 세력으로 성장한 시아의 공격으로부터 바그다드와 그곳의 칼리프로 구현된 순니를 보호하는 이슬람의 검날과 같은 존재였다.

투르칸 카툰은 자신이 구상한 대로 왕위 계승이 이루어지게 하고 왕좌를 노리는 다른 권력자들로부터 자신을 보호하려 했다. 그러기 위해서는 467/1070년에서 487/1094년 사이에 통치한 27대 칼리프였던 당대

---

2 Ibn al-Jawzi, 'Al-muntazim', manuscript in Berlin. Adam Metz가 자신이 쓴 *Al-hadara al-Islamiyya*(Muslim civilization)에서 인용했으며, 원본은 독일어이다. 나의 주석은 전부 두 권짜리 아랍어 번역본에서 사용했다(Cairo: Maktaba al-Khanji, 1968).

3 같은 이름의 카툰으로, 후에 몽골이 권력을 잡은 후 살펴보게 될 다른 카툰과 혼동하기 쉽다. 여기 언급된 셀주크의 술타나는 공식적인 국가 수장이 되지 못하였으나, 또 다른 투르칸 카툰은 몽골인들의 도움으로 공식 국가 수장이 되었다.

4 Ibn al-Athir, *Al-kamil fi al-tarikh*(Beirut: Dar al-Fikr, n.d.), vol. 8, p. 482.

압바스 왕조의 알-무끄타디와 공모해야 했다. 그녀는 남편의 죽음을 비밀에 부치고서 바그다드의 동의를 구하려고 했다. 칼리프의 첫 대답은 마흐무드가 어린아이라는 것이었다. 투르칸은 마흐무드가 '구체적인' 나이에 상관없이 통치할 수 있다는 '파트와fatwa'(법령)를 받아냈다. 하지만 칼리프는 아무리 권력이 있다고 하더라도 여성이 왕좌에 오르도록 허락할 준비가 되어 있지 않았다. 그에게 중요한 것은 통치권이 언급되는 특혜인 쿠트바가 여성의 이름으로 반포되지 않게 하는 것이었다. 쿠트바(직역하면 '설교')는 금요 예배에서 공식적으로 반포되었으며 칼리프의 통치권을 확인하는 종교적이고 정치적인 중요성을 지녔다. 알-무끄타디는 쿠트바가 투르칸의 아들, 마흐무드의 이름으로 반포되어야 한다고 주장했다. 그뿐만이 아니었다. 그는 자신이 선택한 수상 한 명을 투르칸에게 붙였다. 처음에 투르칸은 칼리프의 조건들이 너무 모욕적이라고 생각하여 주저했다.[5] 마침내 그녀는 칼리프의 모든 조건을 받아들였다. 바그다드의 축복이 없으면 경쟁자들에 대항할 기회조차 없을 것이기 때문이었다.

또 다른 압바스 왕조의 칼리프인 알-무스타심 역시 여성이 이집트 왕위에 오르는 것을 격렬하게 반대했다. 이 여성은 이집트 아유브 왕조의 8대 통치자인 말릭 나짐 알-딘 아유브의 아내인 술타나 샤자라트 알-두르로, 그녀는 648/1250년에 남편이 죽은 후 그 뒤를 잇기로 했다.[6] 당시 이집트는 바그다드 칼리프의 지배권 안에 있었고, 샤자라

5 Ibid., p. 484.

6 'Umar Kahhala, *A'lam al-nisa' fi 'alamay al-'Arabi wa al-Islami*(Famous women in the Muslim and Arab worlds) (Beirut: Mu'assasa al-Risala, 1982), vol. 2, p. 288.

트 알-두르는 막 십자군에 대항하여 위대한 군사적 승리를 거둔 참이었다. (1250년 4월 파리스크르 전투에서 프랑스군은 거의 전멸했다. 루이 9세는 포로가 되어 40만 디나르를 지불하면서, 이집트로 다시는 돌아오지 않고 다미에타를 이집트에 넘겨준다고 약속까지 한 후에야 석방되었다. 이후 유럽의 왕들은 다시 십자군을 보낼 생각을 접었다. 당대 종교 세력의 변화를 가져온 역사적 전환점이었다.—옮긴이) 그녀는 사령관이 꿈꿀 수 있는 가장 장대한 칭호를 가졌던 남편의 많은 칭호인 '아랍인들과 비아랍인들의 술탄, 육지와 바다의 왕, 인도와 중국, 예멘, 자비드, 사나, 그리고 아덴의 왕, 아랍과 비아랍인들의 왕 중의 왕, 태양이 뜨고 지는 나라들의 술탄' 중 최소한 하나는 명백히 가질만한 자격이 있었다.[7] 샤자라트 알-두르는 아마도 그렇게 웅장한 칭호가 아니라 자신을 이집트의 수장으로 인정하는 알-무스타심의 단순한 인가만을 원했을 것이다. 그러자 칼리프는 이집트의 아미르들에게 그 유명한 전언을 보내 그녀를 모욕하면서, 이집트인들이 여성을 선택하기로 한 것을 보니 이집트에 능력 있는 남성들이 없는 것 같다면서 그렇다면 남성들 몇 명을 보내주겠노라고 말했다.[8] 샤자라트 알-두르는 자신의 지휘 아래 이제 막 다미에타에서 십자군을 격퇴한 군대의 지지를 받고 있었고, 그 핵심적인 힘을 믿고서 칼리프의 인가 없이 일을 진행하려고 했다. 그녀는 자기 자신에게 칭호를 부여했으며 이는 남편의 칭호보다 길지는 않지만, 칼리프의 특권에 도전했다는 면에서 그에 대한 반항의 표시였다. 그 칭호는 '말리카

---

7 아랍어 원문을 보려면 다음을 참조할 것. *Encyclopedia of Islam*, article on 'Lakab.'

8 Hanbali, *Shazarat*(위의 ch. 1 n. 31 참조), vol. 5, p. 288

트 알-무슬리민Malikat al-Muslimin, 즉 무슬림들의 여왕이었다. 하지만 이는 오래가지 못했다. 칼리프의 거절은 샤자라트 알-두르에게 치명적이었다. 그녀는 그 지위에 오르기 위해 보여줬던 모든 재능과 권력 게임의 규칙을 전복시키기 위한 처절한 투쟁에도 불구하고 비극적인 결말을 맞게 되었다. 샤자라트 알-두르는 권력 게임의 폭력적이고 무자비한 면을 완벽하게 습득했던 것으로 보인다. 그녀는 아주 짧은 기간 안에 모든 경쟁자를 성공적으로 쓸어버렸던 것이다.[9] 역설적인 것은 샤자라트 알-두르의 통치를 조롱했던 알-무스타심 자신은 군사적으로 무능력했다는 점이다. 게다가 그는 몽골에 대한 무책임한 태도로, 1258년 바그다드의 약탈이 일어나고 칭기즈칸의 손자인 훌라구에 의해 수천 명의 무슬림들이 학살당하게 한 장본인이었다. 훌라구 앞에서 그는 수백 년의 역사를 가진 파산한 아랍 왕조의 상징이었던 반면에, 샤자라트 알-두르는 떠오르는 왕조, 즉 몽골의 군대에 맞설 수 있는 유일한 군대였던 터키 노예들의 맘룩 왕조를 이끌고 있었다. 전투적인 맘룩 덕분에 몽골은 결코 이집트를 정복하지 못했다. (이집트는 1260년 아인 잘루트 전투에서 몽골에 최초의 타격을 주는 승리를 거두고 이슬람 세계를 지킨다. 이 전투 이후 알-무스타심의 숙부를 초청해서 카이로에서 칼리프 제도를 복원시키고 맘룩 왕조의 정당성을 세우는 데 칼리프제를 이용한다.—옮긴이) 알-무스타심이 샤자라트 알-두르의 인가를 거절한 것은 무슬림들의 이익을 방어한다는 면에서 전혀 합리화될 수 없다. 분명 그는 그녀의 능력을

9 Ibid., pp. 268ff; al-Maqrizi, *Al-Khitat*(Cairo: Maktaba al-Thaqafa al-Diniyya, 1987), vol. 2, pp. 237ff.

판단하고 평가할 능력조차 없었다. 하지만 알-무스타심은 칼리프라는 이유로 승리했다. 칼리프의 태도가 알려지자마자 불화가 일어났던 것이다. 카이로의 속국이었던 시리아의 행정관들은 샤자라트 알-두르를 인정하지 않았다. 카이로의 군대는 곧 분열되었고, 마침내 그녀를 폐위시키기로 한 결정이 내려졌다.

무슬림 역사에서 변하지 않는 것이 있다면, 여성이 권력을 가질 때마다 정통을 옹호하는 자들이 그것을 게임의 규칙에 대한 심각한 위반으로 간주했다는 점이다. 이 정통성의 의미는 다양한 시대와 장소에 따라 검을 쥐고 세금을 걷을 수 있는 권력을 가진 자들의 이익과 문화에 맞게 달라진다. 하지만 유일한 이 불변의 원칙은 제국과 그 안의 나라들 전반에서 지속되었다. 즉, 여성이 왕좌에 오르자마자 그 여왕에 의해 이익을 위협받은 집단이 등장해서 종교의 이름, 샤리아의 이름으로 여왕에게 도전했다. 이는 노예였던 맘루크들이 권력을 잡으면서 등장했던 샤라자트의 경우에서처럼, 그 여왕이 명백히 불안정한 혁명적 상황에서 활동하는 경우일지라도 다르지 않았다.

한 가지 예외는 또 다른 터키인인 라디야일 것이다. 그녀는 샤자라트 알-두르보다 십 년 일찍 델리에서 권력을 잡았으며, 원래 노예였으나 자신의 힘으로 권력에 올랐던 그녀의 아버지 술탄 일투트미쉬의 후광을 받았다. 술탄은 인도에 무슬림 국가를 세웠으며 세 명의 아들이 있었는데도 딸을 후계자로 지명했다. 그가 주변에 즐겨 두었고 그 나라에서 영향력이 매우 컸던 종교 권력자들은, 그를 설득하여 그 결정을 거두게 하려고 애썼다.[10] 그래도 그들은 라디야가 권력을 잡는 것을 막지 못했다. 하지만 종교의 이름으로 반대하는 세력은 남아 있었고 라디야의 통치 중에 그녀의 경쟁자들을 통해 기세를 부렸다.

지리적으로나 문화적으로 바그다드와 떨어져 있던 인도네시아의 여왕들도 이 장벽을 피해 갈 수는 없었다. 하지만 이 여왕들 중 4명은 17세기 말 수마트라의 북쪽 끝에 있던 아체 제국에서 서로에게 권력을 승계할 수 있었다. 당연하게도, 이 여왕들은 멀리 메카에서부터 날라온 파트와에 기반을 두고 그들의 통치 권리를 의문시하는 종교적 반대에 부딪혔다.[11] 그럼에도 불구하고 이 인도네시아 여왕들은 18세기 초반까지 권력을 독점했다. 그들은 압바스 왕조의 알-무스타심을 아연실색하게 할 만한 아낌없는 칭호들을 스스로 부여했다. 첫 번째 여왕(1641-1675년)은 자신을 겸허하게 '타즈 알-알람 사피야트 알-딘 샤Taj al-'alam safiyyat al-din shah'(세상의 왕관, 신앙의 순결)이라고 불렀고, 두 번째 여왕(1675-1678년)은 '누르 알-알람 나키야트 알-딘 샤Nur al-'alam nakiyyat al-din shah'(세상의 빛, 신앙의 순결)로, 세 번째 여왕(1678-1688년)은 이국적이게도 반은 페르시아 칭호인 '이나야트 샤 자키야트 알-딘 샤Inayatshah zakiyyat al-din shah'로 칭했고, '칼라마트 샤Kamalat Shah'라고 불리던 네 번째 여왕(1688-1699년)은 18세기 초반까지 평화롭게 통치했다.[12]

그렇다면 여성들은 이슬람의 땅을 지배하고 국사를 지시했으면서도, 정치적 권위에 토대와 정통성을 부여하는 종교적인 원칙들은 항상 위

10 Kahhala, *A'lam al-nisa'*, vol. 1, p. 448; *Encyclopedia of Islam*, article on 'Iltutmish.'

11 *Encyclopedia of Islam*, article on 'Atjeh.'

12 Ibid. 이들의 통치에 대한 세부 내용은 다음을 참조할 것. Badriye Uçok Un, *Al-nisa' alhakimat fi tarikh*, tr. from Turkish by Ibrahim Daquqi(Baghdad: Matba'a al-Sa'dun, 1973), pp. 152ff.

배한 셈이 된다. 왜일까? 우리는 젠더와 정치는 아주 밀접하게 연관되어 있으며 특히 남성/여성의 종속이 권력을 체화하고 상징하는 문화들에서는, 젠더와 정치를 분리하는 것이 거의 불가능함을 알고 있다. 여성을 통제하고 여성에게 베일을 씌우는 남자다운 능력으로 남성의 정체성을 규정하는 사회들은, 스스로에 대한 그런 정의를 그만둘 기미가 보이지 않으며 민주주의를 누릴 준비도 되어있지 않은 듯하다. 여성이 어떤 형태로든 무슬림 정치 영역에 침투하는 것은 파괴적으로 간주된다. 그리고 모든 주역, 특히 가장 점잖은 척하는 주역들의 신뢰성이 심하게 손상되는 듯 보인다. 그리고 기억은 교묘하게 왜곡된 거울의 역할을 하면서 다른 어떤 논리로도 거들 수 없는 현재를 만들어 내며, 이는 시간의 두 층, 즉 현재의 층위와 과거의 층위에서 펼쳐진다. 이런 점에서 베나지르 부토와 그녀의 이례적으로 짧은 경력에 반대하는 일반적인 주장들은 그 주장들의 유려함 이상의 의미를 갖는다.

정치와 여성 사이에 놓인 이 갈등의 근원은 무엇일까? 이 갈등의 철학적 기반을 찾아보기 위한 가장 간단한 방법은 칼리프의 핵심 개념으로 다시 돌아가는 것이다. 많은 민족 국가들과 각 통치자의 주권적 자율권이 있었지만, 이 칭호는 언제나, 지금까지도 매우 드물게 주장되어왔다. 우주의 영적인 지도자임을 주장하는 테헤란의 물라들이 모로코 국왕에게 냉랭한 이유는, 무엇보다도 그가 드물게 칼리프 칭호를 가진 현대 무슬림 국가의 수장 중 하나라는 사실 때문이다. 그들에게는 안된 일이지만 모로코 국왕은 이 칭호를 수 세기 동안 계승해왔다. 게다가 모로코는 아주 초기부터 자치적인 기관들을 설립하고 어떤 종교적인 권위를 가진 요구자를 받아들이지 않는 독립적인 무슬림 영토를 확고히 한 무슬림 제국의 첫 지역 중 하나였다. 알-무라비드 왕조(488/1056년-541/1147년)의 통치자들은 '아미르 알-무슬리민Amir al-Muslimin'(무슬림들의 영도자)이라는 칭호를 사용하면서 자치의 열망을 드러냈다. 그러면서도 홀로 유일하게 '아미르 알-무으미닌Amir al-mu'minin'(신자들의 영도자)이라는 칭호를 가졌던 압바스 왕조 칼리프의 권위는 부인하지 않았다. 테헤란과 라바트(모로코의 수도-옮긴이)의 경쟁 관계의 사례를 통해 우리는 칭호들이 갖는 상징의 영속성과 연속성, 무게감, 그리고 그것들이 이슬람의 정치판에서 갖는 중요성을 볼 수 있으며, '칼리프'라는 단어의 강력한 의미(오늘날에는 본질적으로 종교적인)를 이해할 수 있다.

칼리프는 항상 이맘의 지위를 차지하지만, 이맘이 꼭 칼리프여야 하는 것은 아니다. 칼리프는 이맘을 겸하기 때문에 칼리프가 있는 곳에는 이맘이 없어도 된다. 이맘은 사람들을 공간에 두는 반면에 칼리프는 시간에 둔다. '이맘imam'이라는 단어의 어원은 '암마amma'로, 처음이 되다, 맨 앞에 서다, '시라트 알-무스타낌sirat al-mustaqim'(올바른 길)으로 사람들을 이끌고 지휘한다는 뜻이며 가장 흔한 의미로는 예배를 이끄는 것을 뜻한다. 모스크의 이맘은 예배자들을 이끄는 사람이다. 반면 칼리프caliph라는 어원은 아주 다르다. 이는 '칼라파khalafa'에서 나온 것으로, 그 의미는 이후에 오다, 시간적으로 누군가를 계승하다라는 뜻이다. 칼리프의 칭호를 받은 첫 번째 사람은 아부 바크르였다. 그는 예언자 사후에 그의 자리를 대체했기 때문에 칼리프라고 불렸다. 칼리프는 무슬림들에 대한 종교적이고 물질적인 리더십을 계승해야 했다. 예언자가 성스러운 법 샤리아를 통해 지상과 천국에서의 안녕을 보장했기 때문이다. 그 권력의 본질은 종교적인 것으로, 정치 지도자로서의 기능은 지상에서 신의 법을 시행하기 위한 것이었다. 이것만이 질서와 정의를 보장할 수 있는 유일한 방법이다. 칼리프의 의무는 종교를 이용하여 우주의 정치적인 집행에 조화를 이루는 것으로, 여기서 정치와 종교는 분리될 수 없이 연결되어 있다. 이렇듯 천국과 지상의 우주적인 얽힘과 지상에서 신성한 의지를 집행하는 자로서의 칼리프는 여성의 배제를 의미할 수밖에 없다. 신은 유일하며 남성이기 때문이다. 우리는 학교에서 칼리프는 지상에서 신을 대표한다고 배우며, 이 공식을 기계적으로 되풀이함으로써 여성들의 배제를 필연적인 우주 법칙으로 만든다.

하지만 겸허한 것으로 유명한 첫 번째 칼리프 아부 바크르(11/632년-13/634년)는, 처음에 이 칭호를 약간 두려워하며 예언자의 동료들에게 자신을 '지상에 있는 알라의 칼리프'로 부르지 말라고 충고했다. '나를 예언자의 칼리프라 불러라 - 그에게 알라의 기도와 평화가 깃들기를 (이슬람에서는 예언자 무함마드나 그의 교우 혹은 중요 인물로 여겨지는 자를 거명한 후에 이런 축복의 경구를 두는 게 일반적이다.-옮긴이) - 칼리프는 부재한 자리만을 대신할 수 있다. 이미 존재하는 신의 자리를 대신한다는 것은 있을 수 없다.'[13] 이븐 칼둔의 설명에 따르면 이러한 종교적이고 세속적인 얽힘으로 인해 '우리는 예배자들을 이끄는 소이맘 직위['알-이마마 알-수그라al-imama al-sughra']에 대비하여 칼리프제를 대이맘 직위['알-이마마 알-쿠브라al-imama al-kubra']로 부른다. 대이맘 직위, 즉 칼리프제의 책무에는 예배자들을 이끄는 것['살라트alsalat'], 법적인 자문['푸트야

---

13 Ibn Khaldun, *Al-Muqaddima*(Beirut: Dar al-Kitab al 'Arabi, n.d.), p. 191.

al-futya'], 판결['까다al-qada', 까디의 임무], 성전['지하드al-jihad'], 그리고 국내 행정['히스바al-hisba']이 있다.'[14] 그러므로 현대적인 용어들을 사용해보자면, 예배를 이끄는 것(소이맘 직위)은 국가와 정부의 수장이자 내각의 중요한 직위를 차지하는 칼리프의 한 기능일 뿐이다. 칼리프는 홀로 동시에 법무부, 재정부, 국방부 장관이다. 많은 종교 권력자들에게 있어서 여성은 단순히 예배를 이끄는 소이맘 직위에서조차 배제되어 있으며, 따라서 대이맘 직위에서는 말할 것도 없다.

이븐 루시드는 다음과 같이 말하고 있다.

여성이 남성의 회중을 이끄는 이맘이 될 능력이 있는가[즉, 예배를 이끌 수 있는가]에 대한 의견이 상당히 갈렸다. 어떤 사람들은 여성이 여성 회중을 이끄는 능력조차 의문시했다. …샤피이파는 여성이 여성 예배자들을 이끌도록 인가했다. 말릭(말리키 파의 창시자인 말릭 이븐 아나스—옮긴이)은 이를 금했다. 아부 타우르와 타바리는 여성이 남성과 여성 회중 둘 다 이끄는 것을 허락했다. 하지만 [종교 지도자] 대다수의 합의는 여성들이 남성 회중의 이맘이 되는 것을 금지하는 것이었다.[15]

'소'인 어떤 것을 통제하는 여성의 능력에 의문의 여지가 있다면, 여성이 '대'인 것을 통제하겠다고 나서는 일은 재고의 여지도 없음이 당

---

14 Ibn Khaldun, *Recueils de textes*(위의 ch. I n . 1 참조), p. 76.

15 Ibn Rushd, *Bidaya al-mujtahid wa nihaya al-muqtasid*(Beirut: Dar al-Fikr, n.d.), vol. 1, p. 105. 이븐 루시드는 헤즈라 595년에 사망했다.

연하다. 하지만 연역적으로는 칼리프가 되기 위한 자격의 네 가지 조건을 생각해볼 때, 그중 어떤 것도 여성들을 배제하지 않는다. 이븐 칼둔의 『무깟디마』에 따르면 모두가 이 네 가지 조건에 동의하고 있다. 첫 번째는 지식('일름al-'ilm'), 두 번째는 정의('아달라al-'adala'), 세 번째는 능력, 그리고 마지막으로 육체 기능의 건강함이 그것이다. 지식은 '명백한 것으로, 칼리프는 신성한 법을 적용해야 하며 그는 오직 자신이 아는 것만 행할 수 있을 것이기 때문이다.' 아달라는 청렴함과 정직함, 어떤 종류의 과함이나 무법도 포함되지 않는 삶의 문제로, 당면한 것이 종교적인 기능이기에 그렇다. 이 개념의 본질은 바로 평형이다. 칼리프는 가능한 한 윤리적인 금기도 위반하지 않으며 '비드아bid'a', 즉 혁신의 죄를 짓지 않은 사람이어야만 했다. 어떠한 혁신이라도 이미 완전하게 놓인 샤리아의 곧고 좁은 노선에서 벗어나 탈선하게 되는 것이다. 능력이 요구되는 이유는 '그가 국경에 대한 존중을 강제하고 전쟁을 수행할 능력이 있어야 하기 때문이다.'[16] 마지막 조건은 칼리프라면 건강해야 하며 '미치거나 장님이거나 귀머거리거나 벙어리여서는 안 된다'는 것을 요구한다.[17]

이븐 칼둔은 『무깟디마』의 '칼리프 직과 조건들'에 관한 장의 끝에서

---

16 Ibn Khaldun, *Muqaddima*, p. 191. [이븐 칼둔, 김정아 번역(2012), 무깟디마 1권, 소명출판. 3부. 일반적인 왕조, 왕권, 칼리파위, 정부의 관직 그리고 이에 수반되는 사항들. 관련된 기본 법규와 보충적 제의들 26장: 이슬람 공동체는 칼리파위를 규제하는 법률과 조건들에 대해 서로 다른 견해를 보인다. pp. 317-8. 한국어 번역본에서는 이 부분에서 '칼리파위'를 '이맘위'로 번역했다. Franz Rosenthal의 1967년 영문 번역본 3장 24절의 24. *The differences of Muslim opinion concerning the laws and conditions governing the caliphate*에서도 이맘위(imamate)로 번역되어 있다.─옮긴이]

17 Ibid., p. 193. (전게서 p. 318─옮긴이)

왜 이것들이 여성들에게는 적용되지 않는지를 설명하며 우리에게 다음을 상기시킨다.

알라는 칼리파를 자신의 대리인으로 삼아 자기 종들의 일을 처리하도록 한 것이다… 샤리아의 법규 다수가 남자와 여자에게 동일하게 적용된다고 한 것을 보지 않았는가? 그런데 이는 기록되어 있지는 않다. 다만 유추를 통해서 그렇다는 것이다. 여자가 하등의 권력을 가지지 못하는 이유가 바로 이 때문이다. 알라를 섬기는 의무는 각자가 자신의 의지대로 수행함으로 예외가 되지만 그 외에는 남자가 여자를 통제하는 것이다.[18]

이슬람은 이 원칙들에 있어서 명명백백하다. 그러므로 연역적으로 여성들이 사실상 어떤 힘도 없다는 것에 따라 여성들에게는 어떤 신성한 사역도 직접 맡길 수 없게 되는 것이다. 그리고 이슬람의 본질적인 제도인 칼리프제는 이렇게 여성들을 정치에서 배제하는 것에 의심의 여지를 두지 않는다. 베나지르 부토의 적들이 원칙상의 견지를 취하고 여성들은 접근할 수 없는 칼리프 기능에 대해서만 말하는 전략을 취했더라면, 그들은 난공불락이었을 것이었다. 하지만 문제는 지아 알-하끄가 종교적으로 자부하고 자신의 군사 정권의 자의성을 숨기기 위해 샤리아를 휘둘렀을지라도 그 역시 칼리프가 아니었다는 것이다. 사실 근본주의자들은 선거에서 이겼다는 점을 들어 베나지르 부토를 비난한 깃

18 Ibid., p. 196. (p. 323)

이었다. 보통 이슬람 전통을 글자 그대로 지키려는 신실한 무슬림들은 보통 선거권을 보장하는 대중 선거에 참가해서는 안 된다. 선거는 '바이아bay'a'에 의해 지도자를 선출하는 정신과 전통에 비추어 완전히 이질적이기 때문이다.

바이아는 복종하겠다는 굳은 약속이다. 이 약속을 한 자는 그의 군주에게 자신의 사적인 사안과 무슬림들의 사안들에 대한 권리를 포기하며, 덧붙여 어떤 도전도 일으키지 않을 것과 좋든 싫든 행하라고 명받은 모든 것에 복종할 것을 맹세한다.[19]

바이아는 두 가지 기본적인 차원에서 보통 선거권을 보장하는 선거와 대치된다. 첫 번째로 바이아는 최종적이지만 보통 선거를 통한 투표는 일시적이며 정기적으로 재개될 수 있다. 두 번째로 바이아는 저명인사들, 이미 의사 결정에 참가하고 있는 사람들, '아흘 알-할 와 알-아끄드ahl al-hal wa al-'aqd'(직역하면 묶고 풀 수 있는 능력이 있는 자들)의 특권이라는 점이다. 엘리트의 또 다른 표현은 '아흘 알-이크티야르ahl al-ikhtiyar'(선택하는 자들)이다. 무슬림 역사에서 어느 순간에도 '암마', 즉 대중을 포함하는, 모두를 참여시키려는 시도는 없었다.

대중을 의미하는 암마라는 단어는 '움umm'(어머니)에서 파생되어 신자들의 공동체를 가리키는 '움마umma'와 헷갈려서는 안 된다. 두 단어 모두 신앙 공동체를 의미하지만, 움마가 매우 긍정적인 개념인 반면,

19 Ibid., p. 209; *Recueils de textes*, p. 74.

암마는 극도로 경멸적인 개념이다. 암마는 본질적으로 무지몽매하고 자제심이 없으며 반성과 분별의 능력이 없는 교양 없는 대중으로, 권력에서 배제되어야만 한다. 추론하고 구별하는 능력인 아끌Al-'aql은 모든 무슬림들에게 필수적이며 특히 지도자에게는 더욱 그렇다. 그래서 대중들은 아끌이 부족하므로 배제되어야만 하는 것이다. 묶고 풀 수 있는, 즉 의사 결정을 할 수 있는 엘리트인 '아흘 알-할 와 알-아끄드'만이 그들을 인도하는 자리에 있을 수 있다. 대중, 즉 암마는 역사적 문헌에서 언제나 아무 생각 없이 반란을 좇는 괴물로 묘사된다. 그래서 그들에게는 재갈을 물리고 계속해서 감시하고 필요하다면 억압을 가해야 한다. 엘리트의 역할은 칼리프 직을 도와 암마를 억압하는 것이다. 암마와 여성들은 당연히 무대에서 배제되어야 한다. 우리는 여성들만 히잡(베일)을 쓰는 것이 아님을 보게 될 것이다. 암마 역시 히잡으로 칼리프와 분리된다. 보통 선거권을 가진 선거는 배우를 지정하고 관객의 자리를 고정함으로써 칼리프 직의 무대를 조직하는 베일을 찢어내는 것에 해당한다.

불행히도 권력과 끊임없이 모반하는 암마 사이의 관계를 가장 잘 상징하고 있는 것은 바로 이슬람 전제 정치의 역사에서 가장 유명한 재앙인 알-하자즈 이븐 유수프의 설교이다. 우마위야 왕조의 4대 칼리프인 압드 알-말릭 이븐 마르완(65/685년-86/705년)은 이라크에서의 반란을 진압하기 위해 그를 총독으로 파견했다. 그가 이때 행한 연설은 우리 문화에서 너무도 중요하고 의미 있어서 내 학창 시절에는 초등학교의 교과서에 등장했다. 우리는 그 글의 취지는 알지 못했다. 단지 시적인 리듬만을 기억한 채 학교 운동장에서 고무줄 놀이를 하며 이를 부르곤 했었다. 여기에 알-하자즈가 신을 찬양하고 예언자를 위해 기도를 올린 뒤 설교대에서 선포했던 내용이 있다.

이라크의 주민들아, 사탄이 너희에게 거하고 있노라. 사탄이 너희의 살과 피와 뼛속에, 사지와 장기에 있노라. 그는 너희들의 피를 타고 너희 안을 돌고 있노라. 그는 너희의 옆구리와 뼛속의 골수를 꿰뚫었노라. 그가 항쟁, 저항, 그리고 배신을 불어넣었노라. 그는 너희들 안에 자리 잡았다. 그는 자신의 둥지를 틀고 알을 낳아 부화시켰다. … 이라크인들아, 내가 너희들에게 무엇을 기대하겠느냐? 너희에게 기다릴 것이 무엇이겠느냐? 내가 너희들을 살려둘 이유가 무엇이겠느냐? …이라크 주민들아, 까마귀가 운다면, 사기꾼이 목소리를 높인다면, 분쟁을 일으키는 자가 너희에게 복종하지 말라고 부추긴다면, 너희들은 그의 조력자이자 추앙자가 되는 것이다. 경험이 쓸모가 없더냐? 제안이 너희를 보호할 수 없더냐? 일어난 일들에서 배운 것이 하나도 없단 말이냐?[20]

그 후 알-하자즈는 이라크 주민들에게 당국에 대한 존경을 가르치라는 명령과 함께 군사들을 그 도시에 풀었다. 그들에게 도전의 낌새만이라도 보였던 사방의 모든 사람은 죽임을 당했고 그들의 재산은 몰수되었다. 수업시간에 이 선포에 대해 배웠을 때, 우리는 이라크인들에 대

---

20 Mas'udi, *Les Prairies d'or, Muruj al-dahab*를 A. C. Barbier de Meynard and A. J.-B. Pavet de Courteille이 번역함(Paris: Societe Asiatique, 1971), vol. 3, p. 821. 내가 때로 인용하는 이 작품의 아랍어본은 1982년에 출판되었다(Beirut: Dar al-Ma'rifa).

한 학살에 두려워하며 침묵에 빠져들었다. 우리 선생님은 당국(칼리프와 사실은 자기 자신의)의 명성을 방어하려는 마음에서, 칼리프가 알-하자즈의 과도함을 알고 나서 크게 노했다는 말을 덧붙여야 했다. 선생님은 칼리프가 알-하자즈에게 보낸 서신을 우리에게 읽어줬고, 그 때문에 우리는 종교적 당국의 결백을 재확인했다.

신자들의 영도자(칼리프-옮긴이)는 그대가 피로 강물을 만들고 재산을 파괴했다는 것을 알게 되었노라. 이는 신자들의 영도자가 누구에 대해서도 인내할 수 없는 두 가지 행위이다. 그래서 칼리프는 그대에게 모든 본의 아닌 죽음과 보복을 위한 의도적인 살인에 대한 사례금을 지불하라는 칙령을 내리노라.

이 사례에서는 사람들 위에 선 폭군의 권력이 도를 넘어섰고, 그래서 칼리프의 의무는 신자들을 지키는 것이었다. 유감스럽게도 현실 정치역학(realpolitik)에서 신자들의 지휘관은 알-하자즈를 필요로 했음이 드러났고, 그의 잔학행위에도 불구하고 그는 계속해서 정권의 강자로 남았다.

칼리프제의 비극은 항상 칼리프와 암마를 분리하는 간극, 엘리트와 군대로 채워지는 간극으로 인한 것이었다. 암마를 주연 배우로 정치적 무대에 들여온 보통 선거권을 보장하는 투표는 무슬림 정치에서 완전히 새로운 정치적 지평선을 열었다. 이는 관습에서 보면 이상한 지평이었으나 올바른 정부의 이상에서 보면 그렇지 않았다. 의회 민주주의는 과거에 책임이 없던 사람들의 장을 열었고, 이제 그 전철을 밟게 된 여성들과 함께 암마는 게임의 주요한 파트너가 되었다. 세상이 뒤집혔다. 충분히 혼란이 일어날 만한 것이지만 때로 이런 종류의 혼란은 올바르다. 하지만 우리는 과거로의 회귀보다는 이 혼란에 대한 치료책을 찾아야만 한다. 이런 면에서 암마의 투표 덕분에 파키스탄에서 여성이 정부의 수장이 된 경험은, 도전으로 가득한 세기를 어떻게 살아야 할지 배우기에 비할 데 없는 기회이다. 여성을 포함하여 과거에는 배제되었던 사람들이 더 이상은 지난 시절 자와리가 그랬듯이 지도자 역할을 하기 위해 베일을 쓰지 않아도 되는 세기이다.

03
자와리와
하렘의 혁명

The Jawari or Revolution in the Harem

모든 역사에는 지표와 기준점, 질서와 무질서의 시기, 황금시대와 쇠퇴기, 그리고 무엇보다도 '주요한' 사건들이 있다. 항상 왕실의 관점에서 바라보는 역사가들의 눈에 트라우마로 남는 사건 중 하나는 255/869년에 압바스 왕조에서 일어났던 흑인 노예들, 즉 잔즈zanj의 항쟁이다. 하지만 첫 번째 노예 항쟁은, 그보다 한참 앞서 칼리프들에 대한 도전을 감행했던 자와리, 즉 여성 노예들의 항쟁일 것이다. 어려운 점이 하나 있다면 그 시기를 추정하는 일인데, 이는 아마도 노예 가수의 매력에 사로잡혔던 첫 번째 칼리프를 찾아냄으로써 가능할 것이다. 타바리에 따르면 그는 101/720년에 권력을 잡았으나 결국 그의 자리야인 하바바에게 굴복했던 우마위야 왕조의 9대 칼리프 야지드 2세, 이븐 압드 알-

---

1 자리야는 복수형 명사인 자와리의 단수 형태이다.

말릭이었던가?[1] 몽롱해 있는 칼리프에게 지상에서 해야 할 임무를 일깨워주고 그 임무에서 너무 멀어지지 않도록 상기시켜줬던 사람은 바로 노예인 그녀였다.[2] 아니면 압바스 왕조의 3대 칼리프로 158/775년에 권력을 잡은 알-마흐디였을까? 그의 아내인 카이주란은 하바바처럼 남편을 사로잡는 것에 만족하지 않고, 자신의 남편과 권력을 공유했다. 카이주란 사후에도 그녀의 영향력은, 두 아들인 알-하디와 하룬 알-라시드의 통치에 남아 있었다.

여성 노예들이 칼리프보다 높은 권력을 갖게 되면서 여성들과 '지상에서의 알라의 대리인'이 갖는 관계에 따라 샤리아가 예측하지 못한 변화—체제의 핵심에서 일어나는 변화—가 일어났다. 체제의 주변부에서 권력을 얻으려고 했던 잔즈와는 달리, 자와리는 칼리프의 왕실 바로 그 안에서, 법이 사람과 사물의 절대적인 주인으로 설정한 바로 그 사람의 침실과 마음속에서 움직였다. 하지만 비교를 위해서는 무슬림 역사가들이 공식적으로 첫 번째라고 기록하고 있는 남성 노예 항쟁을 들여다보는 데서 시작해야 할 것이다.

잔즈는 바스라 근처의 해안 염습지의 아주 혹독한 조건 속에서 일했던, 수단에서 온 흑인 노예들이다. 그들은 무기를 들고 바스라를 점령하고는 바그다드로 향했다. 수년 동안 이로 인해 바그다드와 페르시아만을 이어주는 거대한 교통로가 끊겼다. 이들은 수도인 바그다드에서 27킬로미터밖에 떨어지지 않은 곳에서 저지되었다. 이들의 항쟁은 몇 번의 치세를 아우르고 최소한 한 명 이상의 칼리프를 일생 괴롭히면서,

2 Tabari, *Tarikh al-umam wa al-muluk*(Beirut: Dar al-Fikr, 1979), vol. 8, p. 189.

약 14년 동안 지속되었다. 이 항쟁은 신성과 연결된 정부로서의 이슬람이 바로 오늘날까지도 익히 알고 있는 방식인 알-아들al-'adl, 즉 신의 정의의 이름으로 일어나는 집단 반란의 방식으로 시작되었다. 잔즈는 자신들이 강요당한 노동 조건이 신성한 법인 샤리아에 따라 부당하다고 선언하면서 이에 대항하여 항쟁을 일으켰다. 그들은 샤리아의 이름으로 칼리프에게 복종하기를 거부했다. 그가 그들이 알라와 맺은 계약을 위반했다고 본 것이다.[3] 초기에 이 항쟁은 알리 이븐 무함마드라는 사람이 이끌었다. 타바리에 따르면 그는 알리 이븐 아비 탈립의 자손이라고 주장하는 골칫덩이였다.[4] 그는 동료들에게 자신이 염습지의 비참한 상황을 바꿀 수 있다고 말하면서 그들이 무장한다면 부유하고 존경받는 주인이 될 수 있다고 말했다. 그들은 그렇게 했다. 노예들은 주인을 버리고 그 종교 지도자에게로 대거 몰려들어 갔다. 그 항쟁에 대해서 처음 들었을 때 바스라의 사람들은 귀를 의심했으며, 그 '설교자'에게 가서 도망친 자신들의 노예를 내놓으라고 했다. 놀랍게도 그 종교 지도자는 노예들에게 각자의 주인들을 500대씩 매질 한 뒤 놓아주라고 명령했다. 이로써 그들은 목적을 드러내고 앞으로 나갈 방향의 성격을 분명히 했다.[5] 마침내 노예들은 그들 스스로 군대를 조직하고 지휘관을 임명한 뒤 정부군의 코앞에서 도시들에 대한 습격을 개시했다. 하지만 (우리에게는 황금시대로 고집스럽게 비치는) 압바스 왕조를 끊임없이 동요

3 이는 오늘날 이슬람 근본주의 운동에서 예외 없이 사용되는 게임 플랜이다.

4 Tabari, *Tarikh*, vol. 2, p. 174

5 Ibid., p. 177.

시켰던 다른 많은 민중봉기와 마찬가지로, 이 항쟁 역시 대학살로 막을 내렸다. 잔즈의 항쟁은 270/883년에 마침내 압바스 5대 칼리프인 알-무으타미드 치하에서 격퇴되었다. 이 항쟁은 너무도 충격적인 사건이었기 때문에 타바리처럼 꼼꼼한 역사가가 17쪽에 이르는 『타리크 알-우맘 와 알-물룩Tarikh al-umam wa al-muluk』(국가와 왕들의 역사)에서 그 사건을 기술하면서도 그 지도자 이름을 절대 언급하지 않을 정도였다. 타바리는 그를 '사힙 알-잔즈sahib al-zanj'(잔즈 무리들) 혹은 '아두 알라aduw Allah'(알라의 적), 심지어는 '알-카비스al-khabith'(사악한 자)라고도 불렀다.[6] 이븐 알-아씨르를 위시하여 위대한 공식 역사가들 모두가 명백하게 이와 같은 노선을 따랐다. 이븐 알-아씨르는 수세기가 지난 후 255년도와 잔즈의 항쟁을 다루면서 타바리가 했던 비난을 포함하여 그의 설명을 되풀이했다.[7] 군사적인 항쟁이었던 잔즈의 항쟁이 가진 제한된 영향력에 비해, 자와리의 항쟁은 깊고 오래갔다. 그것이 감정과 성, 에로티시즘과 관능의 수위에서 작용했기 때문이다. 여성 노예들은 결코 주인에 대항하여 전쟁을 일으키지 않았다. 그들은 사랑을 했다! 그리고 잘 알다시피 사랑에 빠져있을 때 우리는 무장해제가 된다. 사랑에 빠지면 우리는 방어막을 풀고 경계를 허물며 장애물을 없애고, 더는 한계에 대해 걱정하지 않는다.

역사가들은 자신의 노예 가수이자 시인에게 홀려서 무아지경에 빠진 채 무의미한 말들을 읊조렸다는 칼리프 야지드 2세의 이미지를 상당

---

6 Ibid., pp. 174ff.

7 Ibn al-Athir, *Al-kamil fi al tarikh*(Beirut: Dar al-Fikr, n.d.), vol. 5, pp. 246ff.

히 충격적으로 받아들였다. 비사를 대체로 좋아했던 마수디조차 칼리프 야지드 2세의 이야기를 할 때면 유머감각을 잃었을 정도이다. '어느날 하바바가 노래를 하고 있을 때 야지드는 너무도 큰 기쁨을 느낀 나머지 부르짖었다. "날아가고 싶구나!" 하바바가 그에게 말했다. "신자들의 영도자시여, 당신이 움마와 우리를 떠나버리면 누가 우리를 돌본단 말입니까?"[8] 하바바가 나들이 중에 노래를 잠시 멈춘 사이 석류가 목에 걸려 죽게 되자, 야지드는 너무도 비통하여 세상과 자신의 임무, 신자들과 비신자들을 다 잊었다. 무슬림의 수도는 칼리프 없이 예배를 보아야 했다. 그는 하바바를 매장하기를 거부하고 그 시신 위에서 떨어지려 하지 않고 울었으며, 기도와 나라와 모스크와 금요 예배를 잊어버렸다. 몇 주 후, 신자들은 그의 관을 따라 묘지로 향했다. 아마도 야지드는 노예, 즉 자리야에 대한 사랑으로 죽은 처음이자 마지막 칼리프였을 것이다. 야지드 2세는 모든 역사가에게 비난을 받다가 아부 알-파라즈 알-이스바하니의 펜 끝에서야 겨우 명예와 존경을 회복할 수 있었다. 그는 『키탑 알-아가니』Kitab al-aghani(노래의 책)를 썼으며, 거기서 하바바는 시와 노래의 발전에 공헌한 예술가 중 하나로 그려진다. 체제적 관점을 가지고 하바바를 악인이자 신과 종교에 대한 적으로 묘사했던 마수디와 타바리의 해석과는 대조적으로 키탑 알-아가니의 저자는 하바바를 뛰어난 시인이자 음악가로, 야지드는 그녀를 알아볼 정도로 미적 취향이 뛰어난 남성으로 보았다.[9] 키탑 알-아가니가 역사 고전이 아닌 것

8 Mas'udi, *Maruj al-dahab*(Beirut: Dar al-Ma'rifa, 1982), vol. 3, p. 210.

9 Abu al-Faraj al-Isbahani, *Kitab al-aghani*(Book of songs) (Beirut: Dar Ihya al-Turath al-'Arabi, 1963). 하바바의 전기는 vol. 15, p. 122에 있다.

은 사실이지만, 그 저자는 전장이 아닌 휴지기의 칼리프와 재상들을 묘사하는 24권의 책을 썼다. 이 책은 아랍 문명에서 음악과 노래의 발전을 분석하고 있는데, 최고의 가수들과 시인들은 궁전으로 모여들었고 이 분야의 예술이 발전하는 데 자와리가 핵심적 위치를 차지하고 있다. 아부 알-파라즈 알-이스바하니는 권력이 아닌 예술의 역사를 썼던 것이며, 그를 통해 하바바와 같은 자와리는 아주 다른 조명으로 우리 앞에 드러난다.

마수디와 타바리는 신실한 무슬림으로서 하바바를 칼리프가 길을 잃게 만든 노예로밖에 보지 못했다. 흥미로운 것은, 역사가들이 그토록 자리야와 공공연하게 사랑에 빠진 일로 야지드 2세를 비난하느라, 그가 실질적으로 혁신적인 정치적 접근을 했으며 반대파와 대화하려고 했던 일에는 침묵한다는 것이다. 그전까지만 해도 정치적 반대자들은 사형을 비롯한 혹독한 처우를 당하곤 했고, 이것이 전통적인 방식이었다. 반면에, 야지드 2세는 평화주의자로 자신에게 도전하고 대항하는 자들과 대화를 시도하고 협상을 벌였다. 이는 사소한 업적이 아니다. 비슷한 시도를 했던 그의 전임자 우마르 이븐 압드 알-아지즈에 대해서는, 시아파 반대자들을 죽이지 않고 그들과 대화를 개시한 첫 번째 우마위야 칼리프로 칭송이 쏟아지지만, 그 정책을 이어갔던 야지드에 대해서는 어떤 칭송도 없다. 야지드는 계속해서 정치적 사안들에 뒤처지고 무능한 것으로 여겨졌다. 오늘날 현대적인 관점과 우리 시대의 관심사인 민주주의와 인권을 가지고 무슬림 역사를 읽다 보면, 무슬림 역사가들이 '위대한 국가 수장'이라고 불렀던 것에 대해 다시 생각해보게 될 것이다.

위대하고 뛰어난 지도자로 분류되는 또 다른 통치자는 자리야에 대한 사랑이 자신의 정치적 임무에 대치된다고 주장하면서, '신실한 무슬림 통치자로서의 의무'를 다하기 위해 그녀를 죽였다. 그가 아랍인이 아니라는 점을 덧붙여야겠다. 예언자 무함마드의 설교와 행동에서 볼 수 있듯이, 성적인 열정과 정치적 수행력 사이에서 그렇게 극단적인 갈등이 일어나는 것은 아랍 이슬람의 시각에서는 낯선 것이었다.[10] 문제의 그 인물은 바로 시아 왕조였던 부와이조의 2대 통치자인 아두드 알−다울라(338/949년−372/982년)로, 그는 헤즈라력 4세기에 바그다드를 지배했다. 당시 압바스조 칼리프의 권력은 상징적인 이름뿐이었다. 이란 왕조인 부와이조는 귀족 군인들로 처음에는 페르시아에서 세속적 정권을 세우고 지역에서 권력을 잡았다. 군대를 이끌고 바그다드로 들어온 이들은 시아파였으나, 순니파였던 압바스조 칼리프의 상징적인 권위를 존중했다. 칼리프는 그들에게 칭호를 부여했고, 부와이조는 칼리프가 필요로 했던 군사적 보호를 약속했다. 칼리프에 의한 세속적 군주의 즉위식과 금요 예배의 인도, 그리고 다른 예식들 때문에 다소 이상한 이 종교와 군사의 결합이 지속되었고 일상적인 관계에서 조화를 찾을 수 있었다. 그렇지만, 아두드 알−다울라는 모든 신실한 무슬림이 보기

---

10 무함마드는 거듭해서 여성들이 자신의 삶에서 중요한 위치를 차지하고 있음을 말했고, 군사 원정에 종종 동반했던 아이샤는 그가 세상에서 가장 사랑하는 사람이라고 말했다. 여러 아내와의 성적인 기량은 모든 영역에서 일반적인 인간들과 구별되는 뛰어난 지도자로서의 그의 이미지 일부를 이루었다. 이는 감성적인 것과 성적인 것을 포함한다. 그가 아내들을 대하는 방법은 확실히 예언자가 매우 자랑스러워하던 것이었다. 이 주제에 대한 긴 설명은 내 책 *book Women and Islam: An Historical and Theological Enquiry*(Oxford: Basil Blackwell, 1991), 미국판인 *the US edition, The Veil and the Male Elite: A Feminist Interpretation of Women's Rights in Islam*(Reading, Mass.: Addison-Wesley, 1991)의 2부를 보라.

에 깜짝 놀랄만한 두 가지 조치를 했다. 이는 최상의 권위로서 칼리프제가 쇠퇴하는 시작을 알리게 되었다. 첫째, 그는 샤한샤의 칭호를 주장한 첫 번째 무슬림 지도자였다. 이는 이슬람에 대항하여 전쟁을 시작했던, 그리고 아두드 알-다울라가 자신이 후손임을 주장하는 이슬람 이전의 페르시아 왕들의 칭호였기 때문에 이슬람에 대한 중대한 모욕이었다. 아두드 알-다울라의 두 번째 위반은 바그다드의 모스크에서 금요 예배 중에 아랍 칼리프의 이름이 세속 지도자의 이름 다음에 나오도록 요구한 것이었다. 이는 금요 예배의 상징적인 중요성을 고려했을 때, 내가 앞으로 칼리프 체제라고 부를 것에 대한 최대의 모욕이었다. 그럼에도 아두드 알-다울라는 위대한 통치자로 묘사된다. 『키탑 자립 알-움마마Kitab tajarib al-umama(국가 경험서)를 쓴 미스카위야나 『샤자라트 알-다합Shazarat al-dahab(황금 영광)의 저자 한발리는 위대한 지도자이자 유능한 군사 지휘관으로서의 그의 능력을 길게 서술하고 있다.[11] 그가 자신을 너무 빠져들게 한 죄밖에 없는 무고한 자리야를 죽였다는 사실로 그의 정치적 입지가 약해지지는 않았다. 우리는 그 왕이 의사결정을 한 과정을 상세히 알아야 한다. 아두드 알-다울라가 사랑에 대해 불편했던 이유는 그가 더 이상은 국사에 집중할 수 없었기 때문이었다. 그는 그녀와 떨어져서 처음으로 며칠 밤 동안 '고립'되어 지낸 후 국사가 쌓이고 임무를 게을리 한 것에 대해 절망을 느꼈다고 썼다. 그는 다시는 그녀를 보지 않겠다고 결심했으나 그의 의지는 그녀가 불어넣은

11 Hanbali, *Shazarat*(위의 ch. 1. n. 31 참조), vol. 3, p. 78; Miskawiya, *Kitab tajarib al-umama*(Cairo: Sharika al-Tamaddun al-Sina'iyya, 1915), vol. 7, p. 39.

'샤가프al-shaghaf', 즉 소모적인 열정 앞에 굴복했다. 그는 두 번째 만남을 마련했으나 똑같은 현상이 벌어졌다. '그는 자신의 상황을 마치 그림 속에 있는 것처럼 상상했고, 그래서 그는 무엇이 불균형을 일으켰는지 찾아낼 수 있었다. …그는 슈크르를 불러서 그에게 그 자리야를 데려다가 강에 빠뜨리라고 명령했다.'[12] 그의 추론은 단순하고 직선적이었다. 그는 이것을 슈크르, 즉 사형 집행관에게 설명했다. '쾌락에 굴복하는 자는 나쁜 정치인이 될 것이고 필연적으로 세속적 권력을 잃게 될 것이다.' 다행히도 아랍 칼리프들은 하바바와는 달리 다른 자와리들이 칼리프를 유혹했을 뿐만 아니라 정치적 권력에 대한 야심을 키우며 서둘러 그 몫을 받고 싶어했을지라도, 사랑하는 여성을 죽이겠다는 이상한 발상은 하지 않았다.

정치적 경력을 추구하고 하렘 여성이 가질 수 있는 것 이상의 영향력을 누렸던 첫 번째 자리야는 카이주란이었다. 그녀는 몇 명의 칼리프들, 즉 남편과 두 아들에 걸쳐 아주 오랜 기간 권력을 행사했으며 그들을 통해 움마와 제국의 국사를 지시했다.[13] 압바스 왕조 칼리프제 동안 정치판에 등장했던 또 다른 자리야는 18대 칼리프 알-무끄타디르 (321/933년 사망)의 어머니인 샤갑으로, 종교적 군사적 관료 엘리트들을 움직여서 열세 살밖에 안 된 아들을 칼리프로 인정하게 했다. 까디(판관-옮긴이) 아흐마드 이븐 야꿉은 계속해서 알-무끄타디르를 인정할 수 없다고 주장했다. 그는 자신의 종교적 권위를 내세워 알-무끄타디

---

12 Miskawiya, *Kitab*, p. 42.

13 이 주제에 대한 출처는 다음 장을 참고할 것.

르는 아직 어린아이이며 칼리프가 될 자격이 없다고 말했다. 그는 같은 의견을 보였던 다른 모든 사람과 함께 사형당했다.[14]

여성들은 일단 권력을 잡고 나면, 투표가 생겨나기 전에 유일하게 효율적인 정치적 논법이었던 광포한 힘을 사용하면서 남성들이 부러워할 만한 잔혹함에 빠져들었다. 남성들과 마찬가지로 여성들도 필요한 만큼 정치 살인을 했다. 대신 아마도 검이 아닌 '보다 부드러운' 방법인 질식이나 독살을 이용했을 뿐이다. 남성과 여성의 차이는 다름 아닌 이 기술적인 세부 내용의 수준에서 연구해야 한다. 어쨌든 까디의 처형으로 인해, 역사가들이 이름을 부르지 않고 생물학적인 기능인 '움 알-무끄타디르'(알-무끄타디르의 어머니)나 혹은 정치적 기능인 '알-사이다'로 칭하는 이 여왕은 엄청난 정치적 신용을 얻게 되었다. 알-사이다라는 호칭은 앞에서도 살펴봤듯이 높은 계급의 자유인 여성들에게 주어진 것으로, 얼마 지나지 않아 어느 정도 공식적인 정치 권한을 행사하는 모든 여성을 가리키는 말이 되었다.

이 여왕은 오늘날의 관점으로 매우 '페미니스트'라고 할만한 정치 관념을 지니고 있었다. 그녀가 말한 바로는, 움마의 국사들, 특히 정의의 문제는 여성이 맡았을 때 더 잘 관리된다. 재상들과 까디들의 추문에 대해 그녀는 보좌역 중 하나인 투말(이슬람 율법에 따라 재판하는 까디와 다르게 세속법에 따라 재판하는 여성-옮긴이)에게 오늘날 우리가 법무부 장관이라고 부를 수 있는 직책을 맡겨 '마잘림'(부정 행위)을 다루게 했다. 투말의 명령을 받으면서 일을 해야 하는 종교 권위자들, 특히 까디

---

14 Tabari, *Tarikh*, vol. 12, p. 16.

들은 이에 반발하기 시작했다. 그들은 그런 식의 임명을 비난하면서 마침내 이를 불쾌하다며 거부했다.[15] 그들은 여성 혐오적인 탄원을 대놓고 입에 올리면서 투말과 협력하기를 거부했다. 하지만 알-사이다가 투말의 사안에 대해 물러설 기미가 없다는 걸 깨닫자, 그들은 머리를 숙이고 새로 온 감독관과 협력하기로 했다. 그들은 아직 까디 야꿉의 운명을 기억하고 있었던 것이다.

우리는 여성의 문제에 관해 타바리와 같은 과거의 위대한 역사가들의 객관성을 인정해야만 한다. 현대의 역사가들에게서는 거의 찾아볼 수 없는 객관성이다. 타바리는 투말이 임무를 아주 잘해냈으며, 처음에 반감에 부딪혔음에도 결국 안나스al-nas(사람들)는 그녀를 사랑하고 그녀의 방식과 선의를 인정하게 되었다고 말한다. 투말을 임명한 후 칼리프 알-무끄타디르가 내린 첫 명령은 부패를 척결하고 재판 비용을 낮추라는 것이었다. 고소인은 재판을 신청하기 위해 최소한의 비용만 내면 되었다. 게다가 그들은 서류 비용을 제외하고는 고위 법 관료들 주변에 우글거리는 하위 관료들 모두에게 돈을 낼 필요가 없게 됐다.[16] 여성을 법무부 수장으로 임명한 것과 소시민들이 사법 체계 안의 부패와 싸우는 관료를 갖게 된 기쁨 등, 무슬림 역사에서 가장 놀라운 사건 중 하나에 관한 이런 중요한 세부 사항들은 현대 역사가들이 쓴 움 알-무끄타디르의 전기에는 당연하게도 빠져 있다. 타바리로부터 불과 한 세기 후, 이븐 하젬은 투말을 법무부 최고 결정권자로 임명한 일을 두고 일

15 Ibid., p. 37.

16 Ibid., p. 38.

련의 '지금껏 보지 못한 스캔들'이자 기이한 행동이라고 말하고 있다.[17]

현대 역사가들에게서 우리는 더 미묘한 것, 즉 세부 내용을 삭제하는 행태를 보게 된다. 카이로 대학의 역사학 교수인 알리 이브라힘 하산 박사는, 이슬람 역사에서 이름을 남긴 여성들에 관한 자신의 책에서 움 알-무끄타디르를 '여성들이 국사에 간섭하게 내버려둔' 왕조를 압도한 쇠망의 완벽한 사례라고 묘사한다.[18] 그가 사례로 선택한 여성 33명의 전기를 써 내려간 방식을 보면 정치적 경력을 추구하려는 마음이 사라질 것이다. 가장 성공한 여성들은 (오늘날에는 얻을 수 없는 영예인) 예언자의 동반자들(Companions of the Prophet)이거나 교육받은 여성 지식인들(권력에의 접근은 거의 보장받지 못했던) 둘 중 하나이다. 그리고 우리는 오늘날의 무슬림 여성들이 기반을 다질 수 있는 영역은 대학이라는 것을 알고 있다. 여성 지식인은 체제를 전복시키지 않는다. 기반을 흔드는 것은 여성 정치인이다. 알리 이브라힘 하산 박사는 이 전기들의 연작물을 셰바의 여왕인 발끼스로 시작하면서 그녀의 생애를 두 부분으로 나눈다. 발끼스가 솔로몬 왕을 만나기 전인 첫 부분은 흥미없게, 그리고 그 이후는 꽤 훌륭하게 적고 있다. 그는 우리에게 발끼스의 왕좌에 대한 모든 이야기는 과장되었으며 역사가들이 그녀의 권력을 너무 환상적으로 그리고 있다고 확신시키려 한다. 그는 발끼스가 가졌던 왕권의 크기와 그 보물의 가치를 축소했다.[19] 셰바의 여왕이 가

---

17 Ibn Hazm, 'Niqat al-'arus'(위의 ch. 1. n. 40 참조), p. 98.

18 'Ali Ibrahim Hasan, *Nisa' lahunna fi al-tarikh al-Islami nasib*(Cairo: Maktaba al-Nahda al-Misriyya, 1970), p. 96.

19 Ibid., p. 9.

진 중요성을 줄이는 것은 위험한 일이다. 그녀는 꾸란에 강력한 통치자로 언급되어 있기 때문에 숨기거나 가리기 어려운 아주 드문 아랍 여성 중 한 명이기 때문이다. 발끼스의 생애에 있었던 위대한 사건은, 상당한 영적 차원을 포함한 권력을 가지고 있었던 솔로몬 왕과의 만남일 것이다. 발끼스의 위대함은 이를 즉시 이해하고 그와 싸우기보다는 그를 만족시키기로 결심했다는 데 있다. 하산 박사의 무의식적인 여성 혐오는 이슬람 여왕들에 대해 쓸 때 더욱 미묘하고 훨씬 더 악의적으로 드러난다. 그는 투말이 채택한 방식들이 열광적으로 받아들여졌던 것 등, 이 여왕들에 대한 모든 긍정적인 부분들을 지워버린다. 대신에 그는 투말이 '울라마'ulama'(이슬람학자, 까디는 샤리아에 대한 지식이 필요하므로 울라마여야 한다.—옮긴이)에 의해 거부되었던 것을 적고 있다. 그러고 나서 그는 타바리와 같은 초기 역사가들이 고대에는 종교적인 것으로 여겨졌던 역사가들의 임무에 따라 '종교적으로' 기술했던 세부 내용들을 다루지 않고서 거기에서 멈춘다. 이렇게 관련된 세부 내용을 지워버리는 기술은 오늘날 무슬림의 집단 기억이 얼마나 한결같이 여성 혐오적인지를 설명해준다. 그래서 우리는 영원한 진리이며 '무슬림 전통'이라고 제시되는 역사적 시나리오에 대해 철저한 조사를 해야만 한다. 특히 여성과 정치의 결합을 악행이자 재앙을 가져오는 것으로 그리는 전통에 대해서는 더욱 그래야만 한다. 자와리로 다시 돌아가보자. 자와리는 권력으로 접근하지 못하게 하는 장애물들을 걱정하느라 시간을 보내는 대신, 하렘 내에서 칼리프들을 지배하기로 마음먹었다. 하산 박사는 움 알-무끄타디르에 관련된 한 가지 사실, 즉 그녀가 외국인 출신이라는 것에 충격을 받은 듯했다. 그는 그녀가 '루미야', 즉 로마 출신이라는 사실을 엄청나게 강조한다. 무엇보다도 '룸'이라는 단어는 전 로마 제국을 뛰어넘어 영토 확장을 하던 무슬림 제국이 가장 가까운 적으로 여겼던 비잔틴 제국을 가리킨다.[20] 어떻게 지상에서의 알라의 대리인인 무슬림 칼리프의 어머니가 외국인 출신일 수 있느냐고 질문할 수 있다. 최상의 통치자 칼리프는 외국인 여성과 결혼해서 아이를 가질 권리가 없단 말인가? 그리고 칼리프가 그 외국인 여성에게 마음을 뺏겨서 그녀에게 무슬림 공동체 움마의 경영을 맡긴다면 무슨 일이 일어나는가? 칼리프가 외국인 자와리, 특히 크리스천 자와리에 매혹되는 일들이 있었나? 가장 유명한 사례로는 스페인의 무슬림 왕조인 우마위야 왕조의 가장 위대한 칼리프 중 하나였던 칼리프 알-하캄의 자리야인 숩흐가 있다.

숩흐는 야망에 사로잡혀 있었다. 그녀에게는 무슬림들의 호응을 얻기에 두 가지의 큰 결함이 있었는데, 외국인이며 크리스천이라는 것이었다. 분명 그러한 일은 특히 개방적인 코스모폴리탄 문명인 무슬림 스페인에서만 동요 없이 일어날 수 있었다. 역사가들은 보통 숩흐를 사비하 말리카 꾸르투바, 즉 코르도바의 여왕이라고 부르는데, 사비하는 '사바흐sabah', 즉 새벽이라는 뜻의 어근에서 나왔다. 숩흐의 원래 이름은 오로라로, 그 의미를 어느 정도 지킨 아랍식 이름을 갖게 됐다. 하지만 그 외국인 여성의 아름다움에 취한 왕자가 그녀가 지중해의 새벽

20 Ibid., p. 96. 남성형 '루미rumi'와 여성형 '루미야rumiyya'라는 단어는 오늘날과 같은 뜻으로 쓰였다. 이 단어들은 우리 이웃인 지중해의 유럽 크리스천들을 가리킨다. 오늘날 메디나(리비아에서 모로코에 걸쳐 있는 북아프리카 지역의 도시—옮긴이)에서는 서구식 차림을 한 관광객들을 가리켜 룸이라고 부른다. 그리고 바그다드에서는 비잔틴인들이 룸이며 안달루시아에서는 스페인인이나 프랑스인들이 룸이다. 룸은 자신들과 다른 사람들 크리스천과 유럽인들이지만 지리적으로 가까운 이웃 민족들을 가리키는 용어이다.

이 가진 놀랍게 부드러운 빛을 지녔다는 이유로 숩흐라고 불렀다는 얘기도 있다. 숩흐는 코르도바를 수도로 삼고 스페인을 거의 3세기 동안 (138/756년-422/1031년) 지배했던 우마위야 왕조의 서쪽 분파(후기 우마위야조-옮긴이)의 9대 칼리프 알-하캄 알-무스탄시르의 아내였다. 알-하캄의 통치는 16년간 이어졌다(350/961년-366/976년). 모든 역사가는 그가 위대한 국가 수장이라는 점에 동의한다. 그 자신이 안달루시아인이었고 통치자들에게 후한 점수를 주는 것으로 유명한, 뛰어난 무슬림 안달루시아 역사가인 이븐 하젬이 말하길, 알-하캄은 '품행이 단정'했고 '그가 높이 샀던 과학에 온 힘을 쏟았다.'[21] 알-하캄은 전 세계에 걸친 조직적인 도서 구입 정책과 그 자신이 가치 있게 여기고 예우했던 과학자들에 대한 소문난 관대함을 통해 이슬람을 문화와 과학의 중심으로 만든 인물 중 하나였다.[22] 이븐 하젬은 알-하캄이 '모든 나라에 사자를 파견하여 책을 구하게 했으며, 어떤 가격에라도 그 책들을 사서 가지고 올 것을 명령했다'고 쓰고 있다.[23] 또 다른 안달루시아 역사가인 알-마까리에 따르면 알-하캄은 '전무후무한 도서관들을 세웠고… 사본을 만들고 교정하고 묶는 기술이 가장 뛰어난 전문가들을 주변에 두었다.'[24] 예를 들어, 그는 『키탑 알-아가니』 사본을 얻기 위해 알-이스바하니에게 순금 1천 디나르를 보냈다. 그는 바그다드를 지배했던 경쟁

21 Ibn Hazm, 'Risala fi fadl al-Andalus wa dhikr rijaliha', in *Rasa'il*(위의 ch. 1. n. 40 참조), vol. 2, pp. 191ff.

22 Ibid., p. 194.

23 Ibid.

24 Al-Maqarri, *Nafh al-tib min ghusn al-Andalus al-ratib*(Beirut: Dar Sadir, 1967), vol. 1, p. 386. 저자는 서기 17세기 초인 헤즈라 986년에 태어났다.

자 칼리프보다 앞서 그 책을 첫 번째로 읽었던 사람이었다.[25]

　그래서 알-하캄은 깊은 신앙만큼 학문에 관심을 두었던 이상적인 칼리프의 전형이었다. 한때 판관(까디)으로도 일했던 이븐 하젬은 알-하캄이 '전국의 모든 포도주 보관소를 파괴하라고 명령했으며 그 결정에 있어서 단호했다. …그리고 그는 안달루시아의 모든 포도 과수원을 뒤엎도록 명령하기에 앞서 지방의 대리인들과 상의했다'고 적고 있다.[26] 이 명령은 시행되지 않았는데, 전문가들이 포도나무를 없애더라도 사람들은 온화한 스페인 기후에서 풍부하게 나는 다른 과실들로 계속해서 과실주를 만들 것이라고 설명했기 때문이었다. 이 이상적인 그림을 완성하기 위해서 알-하캄이 '결코 롬에 대항한 전쟁을 멈추지 않았던' 위대한 '무자히드'(성전 전사)로 유명했다는 점을 덧붙인다. 여기서 롬이란 우선 스페인을 가리키며, 그다음에는 프랑스, 마지막으로 서로마 제국 전체를 말한다. 이를 보아 그에게는 할 일이 상당히 많았을 것이다. 우마위야 왕조는 압바스 왕조의 억압을 피해서 아프리카를 거쳐 서쪽으로 피신하여 크리스천 유럽의 심장부인 스페인에 새로운 무슬림 제국을 건설했다. 앞서 살펴봤듯이 그 이름에 걸맞게, 칼리프는 영적인 임무(종교 율법을 확고히 적용하는 것)와 세속적인 임무(세금 징수, 법질서 집행, 영토 방어 등의 다른 임무들을 수행하는 것) 사이에서 시간을 분배해야 했다. 대 우마위야 왕조 전반에 걸쳐서, 그리고 알-하캄의 생애에서 특히

---

25 우마위야조를 내쫓고 그 자리를 차지한 압바스조가 다스렸던 동부 무슬림 제국과 압바스조에 의해 쫓겨난 바로 그 우마위야 왕조의 후손들이 세운 서부 무슬림 제국(즉, 안달루시아) 사이에 경쟁 관계가 있었다는 것에는 의심의 여지가 없다. 알-아가니 책의 구매에 관한 것은 다음에 언급되어 있다. Maqarri, *Nafh al-tib*, vol. 1, p. 386.

26 Ibn Hazm, 'Risala', p. 194.

'지하드'(성전)에 많은 시간이 할애되었다. 알-하캄은 크리스천들에 대한 극적인 공격을 통해 통치의 장을 열었다. '그가 정복한 전리품은 돈이나 무기, 가축, 포로 할 것 없이 헤아릴 수 없었다.'[27] 사실 크리스천들은 우마위야 왕조에게 숨돌릴 틈을 전혀 주지 않았다. 안달루시아 정복은 매일 되풀이되어야 했고, 이를 위해 위대한 통치자들은 직접 군대를 이끌었다. 숩흐가 포로가 되어 노예로 온 것은 이런 원정 과정에 서였다.

그저 전쟁 포로였던 숩흐가 어떻게 움마를 지배하는 권력을 쥐게 되었을까? 우리는 여기서 잠시 멈춰서 아름다운 전쟁 포로들이 많았으며 경쟁이 심했던 무슬림 하렘에서 자리야의 권력이 부상하게 된 비밀을 생각해보아야 한다. 어떻게 자신을 돋보이게 하고 칼리프의 관심을 사로잡을 것인가? 보통 생각하는 것과 달리 젊음과 육체적인 아름다움으로는 충분하지 않았다. 뭔가 다른 것이 필요했고, 아랍인들에게 있어서 그것은 바로 지능과 지성, 그리고 문화였다. 주인의 마음에 들어서 권력을 나눠 가질 정도가 되었던 모든 자와리는 예외 없이 오늘날일지라도 남자든 여자든 성공을 보장할만한 그런 분석적인 지능을 갖춘 여성들이었다. 어떤 상황이나 사건, 인물에 대한 의견을 경솔하게 말하지 않고 조용히 깊이 있게 분석하는 것은 특히 아랍 남성들이 높게 샀던 지능의 형태였다. 이는 과거나 현재나, 많은 남성과 여성들에게 성공을 안겨주는 것이다. 여성들이 특히 어느 정도의 온화함과 약간의 유머와 함께 그러한 지능을 가지고 있다면 곧바로 칼리프의 마음에 들게 될

27 Maqarri, *Nafh al-tib*, vol. 1, p. 383

것이다. 물론 여기에는 계발이 필요하다. 모든 종류의 정보를 모은 후 필요한 장소와 시기에 쓰일 수 있도록 골라내고 분류해야 한다. 시적인 재담, 꾸란의 인용, 그리고 역사적인 참조는 필수적인 도구였다. 그리고 재간 있게 말을 하기 위해서는 언어를 잘 알아야 한다. 칼리프가 총애했던 많은 자와리는 특히 제국이 어떻게 돌아가는지 잘 알고 있던 여성들이었으며, 이들은 시인이자 언어학자로 역사와 같은 지식의 핵심 분야들과 언어의 힘에 숙달해 있었다. 숩흐는 그것을 보여주는 완벽한 예시였다.

많은 사람이 알-하캄이 지식과 서적에 대한 왕성한 관심으로 인해 나이가 들어가면서 일상적인 국사 관리를 등한시하고 아내에게 이를 맡기게 되었다고 말한다. 그녀는 칼리프의 둘도 없는 보조자였다. 하지만 곧 그녀는 보조자가 필요하다고 느꼈고, 자신과 무슬림 제국의 운명을 뒤흔들게 될 비서를 들이게 되었다. 그는 이븐 아미르라는 이름의 아랍인으로 26살의 젊고 매우 잘생긴 자였다. 그는 최고의 교육을 받았고, 정교한 매너를 갖추었고, 모든 종교적 지식에 능통했으며, 시간과 사람들을 자기편으로 만드는 재주가 있었다. 후에 그는 아주 어린 시절부터 안달루시아를 지배하겠다는 단 하나의 생각에 매달려 있었다고 인정했다.[28] 숩흐는 그녀에게 그를 추천했던 궁전의 관료들과 마찬가지로 그에게 빠져들었다. 그 여왕과 비서는 강렬한 관계에 빠져들기 시작했고 칼리프도 이를 알아차렸다. 어느 날 칼리프는 가까운 자들과 이븐 아미르

28 'Abd al-Wahid al-Murakushi, *Al-mu'jib fi talkhis akhbar al-maghrib*, 7th edn(Casablanca: Dar al-Kitab, 1978), pp. 46ff.

에 대해 대화를 나누면서 '그 젊은이가 우리 하렘의 마음을 온통 휘저어 놓았다'고 말했다.[29] 그들이 연인이었을까, 아니면 여왕이 칼리프의 아내로서, 미래의 칼리프의 어머니로서, 알-하캄이 죽으면 움마를 책임질 섭정으로서의 의무를 위해 자신의 욕망을 희생했을까? 숩흐는 무슬림 역사에서, 혹은 다른 역사에서도 가장 매혹적인 남자와의 관계를 정치적 영역에서의 협력으로만 엄격히 제한했을까? 이는 초기 역사가들이 논쟁했고 현대 역사가들도 여전히 논의하고 있는 질문이다. 그리고 이것은 우리에게 과거와 현재의 여성 혐오를 가늠할 기회를 준다.

이 점에서 숩흐의 성적인 삶에 대한 논쟁은 극도로 교훈적이다. 17세기 『나프흐 알-팁 민 구슨 알-안달루스 알-라팁Nafh altib min ghusn al-Andalus al-ratib』의 저자인 알-마까리는 이븐 아미르가 언제나 그에 대한 질투와 음모를 불러일으켰다고 말하면서 얘기를 시작하고 있다. 이븐 아미르는 아주 빠르게 숩흐를 대신하여 안달루시아의 유능한 통치자가 되었고 그녀의 아들인 칼리프 히샴 이븐 알-하캄을 자신의 궁전에 볼모로 잡아두었다. 알-마까리는 엄청난 재능을 지닌 어떤 사람이 일생일대의 기회를 쥐게 되어, 그 결과 모든 것에서 너무 큰 성공을 얻게 되면 항상 적의가 생긴다고 말했다. 이븐 아미르가 바로 그런 경우였다.[30] 계속해서 그는 이븐 아미르가 숩흐의 연인이라는 염문이 생겼음을 알 수 있다고 말한다. 염문은 곧 '칼리프는 직무실에서 놀고 있고 그의 어머니는 임신했기' 때문에 무슬림들이 몰락 직전에 있다는 내용의 풍자

---

29 Maqarri, *Nafh al-tib*, vol. 3, p. 88.

30 Ibid., vol. 1, p. 602.

적인 시로 만들어졌다.[31] 그러고 나서 알-마까리는 숩흐를 감싸고 그러한 비난들로부터 그녀를 방어하면서, 오직 알라만이 모든 것의 진실을 알 뿐이라고 결론짓는다.

현대 작가들은 체계적으로 숩흐를 저속한 책략가로 깎아내리면서, 권력에만 관심이 있는 비서에게 유혹당한 머저리로 그리고 있다. 다음은 압달라 이난이 자신의 책 『타라짐 이슬라미야Tarajim Islamiyya』(무슬림 전기들)에서 쓴 표현이다.[32] 그는 칼리프 알-하캄과 숩흐를 둘 다 이집트 TV에 나오는 인물들과 같은 이류 드라마 주인공들로 끌어내렸고 여기에 우리 문화의 코스모폴리탄 정수를 완전히 경시하는 인종차별주의와 쇼비니즘적인 색을 곁들였다.

우리 무슬림 역사는 우리에게 노예와 전쟁 포로를 포함한 많은 외국인 여성들을 보여주고 있으며, 이들은 칼리프와 술탄들의 궁정에서 빛을 발하면서 권력과 영향력을 누렸다. 하지만 그것이 일반 사람들이 강력한 무슬림 국가의 보호 아래 자신들에게 전제적이고 전체주의적인 권력을 행사했던 외국인 크리스천에 대해 보였던 반응을 보여주는 것은 아니다. …우리는 결코, 매력과 영향력 덕분에 20년간 코르도바의 칼리프를 지배했던 아름다운 크리스천인 숩흐, 즉 오로라만큼 완벽한 예시는 찾을 수 없다.[33]

---

31 Ibid.

32 'Abdallah Inan, *Tarajim Islamiyya, sharkiyya wa andalusiyya*(Cairo: Dar al-Ma'arif, 1947), p. 172.

33 Ibid.

위대한 현대 무슬림 역사가이자 명망 있는 삼부작인『파즈르 알-이슬람Fajr al-Islam』,『두하 알-이슬람Duha al-Islam』, 그리고『주흐르 알-이슬람Zuhr al-Islam』의 저자인 아흐마드 아민은 슙흐를 남성들과 권력을 집어삼키는 문어로 묘사한다. 9권이나 되는 책들로 구성되어 있고 출간 이후 줄곧 베스트셀러였던 아민의 삼부작은 학문적인 부분에서 오류가 없어서 무슬림 여성들에게 매우 해로운 영향을 미쳐왔다.[34] 완전히 무의식적인 그의 본의 아닌 여성 혐오는 그 작품의 뛰어남으로 인해 오히려 더 치명적이었다. 그는 사건들과 짧고 강렬한 주석을 학문적으로 조합하고, 과거와 현재를 끊임없이 엮어냈다. 그는 타고난 해설자로서의 재능과 백과사전식 지식을 가지고 있어서, 그의 책은 첫 출간 이래로 일상 속에서 가까이 읽힐 뿐 아니라 수 세대에 걸친 기본 참고서가 되었다. 그의 여성 혐오는 우리 선조들의 과학적 기여나 서적과 지식에 대한 애정과 같은 자랑스러운 업적과 섞여서 희미하게, 여기저기 약하게 흩어져 있다는 점에서 더욱 음험하다. 그의 작품에서 슙흐는 냉소적이고 혐오스러운 책략가가 된다.

그리고 히샴 이븐 알-하캄이 아직 어린 10살의 나이에 집권하게 되자 상황은 더욱 악화되었다. 그는 공인된 칼리프였고 그의 어머니 슙

---

34 Ahmad Amin, *Fajr al-Islam*, llth edn(Beirut: Dar al-Kitab al-'Arabi, 1975): 이 삼부작의 첫 부분은 이슬람 초기부터 우마위야 왕조의 말까지 이슬람에서의 태도와 지적인 삶을 논의한다; Ahmad Amin, *Duha al-Islam*, 6th edn(Cairo: Maktaba al-Nahda al-Misriyya, 1961): 세 권이 첫 압바스 기간의 사회 문화적 삶, 과학 운동, 종교 분파를 다루고 있다; Ahmad Amin, *Zuhr al-Islam*, 4th edn(Cairo: Maktaba al-Nahda al-Misriyya, 1966): 네 권이 두 번째 압바스 기간의 문화적, 과학적, 문학적 삶과 종교 운동에 대해 다루고 있다.

흐는 섭정을 맡게 되었다. 그녀는 나바라 출신의 크리스천으로 매우 강한 성격을 가지고 있었다. 그녀는 남편인 알-하캄을 넘어서 권력을 확장했고 위대하고 강력한 무슬림 국가의 국사에 개입하는 데 성공했다. 그리고 그녀의 아들이 아직 어린아이였을 때 그녀의 권력은 거대해졌다. …숩흐는 우선 남편이 죽기도 전에 이븐 아미르를 비서로 채용했다. …그녀는 그를 매우 좋아하게 되었고 그 역시 마찬가지였다. 그녀는 그를 '하집hajib'(재상들의 장)으로 칭하고 그에게 권력에 대한 무제한의 접근을 허용했다. 그렇게 그는 칼리프가 가진 모든 기능을 취하게 되었다.[35]

아흐마드 아민의 글에서 숩흐는 말리카(여왕)도 사이다(부인)도 아니다. 그녀는 칭호가 없는 그저 크리스천 숩흐일 뿐이다. 13세기 역사가 알-무라쿠쉬는 숩흐와 이븐 아미르의 관계를 복잡하게 설명한다. 그는 그들이 정치 게임에서의 파트너였으며 서로 보완하고 그 협력으로부터 이득을 얻는 관계로 그리고 있다.

이븐 아미르의 입지는 계속해서 커졌고 마침내 그는 알-하캄의 아들 히샴의 어머니인 사이다 숩흐와 가까워졌다. 그는 그녀의 사업을 떠맡고 그녀의 땅을 관리했다. 그렇게 그는 인정을 얻게 되었다. 알-하캄이 죽을 때까지도 이는 계속되었다. 히샴은 아직 어렸고 문제의 소지가 있었다. 이븐 아미르는 숩흐에게 그녀의 아들이 통치하는 데

---

35 Ahmad Amin, *Zuhr al-Islam*, vol. 3, p. 126.

필요한 안전과 안정을 제공했다. 이븐 아미르는 아주 유능했고 상황은 그에게 유리하게 돌아갔다. 숩흐는 필요한 자금을 조달했고 그는 군대를 장악했다. 그러고는 그 후에 일어난 일련의 상황들로 인해 그는 훨씬 더 높은 지위로 올라갔고 마침내 국사를 책임지는 실질적인 일인자가 되었다.[36]

숩흐와 이븐 아미르의 관계는 30년 넘게 지속되었다. 그들은 알-하캄이 죽기 10년 전부터 서로 알았다(이븐 아미르는 356/966년에 비서로 임명되었고 알-하캄은 366/976년에 죽었다). 그들의 협력은 그 이후에도 20년간 계속되다가, 여왕이 자신의 다른 측근들에게서 지지를 구함으로써 그의 지배를 벗어나려고 했을 때 처음으로 그들 사이에 싸움이 벌어졌다. 애석하게도 여왕의 시도는 실패로 끝났다. 누구도 이븐 아미르 만큼 영리하고 기민하지 않았고, 그는 그녀가 경쟁자로 앉히려던 모든 사람을 무력화시켰기 때문이었다. 388/997년에 숩흐와 이븐 아미르 사이의 갈등은 그에게 유리한 국면으로 접어들었다. 그의 별은 계속해서 빛났으나 숩흐는 시들어가기 시작했다. 이븐 아미르가 권력을 쥘 수 있었던 것은 숩흐가 어리석거나 자질 없는 정치인이어서가 아니었다. 그녀는 그저 모든 정치적 승부가 그렇듯이 게임을 했고 졌을 뿐이다.

초기 역사가들은 여성과 정치 사이의 관계를 현대적인 역사가들과는 다른 시선으로 보았던 것 같다. 그들은 여왕들을 칭호로 명기하고 남성들에게 그랬던 것과 마찬가지로 여왕들의 동기를 이해하려고 애썼으며

---

36 Murakushi, *Mu'jib*, p. 48.

여성 노예가 칼리프와 결혼하여 미래의 칼리프를 낳을 수 있다고 명시했다.

자와리 현상을 이해하고 너무도 위계적인 것이 분명한 이슬람에서 어떻게 여성들이 칼리프들을 지배했을 뿐 아니라 그들과 권력을 공유할 수 있었는지를 밝히는 가장 명확한 방법은 카이주란과 그녀가 살아 있을 때 계승했던 서로 다른 칼리프들과 개인적인 시간을 갖는 것일 테다. 그녀의 예를 통해 우리는 대개는 영역적 본질이라는 자와리 권력의 한계를 가늠해볼 수 있을 것이다. 앞서 언급되었던 자와리 모두가 여성들의 영역인 하렘에서 움직였으며, 움 알-무끄타디르(알-무끄타디르의 어머니)도, 숨흐도, 카이주란도 여성 국가 수장으로 볼 수 없다. 그들은 여성의 영역과 남성의 영역을 갈라놓는 문턱을 넘지 못했다.

04
카이주란:
애첩인가 국가 수장인가?

Khayzuran: Courtesan or Head of State?

　카이주란과 같이 정치에 큰 야심이 있고 명백히 뛰어난 정치적 재능을 보였던 여성에게, 정치 생활의 가장 큰 장애물은 생물학적이거나 (여성이라는 사실) 법적인(노예라는 사실) 것이 아니라, 영역적인 것이었다. 즉, 공적인 공간(전쟁의 공간)이 아닌 내부적 공간(평화의 공간)인 하렘에 속해 있다는 사실 말이다. 모든 역사가가 그녀가 지배했고 명령을 내린, 압바스 왕조의 3대 칼리프였던(158/775년-169/785년) 그녀의 남편 알-마흐디, 큰아들 알-하디, 그리고 그녀가 총애했고 그녀의 사랑에 보답했던 작은아들 하룬 알-라시드 등 세 명의 칼리프 아래에서 무슬림 제국을 통치했다고 되풀이해서 전하고 있다. 견줄 데 없는 재능을 타고났으며 보물처럼 귀중히 여겨지는 전설적이고 고귀한 하룬 알-라시드는 꿈의 저주에 걸리지 않고 그것을 이루는 영광을 받았다. 그는 일단 칼리프가 되자 어머니의 재능을 인정하고, 카이주란과 같은 판단력을 가지고 있는 한, 자신은 여성과 권력을 공유하는 것을 부끄럽게 여기지 않음을 무슬림 세계에 보였다. 하지만 이렇게 함으로써 하룬 알-라시드는 애첩이거나 섭정이라는 하렘의 여성들이 가진 활동 반경의 한계를 다시 한 번 드러낸 셈이었다. 여성은 남성의 동의하에, 남성을 통해서만 권력을 잡을 수 있었다. 그녀의 정치적 활동은 남성의 존재에 가려져야만 공적인 무대에 등장할 수 있었다.

마지막까지 카이주란의 정치 활동은 하렘 생활이라는 치명적인 낙인이 찍혀 있었다. 그녀의 권위는 비밀리에 가려져 있었고, 다른 누군가의 권력의 방사였을 뿐이다. 그녀가 죽던 날, 바그다드는 아들의 비통함에서 그 어머니의 위대함을 볼 수 있었다. 칼리프는 가까운 여성이 죽었을 때 될 수 있으면 자제력과 절제를 보여야 하며, 무엇보다 사람들 앞에서 비통함을 드러내는 것을 피해야 했다. 하룬 알-라시드는 칼리프 직과 장례의 모든 의식을 거슬렀다. 그리고 자신감으로 가득 찬 이 위대한 칼리프는 이를 통해 명성이 더욱 높아졌다. 타바리는 173년 카이주란의 장례에 참석했던 한 사람의 증언을 적고 있다. '난 그날 알-라시드를 보았다. …그는 맨발로 진흙탕 속에서 관을 따라 꾸라이시의 묘지로 갔다. 도착해서 그는 발을 씻었고… 장례 기도를 올렸다. 그 후 그는 무덤으로 내려가 마지막으로 그의 어머니에게 경의를 표한 후 묘지를 떠났다.'[1] 죽어서도 카이주란은 제국과 그 전통을 거슬렀던 것이다.

카이주란이라는 이름은 아름다움과 유연함을 상징하는 '대나무'이

---

1 Tabari, *Tarikh al-uman wa al-muluk*(Beirut: Dar al-Fikr, 1979), vol. 10, p. 56.

다. 엘리트들은 그녀의 삶에 매료되어 그녀의 머리 모양과 장신구를 따라 했다. 민중들은 그녀의 삶을 여성의 삶의 궁극적인 꿈으로 적절히 묘사한 『아라비안 나이트』의 이야기들을 통해 유혹과 부와 권력이 밀접하게 연관되어 감각적으로 뒤섞여 있는 그녀의 삶에 매혹되었다. 그녀가 내렸던 정치적인 결정들은 아주 중대했다. 그래서 그녀가 압바스 왕조와 이슬람 역사에서 가장 기념비적인 시대를 장식했다고 해도 과언이 아니다. 자신의 책 『바그다드의 두 여왕Two Queens of Baghdad』의 반을 카이주란에 대해서 쓴 나비아 아봇에 따르면 카이주란의 외모에 대한 정보는 거의 없다시피 하다.[2] 오늘날에도 대나무는 그 늘씬한 유연함과 현혹적인 연약함으로 인해 여성의 몸에 대한 설명할 수 없는 신비를 말하는 것으로 여겨진다. 모로코의 전통적인 도시들의 구시가지에서는 젊은 여성이 길을 갈 때 나오는, 과거의 매력을 여전히 반영하고 있는 칭찬의 중얼거림이 바로 '알라 라 끄팁 알–카이주란Allah la qtib al-khayzuran'(알라여! 저렇게 아름다운 대나무 가지라니!)이다. 하지만 카이주란은 대나무에 그전에는 없었던 마법적인 차원을 불어넣었다. 그녀는 동화에서처럼 아찔하게 높기 솟기 전에 아주 힘든 삶을 살았던 것이다.

그녀는 주라시라고 하는 예멘의 한 지역에서 자유민으로 태어났다. 이븐 하쥄을 제외한 모든 역사가가 이 사실에 동의하고 있다.[3] 그가 틀렸을 수도 있으며 이 세부 내용은 중요하다. 예멘 여성들은 남성들이

---

2 Nabia Abbott, *Two Queens of Baghdad: Mother and Wife of Harun al-Rashid*(Chicago: University of Chicago Press, 1946).

3 이븐 하쥄에 따르면 그녀는 혼혈 태생으로 아랍인 아버지와 비아랍계 어머니 사이에서 태어났다. Ibn Hazm, 'Risala fi ummahat al-khulafa', in *Risa'il*(위의 ch. 1 no. 40 참조), vol. 11, p. 120.

정치를 독점하게 내버려 두지 않는 것으로 유명하기 때문이다. 이슬람화에도 불구하고 세바의 여왕에 대한 기억이 여전히 생생해서였을까? 압도적으로 많은 자료에 의하면 카이주란은 노예가 되어 바그다드 궁에 들어갔다. 샤리아는 어떤 무슬림도 다른 무슬림의 노예가 되어서는 안 된다고 명시했지만, 예언자 무함마드가 죽고 난 지 한 세기밖에 되지 않았는데도 고전 역사가들은 노예제에 대해 군이 문제 제기하려고 하지 않았다. 예언자 무하마드는 오직 전쟁 포로로 잡힌 '카피르kafir'(비신자)만이 노예가 된다는 것을 법과 원칙에서 명시했다.[4] 전쟁 규칙에 따라 무슬림 통치자는 다른 나라를 정복하고 그 남녀 주민들을 노예로 만들 수 있었다. 노예가 되기 위해서는 두 가지 조건이 선행되어야 했다. 비신자일 것, 그리고 전쟁의 전리품 일부여야 할 것이다. 예멘은 이슬람력 1세기 동안 처음으로 이슬람화된 나라 중 하나였다. 예멘인, 즉 무슬림인 카이주란 같은 여성이 노예가 된 것을 어떻게 설명할 것인가? 어쨌든 베두인들은 그녀를 메카로 데리고 왔고 거기서 노예로 팔았다. 노예 시장에서 그녀는 알–마흐디의 아버지인 칼리프 알–만수르의 궁으로 옮겨진다.[5] 그녀는 태생을 묻는 말에 대한 첫 대답으로 알–만수르의 눈에 띄게 되었다.

'메카에서 태어나 (예멘의) 주라시에서 자랐습니다.'
칼리프가 계속해서 물었다. '친지들은 없느냐?'

---

4 이슬람에서의 노예제의 규정에 관한 아주 명확한 설명이 다음에 나와 있다. Ahmad Amin in *Duha al-Islam*, 6th edn(Cairo: Maktaba al-Nahda al-Misriyya, 1961), vol. 1, pp. 79ff.

5 Abbott, *Two Queens*, p. 22.

'알라 외에는 아무도 안 계십니다. 제 어머니는 저밖에 낳지 않으셨습니다.'

그녀의 대답에 깊이 감동한 칼리프는 그녀를 아들 알-마흐디에게 보냈다. '그녀를 마흐디에게 데려가고 그에게 아이를 낳기에 좋은 여자라고 전하라.'[6]

그렇게 그녀는 이후 칼리프가 되어서 그녀의 발아래에 제국을 놓아주게 될 남자 앞에 서게 되었다. 그녀가 칼리프 알-만수르에게 거짓말을 했다는 점을 밝혀두어야겠다. 그녀는 외동이 아니었으며 가족이 없었던 것도 아니었다. 그녀는 두 아들을 낳고 자신의 미래가 보장되고 나서야 어머니와 두 누이, 두 형제의 존재를 밝혔다. 예멘에서 가난 속에 살던 그녀의 가족들은 바그다드의 궁전으로 온 뒤 엄청난 부를 누렸다. 권력자를 유혹하는 것은 가문의 특성이었던 것이 분명했다. 그녀의 누이 중 하나인 아스마는 카이주란에게서 알-마흐디를 빼앗으려 했으나 그는 유감을 표했을 뿐이다.[7] 다른 누이 살살은 칼리프 알-마흐디의 형제인 또 다른 왕자 자파르를 선택했고 그와 결혼했다. 그리고 그녀의 형제 가트리프는 예멘의 총독으로 임명되었다.

카이주란이 알-마흐디의 총애 받는 자리야이긴 했으나 그녀가 그의 인생에서 유일한 여성이었던 것은 아니었다. 그녀가 그와 결혼한 것은 그녀의 영향력이 어떠한지를 정식으로 보여준다. 율법에 따르면 무슬림

---

6 Ibid., p. 26.

7 Ibid., pp. 38-9.

은 노예와는 결혼할 필요가 없었다. 그는 결혼하지 않고도 그녀와 성적인 관계를 갖고 아이들을 낳을 수도 있었으며, 이는 완전히 합법적이었다. 이 상황을 보면서 우리는 일부다처제의 개념을 좀 더 상세히 하고 당시 대 무슬림 정복 시대에 왜 하렘들이 자와리로 가득했는지 이해할 수 있을 것이다. 이슬람에서는 남자가 4명까지 부인을 둘 수 있다. 하지만 그 네 명은 자유인 여성들만을 가리킨다는 점을 덧붙여야 한다. 샤리아는 행복한 남편에게 결혼 서약을 한 네 명의 자유민 부인 외에도 소유하고 있는 만큼의 많은 자와리(여성 노예들)와 성적인 관계를 맺고 아이를 둘 권리를 주고 있기 때문이다. 이에 대한 권위는 수라 4의 3절(꾸란은 114개의 장으로 나누어져 있는데 각 장을 수라라 부른다.—옮긴이) '여성'에 나오며, 이를 근거로 일부다처제가 제도로서 난공불락의 기반을 가지게 된다.

3 만일 너희들이 고아에게 공정하지 못할 것 같이 생각되면 누군가 마음에 드는 두 명, 세 명, 네 명의 여자와 결혼해도 좋다. 만일 공평하지 못한 생각이 들게 된다면 한 명으로 한다든가 너의 오른손에 소유하고 있는 것(여자 종을 뜻한다.)으로 하라. 그러는 것이 불공평하게 될 염려가 없다.[8]

8 Marmaduke Pickthall, *The Meaning of the Glorious Koran*(New York: Dorset Press, n.d.).
[김용선 번역(2002), 코란(꾸란), 명문당. 4. 여인(女人)의 장(章) 〈메디나 계시 전176절〉, p. 114. 한국어 번역 꾸란은 두 판본이 있다. 김용선은 1978년 한국어 번역본을 최초로 낸 이후 2002에 이 개정판을 새로 냈다. 김용선 번역본은 전 세계 이슬람이 모국어와 관계없이 신을 알라라고 부르는 것을 그대로 따르는데 [성 꾸란 의미의 한국어 번역]은 알라를 '하나님'이라고 굳이 바꾼 것이 어색했다. [성 꾸란 의미의 한국어 번역]은 첫 페이지가 "본 성서와 의미번역은 두 성지의 수호자 파하드 븐 압둘아지즈 알 사우드 왕의 선물입니다"라고 나온다. 그리고 서문에서 다시 사우디아라비아 국왕이 찬양된다. 이런 이유 때문에 이 번역본에 대해

타바리는 자신이 저술한 『타프시르Tafsir』에서 첩의 수에는 제한이 없다고 말하고 있다. 신자는 '자유인 여성들에게 갖는 것과 같은 의무를 첩에게는 가지지 않는'데, 그들이 아믈라쿠후amlakuhu(그의 재산)이기 때문이다.[9] 주인은 법적으로 노예에 대한 대우에 제약이 없으며 원하는 만큼의 노예를 취할 수 있었다. 카이주란에게 무엇보다 큰 위험은 운명의 바람이 끊임없이 궁전에 데려다 놓는, 자신과 같은 노예들인 자와리에게서 나왔다.

때로 자와리는 정복의 전리품으로 칼리프에게 바쳐졌고, 때로는 칼리프의 총독 중 하나에게 발탁되었다. 때로는 알-마흐디의 눈에 들려는 자들이 선물로 바치기도 했다. 그리고 그들이 명백히 뛰어난 재능을 가지고 있으면 사들여졌다. 피끄흐(종교적 지식)나 시를 배우는 등 지적인 기술을 익히거나 루트를 불고 노래를 하는 등 음악적 재능을 키우는 것만이, 때로 아랍인들이지만 대개는 고향으로부터 떨어져 나와 낯선 환경에서 살아남아야 하는 외국인이었던 이 여성들에게 열린 유일한 길이었다.

카이주란이 매우 시기했던 자와리 중 한 명의 이름은 마크누나였다. 그녀는 '아주 아름다운 얼굴을 가졌고 라스카(즉, 호리호리한 엉덩이와 다리를 가진)'였으며, 고향인 메디나에서 '무간니야', 즉 가수로 유명했다. 알-마흐디는 아직 왕권 계승자였던 시절 그녀를 사들였고 그 값으로 10만 디나르를 냈다. 이는 과한 금액으로 비밀에 부쳐졌다. 그의 아버지

서 불쾌하게 생각할 이들이 다수라고 생각했기 때문에 김용선 번역본을 택했다.–옮긴이]

9 Tabari, *Tafsir, jami' al-bayan 'an ta'wil ayi al-qur'an*, ed. Mahmud Muhammad Shakir (Cairo: Dar al-Ma'arif, n.d.), vol. 7, p. 541.

알-만수르가 그러한 낭비를 허용할 리가 없었기 때문이었다.[10] 알-마흐디는 그녀의 매력에 흠뻑 빠졌고 카이주란은 후에 '내가 그녀에게 느낀 두려움을 다른 여성들에게는 결코 가져본 적이 없었다.'고 회고했다.[11]

자리야의 값은 교육과 예술에 대한 능숙도에 따라 올라갔다. 그래서 자와리 교육은 그와 관련된 사람들에게 한결같은 보상을 안겨주는 실제적인 제도였다. 알-마흐디와 그의 아버지의 통치 기간에 자와리 교육이 전례 없이 중요해졌다. 그들과 동시대인이며 이 두 칼리프의 궁전에 자주 불려 갔던 아랍 음악과 노래의 대가인 이브라힘 알-마우실리는 '아름다운 자와리를 가르치기 시작했던 첫 번째 사람'으로,[12] 그들에게 시와 음악, 노래에 대한 정교한 교육을 했다. 알-이스바흐니에 따르면 그는 '자기가 가지고 있던 학교 외에도 80명의 상주 학생들이 그와 함께 훈련을 받는 정규 학교'를 소유하고 있었다.[13] 이브라힘 알-마우실리의 아들인 이슈라끄는 카이주란의 아들들의 치하에서 자기 아버지가 했던 일을 이어갔다. 하룬 알-라시드는 그에게서 수많은 학생 자와리를 사갔고, 그 가격이 너무 높아서 전투들을 치른 후 저녁 파티를 준비했던 이 대예술가와 어렵게 협상을 해야 했다.[14] 이브라힘 알-마우실리와 그의 아들은 페르시아 출신이었다. 그들은 음악과 노래에 자신들의 문화와 외국 노예들의 문화에서 온 새로운 리듬과 가락을 입혔을

10 Abu al-Faraj al-Isbahani, *Kitab al-aghani*(Beirut: Dar Ihya al-Turath al-'Arabi, 1963), vol. 15, p. 28.

11 Ibid.

12 Ibid., vol. 18, p. 170.

13 Ibid., p. 164.

14 Ibid.

뿐 아니라, 시와 노래에 페르시아 언어와 개념들로 윤을 내었다. 칼리프 알-마흐디의 또 다른 아들로 왕자임에도 그 자신을 예술가로 선언했던 이브라힘이 사들인 자리야 샤리야는 구매에 300디나르가 들었다. 그는 그녀에게 일 년간 수업을 시켰고, 그동안 그녀는 모든 집안일에서 면제되었다. 그녀는 학습과 연습에 매달렸다. 그 해 말, 그는 전문가를 불러들여 그녀를 평가했다. 그들은 그에게 노예시장에 나가면 그녀는 8천 디나르, 즉 원래 가격의 26배를 받을 가치가 있다고 말했다.[15] 몇 년 후 구매 의사가 있는 사람이 샤리야와 그녀의 놀라운 능력에 대해 듣고서 7만 디나르, 즉 원래 가격의 233배를 내겠다고 제안했다. 이브라힘 이븐 알-마흐디 왕자는 그 제안을 거절했던 것 같다. 우리는 카이주란의 경쟁상대는, 그녀가 아들들을 왕권 계승자로 임명할 권리를 포함할 모든 특권을 박탈해버렸던 알-마흐디의 귀족 아내가 아닌 자와리였음을 알 수 있다.

이렇게 불러도 좋다면, 카이주란의 쿠데타는 바로 알-마흐디가 다른 여성들의 자식들을 배제하고 그녀의 자식들을 왕권 계승자로 지정한 것 때문에 촉발되었다. 배제된 자들 중에는 알-마흐디의 정실 귀족 부인의 자식들과 왕조를 세웠던 칼리프 알-사파흐의 딸로 알-마흐디와 144/762년에 결혼했던 사촌이자 왕녀 라이타의 자식들도 있었다. 한 세기 앞서서, 첫 우마위야 왕조는 '노예의 자식들이 칼리프가 되는 것을 허락하지 않았다.'[16] 자유인 여성의 아들만이 통치자

---

15 Ibid., vol. 16, p. 5.

가 될 수 있었다. 10대 우미위야 칼리프였던 히샴 이븐 압드 알-말릭 (105/724년-125/743년)은 왕좌 지망자였던 자이드 이븐 알리에게 이렇게 말했다고 한다. '네가 칼리프가 되겠다는 생각을 하고 있다는 것을 안다. 이 직무실은 네게 주어지지 않을 것이다. 너는 노예의 아들이기 때문이다.'[17]

이븐 압드 라비히는 자신의 책『알-이끄드 알-파리드Al-'iqd al-farid』중 한 권을 여성들에 관해 썼다. 그는 자와리가 부상하게 된 현상과 그들이 이슬람이었음에도, 극도로 귀족적이고 엘리트주의를 고수했던 아랍 사회를 어떻게 휘저어 놓을 수 있었는지를 이해하려고 애썼다. 그는 예언자 자신이 두 명의 여성 노예를 가지고 있었다는 것을 상기했다. 한 명은 어린 시절에 죽었던 아들 이브라힘을 낳은 콥트교도 마리아였고, 다른 한 명은 다른 부인들이 유대인 여자라고 부르며 비난했던 사피야였다. '그녀가 예언자에게 불평하자, 그는 그녀에게 다음번에는 그 질투에 찬 아랍계 귀족 여인들에게 "내 아버지는 이삭이고 할아버지는 아브라함이며 삼촌은 이스마일이고 형제는 요셉이다"는 점을 상기시키면서 반격을 하라고 조언했다.'[18] 위계제도에 반대하고 주인과 노예들 사이의

---

16 Ibn 'Abd Rabbih al-Andalusi, *Al-'iqd al-farid*(Beirut: Dar al-Kutub al-'Ilmiyya, 1983). Vol. 7은 여성에 대해 다루고 있다. 저자는 헤즈라 368년에 사망했다.

17 Ibid., p. 139.

18 Ibid., p. 138. 이슬람은 모든 유대인과 크리스천 예언자들을 무슬림 예언자의 선행자로 인정한다. 예언자 무함마드는 사피야에게 공격자들에게 가서 유대 종교는 무슬림들이 자신의 선지자로 인정하고 존경하는 귀한 선지자들을 가지고 있는 귀중한 종교임을 상기시키라고 조언하면서 사피야에게 자기 확신을 심어주었다. (이민족 간의 결혼에 대한 금기는 유대교에서부터 내려온 것이다. 구약, 에스라 9:2 이민족들의 딸을 아내로 맞는가 하면 며느리를 삼기도 합니다. 그리하여 거룩한 씨가 이 땅의 여러 민족의 피와 섞이고 있습니다. 더군다나 지도자들과 관리라는 것들이 이런 짓에 앞장을 서고 있습니다.—옮긴이)

평등함을 강조했던 예언자와 이슬람의 태도에도 불구하고, 이 저자는 '메디나의 사람들은 여성 노예들을 매우 싫어했다'고 적고 있다. 자유민과 노예의 결혼으로 나온 아이들에게 붙여진 정확한 용어들이 있었다. '아랍인들은 무슬림이 된 '아잠ajam'(비아랍인, 페르시아인, 문자 그대로의 의미는 말을 못하는 사람-옮긴이)을 '알-무슬리마니al-muslimani'라고 불렀다. …아랍인 아버지와 아잠 어머니에게서 나온 아이는 '하진hajin'으로 불렸고, 아랍 어머니와 아잠 아버지에게서 나온 아이는 '알-무다리al-mudarri'라고 불렸다.' 저자는 아랍인들이 '무슬림일지라도 아랍어를 제대로 말하지 못하는 사람이라면 누구나 아잠이라고 불렀으며, 이슬람 이전에는 하진을 상속에서 제외했다고 덧붙인다.[19] 예언자와 꾸란이 그토록 강력하게 지지했던 평등의 개념이 아랍인들의 저항을 극복하는 데는 오랜 시간이 걸렸다. 사람들은 노예 해방에 우호적인 예언자의 생각이나, 여성 전반과 특히 자기 주변의 여성들(그가 자기 계발의 가능성을 주었던)을 향한 아주 긍정적인 태도를 따르지 않았다. 노예와 주인 사이의 평등이 아랍 관습을 파고드는 데는 오랜 시간이 걸렸으며, 특히 엘리트들의 계급적 이익을 위협할 때 그랬다.[20] 우마위야조의 5대 칼리프인 압드 알-말릭 이븐 마르완(65/685년-86/705년)은, 칼리프 알리의 손자 알리 이븐 알-후사인이 자리야를 자유인으로 해방한 후 그녀와 결혼했다는 사실을 알게 되자 서한을 보내 낮은 계급의 여성과 혼인한 것을 나무랐다. 알리는 그에게 '이슬람은 낮은 자들의 입지를 높이기 위

19 Ibid., pp. 139-40.

20 이 주제에 대해서는 내 책 *Women and Islam*(US title: The Veil and the Male Elite)의 두 장인 'The Prophet as military leader'과 'The Hijab descends on Medina'를 보라; ch. 3 n. 11 참조.

해 왔으며, 불완전한 자에게 완전을, 인색한 자에게는 관대함을 가져오는 종교입니다. 무슬림이 노예 여성과 결혼하는 것은 수치가 아닙니다.'라고 상기시켰다.[21] 그리고 얼마 지나지 않아 자와리가 부상하고 자유인 여성들에 대항한 시와 속담이 등장하는 것을 볼 수 있었다고 이븐 압드 라비히는 덧붙이고 있다.[22]

카이주란은 알-마흐디를 설득하여 자신의 두 아들을 왕권 상속자로 선택하게 했다. 처음에 알-마흐디는 159/775년 큰아들 무사 알-하디를 계승자로 공식 지정했다. 노예제에 반대하는 노력 일부로, 이슬람은 남성들이 노예 여성을 자유인으로 풀어주고 나서야 결혼할 수 있게 못을 박았다. 일단 노예가 해방되고 나면 그 남성은 그녀와 정식으로 결혼 서약을 맺을 수 있다. 자유인이 되기 전에 그녀의 지위는 '움 왈라드umm walad', 문자 그대로 '아이의 어머니'인 반면, 자유인 여성은 '움 알-바닌umm al-banin', '아들들의 어머니'로 불렸다. 이슬람이 도입한 혁신 중 하나가 바로 노예 여성인 움 왈라드와 자유인 아버지 사이의 아들은 자유인이라고 선언한 것이었다. 그리고 그 후에 노예인 그 어머니는 움 알-바닌의 지위보다 훨씬 높은 지위를 얻으면서 부분적으로 해방될 수 있었다. 남편은 여성 노예가 아이를 낳은 후에는 그녀를 팔 수 없으며, 그녀는 그가 죽은 후에는 자유인이 되었다. 그 노예 여성을 소유했던 주인의 상속자들은 이슬람 이전에 그랬던 것과는 달리 독점적으로 그녀를 상속물의 일부로 물려받을 수 없게 되었다. 움 왈라드의 아이들

---

21 Ibn 'Abd Rabbih, *Al-'iqd al-farid*, vol. 7, p. 139.
22 Ibid.

은 자유인 어머니에게서 태어난 자식들과 똑같은 권리와 혜택을 가졌다. 그들은 아버지의 재산을 다른 자식들과 마찬가지로 샤리아의 규정에 따라 나누어 상속했다. 그 자와리 역시 자기 자식들이 왕권까지도 포함한 모든 것을 상속받을 수 있다는 점을 분명히 했다.

무슬림 역사에는 노예 어머니를 둔 칼리프들의 수가 상당히 많다. 이런 현상은 깊이 있는 연구가 필요하다. 사랑 이야기를 넘어서 무슬림 황금기의 계급과 문화 사이의 투쟁이라는 극히 중요한 측면, 즉 성적인 측면을 살펴볼 수 있기 때문이다. 이븐 하젬은 '압바스 왕조에서 단 세 명의 칼리프만이 후라[자유인 여성]의 아들이었고, 안달루시아의 우마위야 왕조에서는 자유인 여성의 아들 중 단 한 명만이 칼리프가 되었다'고 적고 있다.[23] 알-마흐디의 아버지인 칼리프 알-만수르(압바스 왕조 2대 칼리프)의 어머니인 살라마는 베르베르인 노예였다. 칼리프 알-마문(7대 칼리프), 알-문타시르(11대 칼리프), 알-무스타인(12대 칼리프), 그리고 알-무흐타디(14대 칼리프)의 어머니는 로마인 노예였고, 알-무타와킬(10대 칼리프)의 어머니는 터키인이었다.[24] 하지만 카이주란은 미래의 칼리프 두 명의 어머니가 됨으로써 이 모두를 능가했다. 카이주란은 첫째 아들을 계승자로 임명하는 것에 만족하지 않고 알-마흐디에게 총애하던 자신의 둘째 아들인 하룬을 왕권 계승자로 임명하라고 주장했다. 칼리프 알-마흐디는 무사 알-하디를 계승자로 지명한 지 7년 후인 166/782년에 하룬 알-라시드를 왕위 계승자 2순위로 지정했다. 알-마

---

23 Ibn Hazm, 'Niqat al-'arus', p. 104.

24 Ibn Hazm, 'Risala fi ummahat al-khulafa', p. 121.

흐디는 카이주란의 아이들, 특히 딸인 바누까를 총애했으며 그녀와 떨어지지 않으려고 할 정도였다. 그는 바누까를 소년처럼 입히고 여행을 갈 때마다 동행시켰다. '목격자가 상술하기를, 알-마흐디가 바스라를 방문하여 자신의 군대를 이끌고 진격할 때 보안대장을 앞세웠고 그들 사이에 까만 망토를 걸치고 옆구리에 검을 찬 채 어린 소년처럼 차려입은 바누까가 그들 사이에 있었던 것을 보았다. 옷 아래에 솟은 그녀의 가슴이 보였다고 한다.' 또 다른 목격자는 바누까가 '검은 머리에 호리호리하고 아주 아름다웠다'고 묘사한다. 바누까는 아주 어린 나이에 죽었고 알-마흐디는 크게 낙심했다. 궁전 전체와 모든 고관이 엄격한 절차에 따라 조의를 표해야 했다. 종교 지도자들이 보기에 여성에게 바치는 애도로서는 너무 심하다고 생각할 정도였다. 바누까가 공주이긴 했지만, 그녀의 죽음은 분별 있게 처리되었어야 했다는 것이다. 특히 그녀가 자리야의 딸이기 때문이었다.[25]

카이주란 시기에 이슬람은 종교적이고 군사적인 제국으로 정점에 올라 있었다. 제국은 계속해서 확장되어 나갔으며 다른 나라들을 정복했다. 하룬 알-라시드는 그의 아버지와 마찬가지로 위대한 정복자로, 15살부터 아버지를 따라 전투에 참가했다. 165년, 17살 때 그는 비잔틴 제국의 눈 덮인 산맥을 넘어서 콘스탄티노플을 포위하는 대승리를 거두었다. 비잔틴 제국의 여왕이자 섭정은 바그다드에 극도로 유리한 삼년간의 휴전에 서명해야 했다. 그 조건 중 하나는 그가 산맥을 넘어 바그다드로 돌아가기 위한 '가이드들'을 제공하는 것이었다. 하룬 알-라

---

25 Tabari, *Tarikh*, vol. 10, p. 21.

시드는 자신이 이끄는 군대의 95,700명의 군인에게 열정과 용기를 불어 넣어 '무슬림들이 두려워했던 위험한 경로를 따라 건너는' 모험을 하게 만들었다.[26]

여러 번에 걸친 하룬 알-라시드의 정복으로 인해 정복지 주민들의 상당수가 노예가 되었다. 궁전은 자와리로 가득해졌으며 그들은 자신들의 문화와 이국적인 정서를 들여왔다. 페르시아인들, 쿠르드인들, 로마인들, 아르메니아인들, 에티오피아인들, 수단인들, 인도인들, 그리고 베르베르인들이 있었다. 하룬 알-라시드의 자와리는 천 명이었고, 알-무타와킬(232/847년-247/861년)은 4천 명의 자와리를 가지고 있었다.[27] 하렘들은 전 세계의 가장 아름다운 여성들이 자신들의 문화적 다양성을 선보이고 칼리프와 재상들을 유혹하는 비책을 쓰는 등 다양한 기술과 지식에 능통함을 펼쳐 놓는 가장 호화로운 공간이 되었다. 칼리프와 재상들을 유혹하기 위해서는 윙크를 하는 것만으로는 부족했다. 점성학이나 수학, 피끄흐, 역사 등 그들이 몰두해 있는 분야에서 압도적이어야 했다. 이 모든 것에 더하여 시와 노래가 필수적이었다. 심각한 대화에만 몰두하는 예쁜 여자들은 눈에 띌 기회가 없었고 지속적인 관심을 받기는 더욱 어려웠다. 이를 잘 알고 있던 총애받는 자와리는 주변에 유능한 선생들을 두었다. 카이주란은 알-마흐디의 총애를 유지하기 해서 당대의 가장 유명한 까디 중 한 명에게 피끄흐 수업을 들었다. 그리고 마지막으로 자와리가 발전시킨 또 다른 영역은 섹슈얼한 기술

26 Ibid., vol. 9, p. 165.

27 Mas'udi, *Muruj al-dahab*(Beirut: Dar al-Ma'rifa, 1982), vol. 3, p. 122. 또한, 다음도 참조할 것. Ahmad Amin, *Duha al-Islam*, 6th edn(Cairo: Maktaba al-Nahda al-Misriyya, 1961), vol. 1, p. 9.

과 관능적인 자태로, 각자가 자신의 문화의 비결을 사용했다. 이에 반해 아랍 귀족 여성들은 특히 마지막 영역에서 질 수밖에 없었다. 그들은 지배 계급이 그 계급의 여성들에게 적용했던 엄격한 도덕률의 제한을 받았던 반면 자와리에게는 그런 것이 전혀 없었기 때문이었다. 주인의 수가 늘어날수록 자와리는 남성의 쾌락과 그 변덕에 관한 지식을 넓혀갔다.[28] 곧 세계 각지의 여성들이 각자가 특정한 자질을 가진 것으로 알려졌다. 서방의 여성들이 주된 승리자였다. '쾌락을 위해 자리야를 찾는 자는 베르베르인을 택하라. 재산을 관리할 믿을 만한 여성을 원한다면 로마인을 택하라. 아이를 낳아줄 자리야를 찾는다면 페르시아인이 최상이다. 아이에게 젖을 물릴 자리야는 원한다면 프랑크인을 골라야 할 것이다. 노래에 있어서는 메카 여성을 따라갈 수 없다.' 이것은 11세기 크리스천 의사이자 바그다드에서 유명했던 이븐 바탈란의 조언으로, 그는 노예 구매에 관한 소책자인 「리살라 피 샤리 알−라끼끄Risala fi shari al-raqiq」를 써서 더욱 유명해졌다.[29] 이 매력적인 소책자는 병약한

---

28 첫 번째 압바스조의 노예제와 자와리에 대한 구체적인 정보는 다음을 참조할 것. Ahmad Amin, *Duha al-Islam*, esp. vol. 4, pp. 79ff. 자와리, 특히 노예제 영향 아래에서 자유민 귀족 여성의 상황 악화에 대해서는 다음을 참조할 것. Jurji Zaydan, *Tarikh altamaddun al-Islami*(n.p., n.d.), vols 4 and 5. Zaydan의 분석은 아주 타당하지만, 불행히도 그는 자료들을 두 권에 걸쳐 여기저기 흩어 놓는 바람에 독자들이 여성이나 노예제에 관한 일반론에 도달하기 어렵다. 하지만 사실 이 두 주제에 대해서는 놀랄 만큼 많은 자료가 있다. 불행하게도, Ahmad Amin 또한 연대기적 무슬림 문명에 대해 아홉 권 분량으로 써 놓았기 때문에, 찾는 주제를 찾으려면 그 책들을 뒤져보아야 한다.

종합적인 접근을 원한다면 독일인 오리엔탈리스트인 Adam Metz가 쓴 *Al-hadara al-Islamiyya* (Cairo: Maktaba al-Khanji, 1968)의 vol. 1(pp. 295ff)에서 노예제에 관한 뛰어난 장을 찾아볼 수 있다. 몇 장에 걸쳐서 그는 아랍 노예제 관행을 유대인과 크리스천의 관행과 비교하면서 이 현상에 대한 설명을 제공한다. 그의 설명에 의하면 교회는 매우 사악해 보이며, 유대인들은 자신의 아이들을 노예로 만들 권리가 있었다. 요약하자면, 1992년에 살고 있다는 것은 좋은 일이다.

노예들에게 화장을 시켜 혈색이 돌게 하고 유행에 따라 머리와 피부색을 바꾸는 노예 상인들의 속임수를 걸러내는 방법을 알려주고 있다.

나크카신[노예 상인들]은 피부색을 바꿀 수 있다. 그들은 피부에 황금 색조를 입혀서 어두운 피부색의 여성을 바꾸는 법을 안다. …그들은 창백한 뺨에 홍조를 줄 수 있다. …머리카락도 마찬가지다. 그들은 금발을 흑발로 만들 수 있다. …직모를 곱슬거리게 만들 수 있다. … 가발을 이어 붙여서 머리카락을 길게 만들기도 한다. …문신이나 천연두 자국, 주근깨, 검버섯을 감출 줄 안다.[30]

이런 기법 중 일부는 지금도 사용될 수 있다.

이븐 바탈란의 조언은 계속되었다. 눈이 넓은 노예는 절대적으로 유의해야 한다. 그들은 게으르고 육욕에 빠진다. 눈이 움푹 들어가면 질투가 많다. 눈이 푸른 색이면 어리석다는 표시이며, 항상 눈을 깜빡이는 여성은 악의에 차 있는 것이다. 하지만 눈동자가 흰자보다 더 넓은 사람과 거래를 하게 된다면 짐 싸들고 도망치는 게 옳다. 그 사람은 미친 것이니까. 머리카락이 너무 가늘면 멍청하다는 뜻이고, 두껍고 뻣뻣하면 용기 있다는 뜻이다. 이븐 바탈란에 따르면 코가 큰 사람과 얘기하는 것은 시간 낭비인데, 그것은 우둔함을 나타내기 때문이다. 이마가 넓은 사람은 게으르지만, 이마가 좁아도 나을 것은 없다. 그는 무식

29 Ibn Batalan, *Risalafi shari al-raqiq*(Cairo: Maktaba al-Janna, 1954), p. 352. 저자는 헤즈라 444년에 사망했다.

30 Ibid., pp. 378ff.

하기 때문이다. 입이 크면 용기가 있는 것이고 입술이 두꺼우면 멍청한 것이다.[31] 하지만 이븐 바탈란의 경이로운 점은, 노예 구매자에게 각 종족의 특징에 대해 조언하고 있다는 것이다. 그는 충실함과 부드러움에 대해서는 아랍 자와리 다음으로 인도 자와리를 권하고 있지만, '그들의 문제는 일찍 죽는다는 것이다'고 쓰고 있다. 투르크인들은 좋은 자질과 아름다움을 가진 것으로 권고되지만 다소 작달막해서 호리호리한 자와리를 보기 어렵다. 로마인들은 아주 좋은 노예이며 대개는 손재주가 좋다. 피해야 할 괴물들은 아르메니아인들로 이들은 신뢰할 수 없으며 도둑질을 한다. 이들에게 무언가를 시키려면 매를 들어야 한다.[32]

이런 식의 텍스트가 놀라운 점은 예언자와 꾸란이 노예제를 없애라고 지시하고 있는 무슬림 나라들이 오히려 노예제를 지지하고 비호했으며, 유럽 나라들이 노예제를 폐지하는 19세기까지 계속되었다는 사실이다. 18세기 중반에 사기를 당하지 않기 위해서 노예를 점검하는 요령의 책을 낸 무슬림이 있다. 오스만 이집트인이었던 룻팔라흐 알-가잘리는 자신의 책에『구매자들이 노예를 점검하는 최상의 방법』이라는 아주 교훈적인 제목을 붙였다.[33] 하룬 알-라시드 시대에 무슬림 제국의 크기가 안정화되었고 수 세기 동안 이슬람은 정복자가 아니라 정복의 대상이었기 때문에 이 노예들이 어디서 왔는지 질문할 수 있다. 대답은 그 노예들이 무슬림일 수밖에 없다는 것이다. 이슬람에 열성적이

---

31 Ibid., pp. 365ff.

32 Ibid., pp. 370ff.

33 Lutfalla al-Ghazali, *Hidaya al-muridfi taqlib al-'abid*(Cairo: Maktaba al-Janna, 1954).

고, 정의와 평등을 포함하는 이슬람의 본질적인 원칙들을 지키려는 종교 지도자들이 왜 노예제에 반대하는 캠페인을 조직하지 않았을까? 이 것은 언젠가 조사해야 하는 의문이다.

남편인 칼리프 알-마흐디가 169/785년에 예기치 않게 죽자마자 카이주란은 중심적인 위치를 차지했다. 칼리프의 죽음은 언제나 불안정한 기간이었고 그녀의 두 아들은 바그다드에서 멀리 떨어져 있었다. 그녀는 재상들을 소집해서 상의하고 그들에게 즉시 자금을 풀어서, 군인들에게 상당한 액수인 2년치 봉급을 지급하도록 명령했다. 소식을 듣고 동요하기 시작한 군사들을 진정시킬 필요가 있었기 때문이다. 아들 하룬을 대동하고 타바리스탄(카리브 해에 연한 이란 북부지역-옮긴이)으로 향하는 원정 도중에 알-마흐디는 병에 걸렸고 이는 치명적이었다. 그는 즉시 사망했다. 하룬은 상의 끝에 그를 그 자리에 매장하고 바그다드로 돌아가기로 했다. 바그다드에서 그는 카이주란과 합류했고, 그 둘은 가장 중요한 당사자가 없는 자리에서 계승식을 맡았다. 그들은 알-하디가 새로운 칼리프로 지명되도록 준비했으며 고관들은 그 동생 앞에서 알-하디에 대한 충성 서약을 맹세했다. 알-하디가 수도로 돌아오는 데는 20일이 걸렸다. 그동안에 군사들은 '재상 아라비의 집 문에 불을 질렀고 감옥 문을 열어 죄수들을 풀어주었다.'[34]

---

34 Ibn al-Athir, *Al-kamil fi al-tarikh*(Beirut: Dar al-Fikr, n.d.), vol. 5, pp. 84ff. 카이주란에 대한 자료는 많다. 그녀는 책 전체의 주제가 되기도 했으며 여성에 대한 저작들과 유명인의 전기에 항상 등장한다. 하지만 나는 다음과 같은 몇몇 위대한 전통적인 역사 작품들만을 인용할 것이다. Tabari, *Tarikh*(카이주란은 vol. 10, pp. 33, 34, 그리고 52에 언급된다.); Mas'udi, *Muruj*(카이주란에 대한 정보는 vol. 3, pp. 319ff에 나온다.); Ibn al-Athir, *Kamil*, vol. 5, pp. 81ff; Hanbali, *Shazarat*(위의

카이주란이 가장 중요한 두 재상인 아라비와 그 유명한 야흐야 알-바르마키를 부르자 그 둘은 즉시 그녀의 문 앞에 모습을 드러냈다. 그러고 나서 카이주란이 가진 권력의 한계를 보여주는 아주 중요한 사건이 일어났다. 그녀가 대기하고 있는 두 재상에게 들어오라고 하자 한 명은 명령에 복종했고 다른 한 명은 거부했다. '아라비는 카이주란의 명에 따라 들어갔으나 야흐야는 알-하디의 질투를 알고서 이를 거절했다.'[35] 사실 이 사실을 알게 되자마자 어머니의 간섭을 자신의 아버지만큼 참아내지 못했던 알-하디는 아라비에게 급사를 보내 죽이겠다고 협박했다. 그는 하렘이라는 금지된 구역의 문턱을 넘었던 것이다. 남성과 여성의 세계를 분리하는 이 집요한 문턱의 존재는 몇 달 후 또 다른 사건에서 다시 그 모습을 드러내게 된다.

남편이 살아있었을 때 카이주란은 많은 청자를 거느리고 있었다. 많은 주요 인물들이 그녀의 문앞에 몰려들었다. 칼리프 사후에도 그녀는 이를 바꿀 의사가 없었다. '그녀는 그[알-하디]와 상의 없이 계속해서 의사 결정을 도맡아 했다. 그녀는 알-마흐디가 있었던 때와 똑같이 행동했다. …사람들은 그녀의 문지방을 넘나들었다.'[36] 스스로에 대한 자신이 없던 알-하디는 어머니의 야심에 위협을 느꼈고, 민중들과 엘리트들에게 엄청난 사랑을 받고 군사적인 역량으로 존경받던 동생 하룬 알-라시드를 병적으로 질투했다. 그는 몇 번이나 동생에게서 왕권 계

ch. 1 n. 31 참조), vol. 1, p. 245.

35 Ibn al-Athir, *Kamil*, vol. 5, p. 84.

36 Ibid., p. 79.

승자의 지위를 박탈하고 자신의 아들인 자파르에게 이를 넘기려고 시도했다.[37] 하룬은 회피하는 전략을 택하고 형 앞에 모습을 드러내는 상황을 줄였다. 하지만 이는 카이주란의 방식이 아니었다. 그녀는 계속해서 자신이 보기에 관련된 일들에 참여했다. 그것은 무엇보다도 제국의 국사를 돌보는 일이었다. 알-하디의 생각은 정반대였다. 그는 계속해서 그녀에게 '여성들에게는 통치 문제에 개입할 힘이 없습니다. 기도와 묵주를 돌보세요.'라고 말했다.[38] 그녀는 고집을 꺾지 않았다. 하루는 그녀가 그에게 부탁을 들어줄 것을 강요하러 갔다. 그녀는 '압달라 이븐 말릭'이라는 사람의 중재를 요청했다. 알-하디는 대답을 하지 않는 것으로 대놓고 그녀의 요청을 거절했다. 이는 상당히 아랍적인 방식이다. 카이주란은 고집을 부리는 실수를 저질렀다. '제가 이미 압달라에게 약속을 했기 때문에 폐하는 저에게 답을 주어야 합니다.' 그녀는 자신의 게임을 너무 공공연하게 드러내는 실수를 했던 것이다.[39] 분노한 그녀의 아들은 여성과 정치에 대한 생각을 깔끔하게 요약하는 긴 연설을 했다. 그녀가 자리를 뜰 때 그는 그녀에게 이렇게 말했다.

잠시 기다리고 내 말을 잘 들으십시오. …사령관이나 하인이나 내 측근들 중 누구든 어머니에게 가서 탄원을 내는 자는 목을 칠 것이며 그의 재산을 몰수하겠습니다. 매일같이 어머니의 문간에 몰려드는

37 Ibid., vol. 5, p. 88.
38 Tabari, *Tarikh*, vol. 10, p. 33.
39 Ibn al-Athir, *Kamil*.

종자들은 다 무엇입니까? 바쁘게 지내고 싶으시다면 물레가 있고 기
도하려면 꾸란이 있고 주변에 몰려드는 자들을 피하려면 숨을 처소
도 있지 않습니까? 주의하십시오. 누군가에게 호의를 베풀려 입을
놀리면 화를 당할 것입니다.[40]

역사가들이 말하기를 그녀는 아들 앞에서 '발 둘 곳을 몰라 하며 자
리를 떴다.' 전쟁이 선포된 것이다.

알-하디는 1년 2개월의 짧은 통치 후 아직은 이른 24살의 나이로 죽
었다. 많은 역사가는 그의 죽음이 정치적으로 좌절한 카이주란의 작
업이라고 말한다.[41] 그가 하룬 알-라시드를 죽이려 생각했음을 알고서
재빨리 움직여야 했다고도 말한다. 살인의 방식에 대한 설명은 다양하
다. 가장 잔인한 것은 그녀가 그의 어여쁜 자와리에게 명령하여 낮잠을
자는 그의 방에 잠입해 쿠션으로 질식시켰다는 것이다.[42] 자와리는 통
치자의 머리맡에 장난스럽게 쿠션을 두고서 그 위에 앉곤 했던 것이다.
누구의 편도 잘 들지 않는 타바리는 카이주란이 벌인 일의 악독함을
누그러뜨려야겠다고 생각해서인지 알-하디가 최소한 한 번 이상 자신
의 어머니를 죽이려고 한 적이 있다고 말했다. 그는 그녀에게 맛있는 요
리를 보내면서 아주 맛이 좋아서 그녀가 즐겼으면 한다고 전했다. 애정
어리고 감상적인 카이주란은 자신의 개에게 첫 한 입을 주었고, 그 개

40 Tabari, *Tarikh*, vol. 10, p. 33.

41 Ibid., p. 33; Ibn al-Athir, *Kamil*, vol. 5, p. 79.

42 Tabari, *Tarikh*, vol. 10, p. 34.

는 즉시 죽었다.[43]

카이주란은 권력을 가지고 있었으나, 게임의 규칙을 바꾸고 직접 권력을 쥘 생각은 결코 없었다. 그녀는 세상이 두 부분으로 나누어져 있다는 것을 받아들였다. 여성들은 하렘에, 남성들은 공공 영역에 속해있는 것이었다. 그녀는 그런 분리를 깨고, 권력이 속해 있으며 국가의 수장으로 인정받을 수 있는 집 밖의 공적인 영역에서 공식적으로 입지를 취하는 대신에, 사적인 영역에서 공적인 영역을 조작하려고 했다.

카이주란의 정치 활동을 막은 것은 여성이나 노예라는 그녀의 입지가 아니었다. 그것은 여성으로서 그녀가 복종의 영역인 하렘에 속해 있다는 사실이었다. 이론적으로 이슬람에서 공적인 장소는 모든 문제, 특히 정치적 문제의 결정을 내리고 주도하는 장이었다. 하지만 공적인 장소는 여성들에게는 금지되어 있었다. 다시 말하지만, 정치사에 관여한다는 것은 전쟁을 수행한다는 의미였고, 이는 살인 행위를 내포한다. 반면에 여성의 영역인 가정은 삶과 섹스와 재생산의 영역이다. 여성들은 아이를 낳고 남성들은 전쟁을 하고 사냥을 나간다. (서양인들에게 하렘으로 알려진) '하림harim'의 어근은 성스러운 공간인 메카의 성소로 그 혜택과 법칙을 공유한다. 순례 기간에는 전쟁(인간을 죽이는 것)과 사냥(동물을 죽이는 것)이 메카의 성소인 '하람haram' 영역에서 금지되며 이는 이슬람 이전이나 이후나 마찬가지였다. 이는 이슬람이 거의 바꾸지 않고 유지한 이슬람 이전의 전통 중 하나이다.[44] 이슬람 이전 시대의 순례

---

43 Ibid., p. 33.
44 Al-Baghdadi, *Kitab al-muhabbar*(Beirut: Al-Maktab al-Tijari, n.d.), pp. 309ff. 저자는 헤즈라 245년에 사망했다.

의식에서 하람이라는 단어는 순례자들이 남녀 할 것 없이 나체로 수행해야 하는 행진에서 벗어야 했던 옷가지를 말했다. 벗어내야 하는 죄악의 상징인 옷가지는 만질 수 없었다.[45] 그 후 하람은 성소를 일컫게 되었고 동시에 아내와 아이들이 사는, 타인에게 금지된 공간인 한 남성의 가정을 가리키게 되었다.

카이주란의 큰아들 알-하디는 어머니가 있어야 할 곳, 그녀의 영역인 집안으로 돌아가기를 바랐다. 그가 보기에 그녀의 얘기를 들으러 오는 제국의 사람들은, 자신의 하렘으로 침범한 것이었다. 아버지가 죽은 후 넉 달째, 알-하디가 마침내 조치를 취해야겠다고 결심하고 어머니와 논쟁을 벌였던 것은 그녀의 무능함이 이유가 아니었다. 그가 생각하기에 권력에 개입하는 일은 여성의 권한이 아니었다. 그리고 이는 여성이 맡기로 된 영역, 또는 남성이 맡기로 된 다른 한 영역에 대한 지정을 기반으로 한 의무의 분배 문제 때문이었다.

그는 어머니에게 그녀가 있어야 할 곳, 즉 하렘을 상기시킨 후 그녀를 찾으려 들었던 사람들을 불러들이고는 그들이 명예와 관련된 규율, 즉 영역의 규율을 어겼다는 것을 깨닫게 했다. 알-하디는 사령관들의 종자들이 번갈아 가며 어머니의 문간을 드나들었음에 크게 노하여 그들을 불러다 놓고 말했다.

칼리프 알-하디가 알현자들에게 물었다. '우리 중 누가 더 나은가, 그대들인가 나인가?'

---

45 *Lisan al-'Arab*, section on 'Haram.'

무리가 답했다. '당연히 폐하입니다, 신자들의 영도자시여.'

칼리프가 말을 이었다. '그렇다면 누구의 어머니가 더 나은가, 내 어머니인가 그대들의 어미인가?'

'폐하의 어머니가 더 낫습니다, 신자들의 영도자시여.'

알-하디는 계속했다. '그대들 중 누가 그대들의 어미에 대한 소문을 뿌리는 자를 용납하겠는가?'

참석자들이 대답했다. '누구도 자신의 어머니가 입에 오르내리길 좋아하지 않습니다.'

'그렇다면 왜 그대들은 내 어머니와 말을 트는가?'[46]

카이주란이 권력의 정수를 보여주는 단 하나의 무기, 즉 암살이라는 방법을 쓰기로 한 이유는, 그녀가 권력을 사랑했으며 하렘으로 쫓겨가는 고통을 당했기 때문이었다. 그녀는 평화의 장소이어야 할 하렘에서 알-하디의 살해를 계획했다.[47] 하렘은 장소이자 그곳에 거주하는 여성들을 일컫는 말로, 이 장소와 존재에 대한 혼동은 모든 무슬림 건축의 절대적인 중심이다. 하림은 보호받는 공간이며 그곳에 대한 접근을 막기 위해 살인을 할 수도 있다. 살인은 안이 아니라 밖에서 행해졌다. 울라마의 의무는 그 문턱을 주시하면서 이슬람은 단지 다음과 같음을 상기시키는 것이었다. '후두드hudud'에 대한 존중, 즉 문턱과 경계를 침범하지 않는 것. 울라마가 여성들이 집안을 떠나 남성들과 같은 일을 하

46 Tabari, *Tarikh*, vol. 10, p. 34.

47 Ibid.

는 성적인 차별폐지는 종말의 시작이라고 주장한 것은 옳은 일이다. 이슬람과 서구 민주주의(그리고 그것만이 현존하는 유일한 것이라고 나는 알고 있다)가 양립할 수 있다고, 즉 정치 영역에서 남성과 여성 사이에 있는 특권의 차이는 이슬람에서 문제가 되지 않는다고 말하는 사람들은, 사실 근본적인 질문들, 특히 의사결정에서 개인과 개인주의의 공간에 관해 묻기를 피하려는 것뿐이다. 각자의 공간에 속해있는 각각의 남녀는 전통 건축의 원칙이다. 모든 개인은 모든 영역에 속할 권리가 있다는 것은 현대 민주주의의 메시지이다. 이는 본질과 규모에서의 우주적인 갈등이다.

이러한 영토성의 개념은 20세기 말 현재 일어나고 있는 특이한 현상인, 서구가 가지고 있는 테러리즘에 대한 거의 비이성적일 정도의 공포 또한 설명해준다. 베를린이나 파리의 뉴스만 봐도 이슬람 세력에 대한 집단적인 광기를 보여주는 최근 사건들에 대한 언론의 시각을 알 수 있다. 이슬람이 군사적, 기술적으로 약한데도 무슬림 국가들은 이슬람에게 뿌리 깊은 공포를 가지고 있다. 이는 이슬람이 영토적 개념으로서 우주적 현상이며 위협적이기 때문이다. 예언자가 전 세계가 모스크라고 말했던 것을 잊지 말아야 한다.[48] 프랑스에서 자동차 공장의 한 노동자는 정화의식을 행할 수 있는 물이 있고 메카가 있는 동쪽을 향하기만 하면 그 공장 한구석을 예배의 장소인 모스크로 바꿀 수 있다. 이슬람은 공간과 정확한 관계를 갖는 우주적인 현상이다. 그리고 이 우주

48 Imam al-Nasa'i, *Al-Sunan*, with commentary by al-Suyuti and notes by Imam al-Sindi(Cairo: Al-Matba'a al-Misriyya, n.d.), vol, 2, p. 56.

적 차원이 바로 성별 건축학 사이의 차이를 낳는다.

여성들은 내부적 공간, 즉 금지 구역인 하림에 속하며 수장은 외부적 공간, 공적인 공간에 속한다. 그래서 우리는 여성 수장들이 남성의 공간에서 자신들의 존재를 주장하는 도구이며 그 성격상 공간적인 것이 틀림없는 그 예식을 찾아내야만 한다. 그것은 어떤 신호와 어떤 상징들을 지니며, 어떻게 이루어질 것인가?

카이주란이 남편의 사후, 그 전에 행사했던 정치 활동을 계속하려고 했을 때, 그녀의 아들이 문제 삼았던 것은 카이주란의 지성이나 능력이 아니었다. '카이주란은 과거에 알-마흐디에게 그랬던 것처럼 자신의 아들을 지배하길 원했다.'[49] 그녀가 가진 총명함과 카리스마는 결코 의문시된 적이 없었다. 사람들은 그녀가 알-마흐디 주위의 총애받는 자와리 무리 중에서 어떻게 돋보일 수 있었으며 알-마흐디의 귀족 아내인 그의 사촌 라이타를 가렸는지를 얘기한다. 반면에 칼리프 알-하디(인도하는 자)라는 칭호를 받기 전에 무사라는 이름을 가졌던 그녀의 아들은 지성을 인정받지 못했다. 역사가들은 칼리프들의 육체적인 묘사를 빼놓지 않고 보여준다. 그들은 무사 알-하디에게 정신적인 기민함이 없었음을 추측하게 할 만한 묘사를 남겼다. '그는 키가 크고, 강인하고, 잘생겼으며, 약간 그을린 하얀 피부를 가지고 있었다. 그는 윗입술이 아주 얇았다. 그는 무사 아트비끄[문자 그대로 '무사 입 닫아라']로 불렸다.'[50] 세세한 내용에 말이 많았던 이븐 알-아씨르에 따르면 아버지인 칼리프 알-마흐디는 노예를 시켜서 아들 무사가 입을 닫는 것

---

49 Tabari, *Tarikh*, vol. 10, p. 34.

을 깜빡할 때마다 '아트비끄'라고 말하도록 했다. 이 때문에 그에게 무사 아트비끄라는 이름이 주어졌다고 한다.[51] 칼리프 알-하디는 능력으로는 어머니에게 대항할 수 없었기 때문에, 또 다른 무기, 즉 그녀의 영역인 하렘으로 돌아가야 할 의무를 들이댔던 것이다.

하람에서 파생된 또 다른 단어인 '마흐람mahram'은 근친상간법이 결혼을 금하는 사람, '같은 어머니에게서 태어나[라흠rahm] 결혼하는 것이 금지된 사람'을 가리킨다. 남성의 하람인 영토는 그에게 속한 것으로, 그것을 탐내는 다른 사람들로부터 방어해야 하는 것이었다. 우물의 하람이란 우물 주변의 공간을 가리키며 이곳은 접근이 금지되어 있다. '어떤 사람이 수고를 들여 판 우물은 다른 사람들에게 금지되어 있으며 누구도 그가 그 우물을 독점하는 것을 막으면 안 된다. 우물은 그것을 판 사람 외의 모두가 그 우물을 사용하는 것이 금지되어 있기 때문에 '무하람muharram'이라고 불린다.'[52] 우리는 하림이라는 단어가 사실은 문턱, 경계, 두 영역 사이의 분리라는 개념을 나타냄을 볼 수 있다. 이는 삶(성)과 죽음(전쟁), 자신을 방어하고 보호하는 능력에 관련된 영역으로서의 공간 개념에 뿌리를 두고 있다. 우주를 배열하고 그들이 가진 죽일 힘, 문턱을 방어할 힘과의 관계에 따라 존재를 공간에 배분하는 것은 바로 문턱이다.

이슬람은 성별의 차이를 사회적 구조로 세운 몇 안 되는 종교 중 하

50 Ibid., p. 38.

51 Ibn al-Athir, *Kamil*, vol. 5, p. 80.

52 *Lisan al-'Arab*, section on 'Hirm.'

나이다. 카이주란 이전에는 예언자의 아내이자 정치적 활동을 주장했던 첫 번째 무슬림 여성인 아이샤가 똑같은 영토적 논리에 도전을 받았다. 아이샤의 지성 또한 의심의 여지가 없었다. '아이샤는 모든 사람 중에 피끄흐를 가장 잘 알고 교육을 가장 잘 받은 사람이었다.'[53] 그녀는 칼리프에 대항하는 첫 번째 무장 저항군을 이끌었다. 36/658년에 그녀는 4대 정통 칼리프인 알리 이븐 아비 탈립에 맞선 무장 반란의 선두에 섰다. 그녀는 모스크에 가서 군중을 향해 알리에 대항하여 무기를 들라고 연설했다. 그 후 수천 명의 사람을 이끌고 전투에 나섰다. 이 전투는 그 전장의 유일한 여성이었던 아이샤가 탄 낙타를 일컬어 낙타전투라고 불린다. 그날 7천 명의 무슬림들이 몇 시간 만에 스러졌다. 이는 첫 내전으로 오늘날까지도 이슬람에 큰 상처를 남겼으며 이슬람을 시아(칼리프 알리와 그 후손들의 지지자로 남은 사람들)와 순니(예언자의 가문 출신은 아니지만, 내전을 멈추고 평화를 회복한 사람을 칼리프로 받아들인 사람들)로 나누는 시발점이었다.

아이샤는 후두드(경계선)를 넘어서고 여성의 영역과 남성의 영역 사이의 분리선을 위반하여 살인을 선동한 첫 번째 여성이었다. 전쟁이라는 행위는 남성들의 특권이었으며 하렘 밖의 영역에 속해 있는 것이다. 여성은 죽일 권리가 없다. 전쟁을 일으키는 것은 남성들의 일이자 그들의 존재 이유이다. 무장한 사람들을 이끌고 정치적 결단을 내린 첫 여성인 아이샤는 지금까지 무슬림 기억 속에 '피트나fitna'(무질서와 파괴)로 남아

53 Ibn Hajar al-'Asqalani, *Al-isaba fi tamyiz al-sahaba*(Cairo: Maktaba al-Dirasa al-Islamiyya, n.d.), vol. 8, p. 18.

있다.[54] 그녀는 특히 예언자의 동료들 중에서 지방의 총독들처럼 의사 결정을 할 수 있는 직위를 가지고 자신이 군대를 일으키는 것을 도울 수 있는 사람들 가운데 지지자를 모집했다. 이때 그녀의 계획에 반대하면서 칼리프 알리에게 충성을 바치기로 한 사람들이 문제를 제기했던 지점은, 그녀의 유능함에 관한 것이 아니었다. 문제는 항상 영역에 기반을 둔 체계적인 것이었다.[55] 그리고 그 영토성은 칼리프 알리가 아이샤를 격퇴한 후, 그녀가 화살을 가득 맞은 낙타 위에서 부상을 당해 앉아 있을 때 했던 말로 상징된다. '후마이라, 이것이 신의 메신저가 그대에게 하라고 명령했던 것이오? 그가 그대에게 집에 조용히 남아있으라고 명하지 않았소?'[56] 후마이라는 아주 하얀 아이샤의 피부가 밝은 햇살을 받아 환하게 빛나는 것을 가리키는 말로 예언자가 그녀에게 내린 애칭이었다. 1세기가 넘은 후 카이주란은 아이샤와 비슷하지만, 또 다른 상황에서 이 넘어갈 수 없는 문턱에 대면하게 되었다.

국가의 여성 수장은 집의 문턱을 넘어서 존재할 권리를 주장하는 사람이 될 것이다. 그녀는 가장 분명한 공적인 영토인 '민바르', 즉 모스크의 설교단에 설 방법을 모색할 것이다. 신성한 권력과 세속적 권력이 깊게 교섭하고 서로를 통해, 서로 안에서 그 모습을 드러내는 설교단 말이다.

---

54 카멜 전투에 대한 가장 매혹적인 서술은 다음에서 볼 수 있다. Tabari, *Tarikh*, vol. 5, pp. 161ff.

55 Ibid.

56 Mas'udi, *Muruj*, vol. 2, p. 376.

II

이슬람
통치권

Sovereignty in Islam

05
이슬람 통치권의
기준

The Criteria of Sovereignty in Islam

이슬람에서는 통치권 기준으로 논쟁의 여지가 없는 두 가지가 있다. 국가 수장의 이름은 모스크의 금요 예배 쿠트바에서 울려 퍼지며, 또한 주화에 새겨지는 것이다. 하지만 이 둘 중 예언자가 메니다에 첫 번째 모스크를 직접 지었던 헤즈라 1년(622년) 이래로 영구하고 명명백백히 필수적인 기준을 골라야 한다면, 그것은 금요 예배의 설교인 쿠트바일 것이다. 우리는 행사하는 권력의 본질에 따라서 이슬람에서 수장에게 주어지는 칭호가 다양하다는 것을 살펴보았다. 칼리프는 종교적이고 세속적인 권력들과 밀접한 관련이 있고, 이븐 칼둔의 관점에서 보면 대적할 자 없는 세속적 권력을 가진 자는 물크이다. 물론 이들의 권위는 어느 정도의 군사적인 힘을 행사하느냐에 따라 달라지지만, 한 가지는 분명하다. 금요 쿠트바에서 이름이 불리는 자만이 공식적인 통치자로 인정받는다.

금요 쿠트바는 정치판에서 돌아가는 일의 거울이자 반영이다. 전쟁시에는 쿠트바를 듣고서 전선에서 일어나고 있는 일을 알 수 있다. 언급되는 통치자의 이름이 바로 현재 군대를 가지고 그 영토를 지배하는 사람이다. 그리고 정치적 분쟁의 기간에는 사건들에 따라 그 이름이 달라진다. 쿠트바는 신성(칼리프)과 세속(국가의 수장임을 주장하는 군사 지도자들) 간의 미묘한 협상의 정확한 잣대이다. 428/1038년에 군사적으로 쇠약해진 압바스 왕조가 페르시아 칭호인 샤한샤(황제들 중의 황제)를 자칭한 부와이조의 통치자 이름으로 쿠트바를 반포하는 데 동의하자, 거의 반란이 일어날 뻔했다.[1] 샤한샤라는 칭호는 아랍어로 '말릭 알-물룩'(왕 중의 왕)이며 이는 독실한 신자들에게는 신성모독으로 여겨졌다. 예를 들어 수라 3장 26절에서와 같이 오직 알라만이 말릭 알-물룩으로 묘사될 수 있기 때문이다. 질서를 다잡기 위해서 칼리프는 울라마를 소집하여 이 문제에 대한 파트와를 내도록 했다. 항상 그렇듯이 울라마는 자신들의 이익, 용기, 신앙의 정도에 따라 나누어졌다. 많은 까디들이 부와이조가 원하는 것을 허용하면서 말릭 알-물룩의 칭호를 주장하는 것은 이단이 아니라고 선언했다. 하지만 그중 한 명인 아부 알하산 알-마와르디는 목이 달아나는 한이 있어도 양심의 목소리에 따라 진실을 말하는 쪽을 택했다. 그는 국가 수장이 그러한 칭호를 주장하는 것은 이단이며 자신이 일급 관료이자 피끄흐(종교적 지식) 문제에서 최종 위임자인 '까디 알-꾸다트', 즉 판관 중의 판관 직위를

---

1 *Encyclopedia of Islam*, 2nd edn(Leiden: E. J. Brill, 1960); article on 'Lakab'; 이 역사적 사건에 관한 세부 내용은 다음을 참조할 것. Ibn al-Athir, *Al-kamil fi al-tarikh*(Beirut: Dar al-Fikr, n.d.), vol. 8, p. 226.

가지고 있기 때문에 자신의 파트와가 훨씬 더 중요하다고 주장했다. '그 파트와를 낸 후, 그는 두려움에 떨며 집 안에 틀어박혔다.'[2]

항상 종교적인 본질을 가지고 있는 반란의 경우, 반란을 일으킨 사람이 첫 번째로 하는 일은 권력을 주장하는 경우 자신의 이름으로, 혹은 자신을 지원하는 통치자의 이름으로 쿠트바를 반포하는 것이다. 순니 세계는 450/1052년에 바그다드가 투르크 사령관인 알-바사시리에 의해 점령당하고 반란자들이 제국의 수도이자 순니파의 심장부인 그곳에서 시아 통치자의 이름으로 쿠트바를 반포한 것에 충격을 받았다.[3] 이 쿠트바는 피트나(무질서)가 최고조에 다다른 피비린내 한가운데서 일어났다.

이제 우리는 공식적으로 권력을 행사했던 여성들과 카이주란처럼 아내이자 어머니로서의 입지에 기대어 권력을 행사하는 것에 만족하는 여성들 사이를 구분하는 기준인 쿠트바의 중요성을 이해했을 것이다. 이라크의 모스크들에서 카이주란의 이름으로 쿠트바가 반포된다는 것은 완전한 신성모독이었다. 하지만 이라크인들은 15세기에 이라크를 통치했던 잘라리드 왕조의 여왕인 말리카 틴두의 이름으로 설교된 쿠트바에는 조용히 귀를 기울였다.[4]

만약 금요 쿠트바가 상징적으로 너무 고조되어 있고, 그래서 심지어 독실한 신자 집단, 즉 이맘이 이끄는 공공 예배를 위해 모인 움마의 물

2 Ibn al-Athir, *Kamil*, vol. 8, pp. 226-7.

3 Ibid., p. 450.

4 Hanbali, *Shazarat*(위의 ch. 1 n. 31 참조), vol. 7, p. 153.

리적인 존재로 구체화는 종교적이고 물질적인 이중의 의미가 과잉 규정되었다면, 이는 정치적 공간에서 외부자로 여겨지는 여성들의 경우에는 더욱 심했다. 모스크의 민바르(설교대)에서 자신의 이름으로 쿠트바가 전달되게 했던 극히 드문 여성들은, 금지령에 대한 위반을 공식적으로 받아들이게 하는 데 성공한 것이다. 이는 이슬람의 정치사에서 매우 예외적인 경우이다. 여성과 종교 사이의 갈등 관계와 모스크에서 여성들이 '존재할' 권리에 대한 모호함(서로 다른 지역, 문화, 역사적 시기마다 다르게 적용되는 모호함)을 안다면, 자신의 이름으로 쿠트바를 내게 했던 최고 지위를 획득한 몇몇 여성들의 상징적이고 정치적인 놀라운 중요성을 더 잘 이해할 수 있을 것이다.

주화 주조는 통치권의 또 다른 기준으로 통치자의 특권 중 하나이다. 하지만 정통성에 대한 이 두 가지 기준의 차이는 엄청나서, 쿠트바가 무슬림 세력의 특별한 표지인 반면, 주화 주조는 이슬람과 다른 문화나 종교에서 공통으로 나타나는 왕실의 상징이다. 처음에 아랍인들은 주변국들의 화폐를 사용했다. 이슬람 초기에 메카가 얼마나 거대한 무역 중심지였는지 생각해 보면 이는 놀라운 일이다. 아랍인들은 페르시아나 로마 화폐를 사용했고 이슬람이 도래한 후에도 수십 년간 계속해서 외국 화폐를 사용했다. 역사가들은 무슬림 통치자가 외국 화폐의 사용을 금지한 결정이 내려진 것이 헤즈라 65년이라고 추정한다. 이 결정은 5대 우마위야조 칼리프인 압드 알-말릭 이븐 마르완의 공이다. 그는 무슬림 영토에서 한쪽에는 '샤하다'shahada'(무슬림 신앙 고백)가, 다른 한쪽에는 주화 제작 연도와 통치자의 이름이 새겨진 새로 주조한 공식 주화를 사용하도록 했다.[5] 그러한 독립의 몸짓은 로마 황제의 눈에 거슬렸다. 그는 예언자를 모독하는 주화가 시장에 넘쳐나게 하겠다고 칼리프를 위협했다. 칼리프는 신성모독이 새겨진 쇳덩어리가 무수한 사람에게 뿌려진다는 것에 분개하여 종교 지도자들과 상의를 했다. 그들은 로마의 위협을 무시하고 장인들을 불러 아랍어가 박힌 디나르(금화)와 디르함(은화)을 주조하라고 조언했다. 이후의 칼리프들, 특히 칼리드 이븐 알-왈리드 역시 비슷한 조치를 취했다. 하지만 그는 겨우 로마와 협력하여 로마 화폐에 라틴어로 자신의 이름이 새겨진 디나르를 만들었을 뿐이며, 여기에는 이슬람이 업신여기는 상징인 십자가와 왕관이 포함되어 있었다.[6] 1대 우마위야조 칼리프인 무아위야도 칼리드 이븐 알-왈리드와 마찬가지로 외국 화폐인 페르시아 디나르에 자신의 이름을 새겼다.[7]

이슬람은 정복 기간에 통치권의 상징으로 자신들만의 주화를 쓰게 만드는 데 어려움을 겪었다. 하지만 '카팁khatib'(예배를 이끄는 임무를 맡은 이맘)이 하는 짧은 설교인 쿠트바는 헤즈라 직후부터 특정한 날, 즉 금요 예배와 대축제 시의 예배, 마지막으로 가뭄이나 일식, 월식과 같은 예기치 않고 문제시되는 우주적 현상이 있을 때 모스크에서 축하하는 무슬림 예식에서의 불변의 요소였다. 원칙적으로는 기도가 쿠트바보다 먼저 있지만, 금요 예배에서는 이 순서가 반대이다. 설교인 쿠트바

---

5 샤하다는 이슬람의 네 기둥 중 하나이다. 샤하다는 근본적인 선언으로 이루어진다. '알라 이외의 신은 없으며 무함마드는 알라의 예언자이다.' 네 기둥 중 나머지는 기도, '자카트zakat'(자선), 라마단 단식, 그리고 메카로의 순례이다. 첫 번째 무슬림 주화에 대한 주석은 다음을 참고할 것. Jurji Zaydan, *Tarikh al-tamaddun al-Islami*(n.p., n.d.), vol. 1, pp. 142ff.

6 Ibid., vol. 1, p. 142.

7 Ibid.

는 말로 전달되는 반면 기도는 주로 몸짓으로 행해지며 각각의 몸짓에
는 그에 따른 상징적인 의미를 함축하는 예식적인 읊조림이 따른다. 쿠
트바는 알라와 예언자들의 행함을 담고 있으며 꾸란의 절들을 읽고 마
지막으로 '두아 리 알-무으미닌du'a' li-al-mu'minin'(신자들을 위한 기도들)로
마친다. 마지막 부분에서 통치자가 언급되며 신에게 그의 의무 수행을
도와달라고 요청하는 것으로 끝난다. 통치자의 이름을 부르는 것은, 그
이름을 가진 통치자를 선전하는 것(특히 정치적 분란이 일어나는 시기에)
과 새로운 통치자를 인정하고 그에게 충성을 맹세하는 것(평화의 시기
에)으로 구성된다. 그 뒤를 이어 알라에게 통치자에 대한 지지와 장수
를 보장해줄 것을 바라는 기도와 간청이 이어진다. 신자들의 번영과 안
전은 통치자가 얼마나 국사를 잘 처리하느냐에 달려 있다. 그래서 금요
일 설교에서 그의 장수를 기원하고 그를 위해 기도하는 것은 이슬람에
서 아주 중요한 하늘과 땅, 신성과 물성, 이끄는 자와 따르는 자들 간의
완전한 조화라는 개념을 강화시킨다. 금요 쿠트바는 핵심적인 종교의식
으로 체제의 본질을 표현한다. 즉, 종교는 정치적이며 정치는 종교적인
것이다. 쿠트바는 항상 아랍어로 전달되며 아랍어를 사용하지 않는 무
슬림 나라들에서는 예외이다. 이 의식은 정확한 관습에 따라 전개된다.

권장되는 바(순나)에 따르면 카팁은 설교대나 높은 장소에서 청중들
을 향해 인사를 하고, 무아즈진mu'adhdhin이 아잔'adhan을 읊을 때까지
앉아 있다가[8], 청중들을 향해 똑바로 설 수 있도록 지팡이나 검, 활

8 이 단어는 흔히 무에찐muezzin이라고 번역된다.

을 짚고, 무슬림들을 대표하여 기도를 올리며(두아du'a) 짧은 쿠트바를 설교한다.[9]

금요일의 종교 예식은 너무도 중요해서 이는 피끄흐에 대한 모든 저작에서 특별한 장(키탑kitab)의 주제가 된다.[10]

쿠트바의 중요성과 기억 속의 전통적인 뿌리, 그리고 그것이 불러일으키는 미적인 감성을 이해하기 위해서, 우리는 메디나에 있는 첫 번째 모스크에서 예언자가 직접 했던 그 유명한 첫 번째 설교로 돌아가야 한다. 이 모스크의 위엄과 아름다움은 그 간소함과 장식물의 부재에 있다. 그것은 오늘날에도 여전히 우리를 매혹하는 모스크로, 이 모스크를 이끌었던 예언자의 힘이 그의 위대한 겸손함과 권력의 허영을 거부하는 것으로 정확히 표현되어 있기 때문이다. 그는 독재자가 아니라 집단 의지의 단순한 촉매제인 '하캄hakam', 즉 중재자로 여겨졌다.

예언자가 지지자들과 함께 메카에서 몸을 피해 메디나에 첫 무슬림 공동체를 세웠을 때 처음 했던 것은 모스크 건설이었다. '그 전에 예언자는 마구간[마라비드 알−가남marabid al-ghanam]이나 기도할 시간에 있는 어떤 곳에서라도 기도를 올리곤 했었다.'[11] 하지만 첫 번째 모스크는 기

---

9 *Encyclopedia of Islam*, article on 'Khutba.'

10 피끄흐에 대한 모든 논문에는 '키탑 알−주므아Kitab al-jum'a'(금요일의 장)가 있으며, 이는 보통 '키탑 알−살라트Kitab al-salat'(기도의 장) 이후에 나온다. 이 주제에 대한 짧은 설명으로는 스무 페이지 분량의 al-Bukhari, *Salih*(Beirut: Dar al-Ma'rifa, 1978), vol. 1, pp. 157−78. 중 금요 예배에 관한 장을 찾아보라. 그리고 각 개념, 단어, 금요 예배의 구성 요소에 대한 세부 내용을 알고 싶으면 Ibn Hajar al-'Asqalani가 쓴 *Fath al-bari*(Cairo: Maktaba Mustafa al-Halabi, 1959), vol. 3, pp. 3−74에서 그의 해설을 참조할 것.

11 Tabari, *Tarikh al-umam wa al-muluk*(Beirut: Dar al-Fikr, 1979), vol. 1, p. 256.

도만을 위한 장소가 아니었다. 오늘날 서구 모델에 기반을 둔 의회와 민중들의 민회가 등장하면서 우리는 모스크가 무슬림들이 집단으로 문제를 토의하던 첫 번째이자 유일한 정치적 공간이었다는 사실을 잊고 있다. 그것이 모스크에 대한 예언자의 생각이었고 그는 자신의 처소를 모스크와 합일된 일부로 생각했다. 이븐 사드는 우리에게 이렇게 전하고 있다.

> 예언자는 그의 낙타가 멈춰 선 곳에 그의 모스크를 짓기로 했다. 그는 그 땅을 10디나르에 사들였고… 그곳에 있던 야자수를 베어내게 했다. …자힐리야jahiliyya[이슬람 이전 시대]의 무덤들도 몇 개 있었다. …그는 그 무덤들을 열고 백골들은 깊은 무덤에 매장하도록 지시했다. …그리고 그들[무슬림들]은 알-마스지드al-masjid[모스크]를 짓기 시작했다. …그리고 나서 예언자는 그 옆에다 야자 잎으로 지붕을 올린 방 세 개를 지었다. 짓기를 마친 후 그는 아이샤와 결혼했고 혼인식 밤을 모스크 바로 옆에 있는 방에서 보냈다.[12]

> 예언자는 본질적인 문제들인 공동체의 사안을 돌보기 위해 서둘러 정착하느라 그 모스크에 지붕을 덮지 않았다. 지지자들이 그에게 제대로 된 모스크를 지을 의향이 없는지를 물어보자, 그는 '다른 시급한 문제들이 있다.'고 대답했다.[13]

---

12 Ibn Sa'd, *Al-tabaqat al-kubra*(Beirut: Dar al-Fikr, 1980), vol. 1, pp. 230, 239. 그는 9세기 저자로, 헤즈라 230년에 사망했다.

13 Ibid., p. 240.

그러므로 이슬람은 혼자서 어떤 의사결정도 내리지 않았던 예언자의 지시하에 집단적인 경험으로 시작된 것이었다. 그는 언제나 관계자들과 논의를 하는 데 신경을 썼고 예배소이자 일상의 문제들을 규정하는 장소인 모스크 안에서 그 일을 처리했다. 예언자 무함마드의 모스크는 집회 장소이자 법정이자 의사 결정의 본부이며 중심지였다. 그리고 금요 쿠트바는 여성들을 포함한 공동체가 기도를 드리기 위해 모여들어 최근의 소식들을 듣고 지시사항을 받는 자리였다.

무에찐의 소리는 기도 시간에 사람들을 불러 모으고, 새로운 영토 정복이나 기타 관련 사항 등의 사건들을 알리는 기능을 했다. 기도를 알리는 무에찐의 소리는 기도 시간이 아닐 때에도 사람들을 한곳에 모이게 하는 데 사용됐다.[14]

축젯날의 쿠트바 역시 계획된 원정, 즉 곧 있을 전략적 계획들을 알리는 시간이었다.

무함마드가 축제 기간에 타슬림taslim으로 살라트salat를 끝내고서[15] 선 채로 앉아 있는 청중들을 돌아보았다. 그가 임무를 내리거나 다른 계획이 있을 때면 그는 그렇게 명령을 내렸다. 그는 또한 '기부금을

---

14 Ibid., p. 247.

15 타슬림은 평화를 기원하는 말로, 다음과 같이 쓰인다. '앗살람 알라이쿰Al-salam 'alaykum'(평화가 당신에게). 반면, 타크비르takbir의 쓰임은 다음과 같다. '알라후 아크바르Allahu akbar'(신은 위대하다).

주어라, 기부금을 주어라' 하고 말하곤 했다. …그리고 나서 그는 자리를 떴다.[16]

공동체가 처음 백 가구 미만으로 시작했던 것은 사실이다. '45명의 무하지룬Muhajirun[예언자와 함께 메디나로 온 메카인들]과 45명의 안사르Ansar[메디나에서 예언자의 최초 지지자들]가 있었다.'[17]

지도자가 의사 결정을 하기 전, 공동체의 모든 구성원과 논의를 하는 특별한 장소이자 집합적인 공간이 모스크라는 것은, 오늘날 우리에게 독재의 온상으로 비추어지는 이슬람의 핵심 개념이다. 모든 것은 모스크를 통했다. 모스크는 곧 새로운 개종자들에게 어떻게 기도를 하는지, 이슬람의 원칙들이 무엇인지, 예배소와 기타 장소들에서 다른 사람들을 어떻게 대할 것인지를 가르치는 학교가 됐다. 무장하고 모스크에 오는 것은 적절한가? 그곳에서 물건을 사고팔 수 있는가?(예언자와 그를 지지했던 메카인들은 본래 상인들이었다.) 전쟁 포로를 모스크의 안뜰에 두어도 되는가?(더 잘 감시하기 위해서)[18] 이런 단순하고 일상적이며 진부한 질문들은 모스크가 단순히 예배 장소만이 아니었음을 보여준다. 그곳은 무지를 드러내도 괜찮고 질문을 하는 것이 장려되는 곳으로, 이는 둘 다 오늘날에는 심하게 금기시되는 행위들이다. 하지만 무엇보다 그곳은 지도자와 민중들 사이의 대화가 이루어지는 곳이었다. 모스크

---

16 *Encyclopedia of Islam*, article on 'Khutba.'

17 Ibn Sa'd, *Tabaqat*, vol. 1, p. 238.

18 예언자의 모스크에 대한 가장 매혹적인 설명을 다음에 나와 있다. Imam al-Nasa'i, *Sunan*(위의 ch. 4 n. 48 참조), vol. 2, pp. 31–59.

에 민바르(설교대)를 설치하기로 한 명백히 단순해 보이는 결정도 예언자는 모든 무슬림들과 관계되는 사안으로 처리했다.

예언자는 금요일 기도를 선 채로 야자나무 기둥에 기대어 전하고 했다. 어느 날 그는 서 있는 것이 피로하다고 말했다. 타밈 알-다리가 대답했다. '시리아에서 본 적이 있는 설교대를 만드는 게 어떻겠습니까?' 예언자는 이 문제에 대해 그들의 의견을 물었고 그들은 그 제안에 동의했다.[19]

메디나의 목수에게 명하여 나무를 잘라 계단 두 개 위에 좌석이 있는 설교대를 만들었다. 다른 판본에서는 몇 달 만에 무슬림들의 수가 상당히 늘어났기 때문에 예언자가 기도할 때 민바르에 자리를 잡아서 모두가 그를 볼 수 있게 한 것이었다고 전하고 있다. 이것이 육체적 피로보다 더 가능성 있는 이유로 보인다. 예언자는 헤즈라 당시 겨우 54세로 한참 전성기에 있었다. 그는 군대 지휘관으로 8년 후 자신이 태어난 도시인 메카를 정복한 승리를 거둔 그날까지, 가장 중요한 전투들을 직접 이끌었다. 마수디에 따르면 예언자가 직접 지휘한 원정대의 수는 26번이었다.[20]

어쨌든 기도를 이끄는 이맘인 예언자와 참석자들 사이의 직접적인 접촉은 금요 쿠트바의 중요한 요소였던 것으로 보인다.

19 Ibn Sa'd, *Tabaqat*, vol. 1, p. 250.

20 Mas'udi, *Muruj al-dahab*(Beirut: Dar al-Ma'rifa, 1982), vol. 1, p. 287.

예언자는 민바르에 올라 맨 처음에 '살람salam'[평화가 그대에게 있기를]
을 말하곤 했다. 그가 자리에 앉으면 무에찐은 기도를 선언했다. …
금요일에 그는 지팡이에 기대어 쿠트바를 전했다. …그리고 사람들은
그 앞에서 그를 향해 고개를 들었고 그를 바라보며 귀를 기울였다.
그는 해가 지기 시작하는 때에 금요 기도를 올리곤 했다. 그날 그는
오만에서 짠 숄인 부르드[예멘 망토]를 입고 있었다. …그는 금요 기도
와 축젯날에만 그 옷을 입었고 그 후 신경 써서 접어두었다.[21]

하지만 공통의 관심사를 다루는 장소, 수장이자 이맘인 예언자와 그
의 공동체가 직접 마주하는 장소인 그 모스크는 오래가지 못했다.

예언자 사후 30년이 지났을 때 1대 우마위야조 칼리프인 무아위야
(41/661년-60/680년)가 칼리프는 선출되어야 한다는 정통을 깨고 무력
으로 권력을 잡았다. 그는 예언자의 전통적인 방식으로 모스크를 계속
해서 사용하였으나 여기에 경비대를 두는 상당한 혁신을 도입했다. 마
수디는 무아위야에 대해 다음과 같이 전하고 있다.

그는 모스크에 와서 세정 의식이 끝나면 자리에 앉아 '마끄수라'에 기
대어 경비대에 둘러싸여 있곤 했다. 그는 원하는 자들-보호자가 없
는 가난한 사람들과 베두인, 여성들과 아이들을 가까이 오게 했다.
불의를 고발하는 자가 있자 교정을 지시했다. 공격을 받은 자에게는
사람을 보내 처리하게 했다. 세 번째 사람이 와서 부상을 당했다고

21 Ibn Sa'd, *Tabaqat*, vol. 1, p. 250.

호소했다. 그는 조사를 지시했다. 탄원이 더 이상 없자 그는 자리를 떴고 왕좌에 앉아서 계급에 따라 조신들을 받았다.[22]

한 세기가 지나자 금요 기도 의식에서 칼리프와 공동체가 직접 마주하는 일은 마침내 끊어졌다. 하룬 알-라시드는 다른 사람에게 자신의 위치에서 금요 예배를 수행하도록 맡긴 첫 번째 인물이었다.[23] 쿠트바는 금요 설교를 통치자의 이름으로 전하는 전문가인 카팁의 일이 되었다. 그 이후로 통치자는 희생제인 '알-아드하al-adha' 등과 같은 주요한 축제 때만 기도를 이끌곤 했다.

제도에서의 중대한 변화가 있을 때 으레 그러하듯, 통치자가 금요 쿠트바에서 규정하는 대로 신자들과 개인적인 교류를 거부할 때는 이유가 있어야 했다. 그중 하나가 그런 대면이 통치자에게 가져오는 정신적인 긴장이었다. 칼리프 압드 알-말릭 이븐 마르완은 왜 젊은 나이에 머리카락이 하얗게 세었느냐는 질문을 받았다. 그는 '민바르의 수고만 없었다면 통치권이란 천상의 기쁨이었을 것이다.'라고 대답했다.[24] 그것은 특정한 종류의 웅변술이 필요한 고된 임무로, 웅변술의 달인인 평론가 알-자히즈는 '이자즈ijaz', 즉 간결함이라 불렀다. 통치자는 가장 중요한 사실관계들을 조화로운 방식으로 아주 빠르게 요약해서 청자에게 모든 것을 전달하면서, 동시에 그들의 차이와 갈등을 고려해야 했다.

22 Mas'udi, *Muruj*, vol. 3, p. 30; *Prairies d'or*(위의 ch. 2 n. 20 참조), vol. 3, p. 725.

23 Metz가 *Al-hadara al-Islamiyya*(Cairo: Maktaba al-Khanji, 1968), vol. 2, p. 98에서 인용한 Al-Tannukhi, 'Al-faraj ba'd al-shidda.'

24 Metz, *Al-hadara al-Islamiyya*, vol. 2, p. 97.

쿠트바를 전하는 예언자의 관행은 특별히 간결했다. 그의 금요 쿠트바는 매우 짧았다. 그의 개인적인 카리스마도 비길 바가 없었다는 것도 일러두어야 할 것이다.

예언자는 지혜와 웅변술을 타고났다. 말하자면 의미와 유용성이 가득한 수많은 생각과 다양한 개념들을 표현하는 적절하고 중도적이며 간결한 언어를 구사했다. 사실 그의 언어는 가장 아름다우면서도 가장 간결했다. 그가 수많은 생각을 몇 마디 말로 줄였기 때문이다.[25]

오늘날 많은 무슬림 국가들에서 관습적으로 행해지는 장관 및 기타 관료들의 긴 쿠트바, 특히 끝도 없이 방영되는 설교들은 확실히 초기 예언자의 동료(정통 칼리프들을 포함하여 예언자 무함마드와 함께했던 사람들을 가리킨다. 여기에는 여성들도 포함된다.—옮긴이)의 전통과는 아무 상관이 없는 가증스러운 '비드아'(이단적인 혁신)이다. 예언자의 동료들은 예언자와 마찬가지로 직무에 시달렸으며 새벽부터 일어나 독실한 생활을 하면서 동시에 군사적인 기강을 마련해야 했다. 그리고 스스로 신실한 신자라면 낭비할 시간이 없다고 생각하기도 했다. 예언자 사후에 권력을 잡았던 1대 칼리프인 아부 바크르(11/632년-13/634년)는 무슬림 지도자들은 말뿐이어서는 안 된다는 것을 중요하게 여겼다. 그는 시리아 정복을 위해 파견했던 자신의 사령관들 중 한 명에게 간략하게 조언했다. '네 관할권 내의 사람들과의 관계에서 말을 아껴라. 말이 길어지면

---

25 Mas'udi, *Muruj*, vol. 2, p. 299; *Prairies d'or*, vol. 3, p. 584.

듣는 사람이 앞서 나온 부분을 잊게 된다.'[26]

그래서 금요 쿠트바로 인해 통치자들은 집단과 직접 소통하는 능력, 본질적인 사실관계를 지키면서도 빠르게 정보를 전달하는 능력, 그리고 자신이 말한 것에 대한 정치적 책임을 지는 능력을 키웠다. 지도자의 중한 임무는 할 말과 하지 않을 말을 선택하는 것과 관련되어 있었다. 그 무슬림 통치자가 왜 그런 의무에서 벗어나서 사람들과 직접 대면하는 고뇌를 피하려고 했는지 쉽게 이해할 수 있을 것이다. 하지만 그렇게 해서 그는 모스크에서 정치적 기능, 신자들이 모여서 정보를 받고 의견을 제시할 수 있는 민회의 기능을 박탈했다. 칼리프들은 빠르게 자신을 공동체로부터 단절시켰고, 지도자들이 모스크 옆에서 기거하며 업무를 봤던 모스크 내 무함마드의 처소를 등졌다. 통치자들과 통치받는 사람들 사이에는 히잡, 말 그대로 베일이 등장했다. 히잡 제도, 즉 통치자를 백성에게서 분리하고 백성이 통치자에게 다가오는 것을 막는 베일은 아주 빠르게 정치 관례에 채택되었다.[27] 이는 예언자와 첫 네 명의 칼리프들의 눈에는 지도자로서 중대한 임무 실패로 여겨질 것이었다.

알현을 조절하는 책임을 진 관직의 이름은 히잡과 같은 어근에서 나온 단어이다. 그는 '하집al-hajib', 글자 그대로 칼리프를 가리는 자라고 불

---

26 Mas'udi, *Muruj*, vol. 2, p. 309.

27 히잡 문제에 관해서는 두 개의 서로 다른 베일을 구별해야 한다.
통치자가 공적 영역에서 자신과 신민들 사이에 설치하는 베일에 관해서는 다음을 참조할 것. al-Jahiz, 'Kitab al-hijab', in *Rasa'il al-Jahiz*(Cairo: Maktaba al-Khanji, 1968), vol. 2, p. 25 (저자는 헤즈라 255년에 사망)
통치자가 사적 영역에서 자신과 수행원들 사이에 설치하는 베일에 관해서는 다음을 참조할 것. al-Jahiz의 저작으로 보이는 *Kitab al-taj fi akhlaq al-muluk*의 프랑스어본의 ch. 3 참조. Charles Pellat 번역(Paris: Les Belles Lettres, 1954), p. 49.

렸다. 하집은 완충역을 했다. 그는 칼리프 대신 청중들의 청원을 받았고 누가 칼리프를 알현하고 누구를 돌려보낼지 결정했다. 이 제도는 특히 하집을 두기로 한 칼리프의 결정에 반발했던 야슈라프, 즉 엘리트들의 반대에 부딪혔다. 그들은 자신과 칼리프 사이의 남성 베일인 하집이 이전에 그 둘을 묶어주었던 친밀감과 연대를 깨뜨릴 거라고 생각했다. 히잡에 대한 알-자히즈의 유명한 서간문은 칼리프가 더는 눈앞에 드러나지 않고 다가갈 수 없게 될 때 일어나는 일들을 기록하려고 했던 시도이다.[28] 일단 히잡 제도가 채택되고 나자, 칼리프들에게는 민중들을 직접 대하는 것만큼이나 골칫거리인 또 다른 문제가 생겼다. 즉, 적절한 하집을 선택하는 일이었다. 카이주란의 남편이자 하룬 알-라시드의 아버지인 칼리프 알-마흐디에 따르면, 하집은 무지하거나 어리석어서는 안 되며, 생각이 없거나 너무 걱정이 많아도 안 되고, 경멸적이거나 경멸을 받을 만해서도 안 되었다. 몇 명이나 되는 통치자들이 그런 진주를 발견할 수 있었을까? 알라만이 알 일이다.

히잡 제도는 칼리프제를 전제 정치로 밀어낸 핵심 사건으로 볼 수 있다. 그로 인해 통치자가 직접 행해왔던 예언자의 금요 쿠트바 전통과 단절되었기 때문이다. 모스크에서 조금씩 발전해왔던 모스크 기반의 민주주의, 상충하는 의견과 이권을 소통하고 해결할 수도 있었던 진정한 의회식 관행인 또 다른 정치적 이슬람을 상상해볼 수 있다. 움마가 확장되고 무슬림들의 수가 늘면서 마스지드, 즉 모스크가 대중 민회로 바뀌어 갈 수도 있었다고 싱상해볼 수 있다. 우리는 이슬람의 심장부에

---

28 Al-Jahiz, 'Kitab al-hijab', pp. 25ff.

서 동네 모스크/지역 민회에 기초한 민주적인 관행의 탄생을 목격할 수도 있었다. 모스크는 무슬림 공동체와 그 공동체를 이끄는 누군가가 있는 곳이라면 어디서나 볼 수 있기 때문이다. 예언자는 모든 것이 그런 방향으로 갈 수 있는 여지를 마련해두었다. 의회는 서구에서 들여온 악이라는 논쟁 없이도 이슬람 안에서 탄생할 수도 있었다. 우리는 다른 나라들보다 훨씬 앞서서 예언자와 그의 총체적 전략을 고무했던 이상을 세계에 보여줄 수도 있었다. 그 이상은 하캄, 즉 중재자가 지도하는 집단이다. 하캄은 예언자가 가장 사랑했고 자랑스럽게 여겼던 칭호이다. 하지만 역사는 이와는 다른 길을 택했다. 41년 첫 번째 무슬림 왕조를 세운 무아위야가 권력을 잡으면서 정치 관행으로서의 이슬람은 전제주의로 떨어지게 된다. 모스크에 경비대를 도입한 행동으로 그는 벌써 그 본질을 변형시킨 것이다.

이 점에서 예언자에 대한 배신을 가장 잘 보여주는 것은 여성들에 대한 모스크의 태도이다. 예언자가 죽은 지 2세기 후에 글을 썼던 이맘 부카리(그는 헤즈라 256년 사망했다.)의 키탑 알-주므아(금요일의 서)에서[29], 우리는 다음과 같은 유명한 하디스를 찾아볼 수 있다. '알라의 모스크에 알라의 여성들을 금하지 말라.' 반세기 후, 예언자 사후 300년이 지난 10세기에 『알-수난Al-sunan』(전통)을 쓴 이맘 니사이는 기도 중에 남성과 여성 사이의 구분에 대한 지시를 잊지 않고 있다. 예를 들어 그가 쓴 '알-마스지드al-masjid' 장에서 그는 남성과 여성들의 줄에 대해 몇 명의

---

29 'Asqalani, *Fath al-bari*, vol. 3, p. 34.

사람들이 설 것이며 얼마나 서로 떨어져 있어야 하는지 등을 명기하고 있다. 그가 생각하기에 문제는 후에 일어난 것처럼 남성과 여성이 함께 있는 것을 금지하는 것이 아니라 그 공존을 어떻게 규제할 것인지였다.

이맘 니사이는 '예언자는 모스크에서 하는 기도는 카바를 제외한 다른 어떤 곳에서 하는 기도보다 천 배의 가치가 있다고 말했다'고 선언하며 글을 시작한다.[30] 그리고 죄악을 씻어내는 최상의 방법은 모스크에 가는 것이라고 덧붙였다. 예언자는 '모스크에 가기 위해 집을 나서면, 딛는 한 걸음에서는 선행이 나타나며 다른 한 걸음에서는 악행이 사라진다'고 말했다.[31] 그리고 마지막으로 그는 남성은 아내가 모스크에 가는 것을 막을 권리가 없다고 끝맺고 있다. 예언자는 '여성이 너희에게 모스크에 갈 허락을 구하면 그렇게 하도록 하라'고 말했다.[32] 그는 '모스크에 가는 것이 금지된 자가 실제로 누구인가?'라는 질문으로 모스크에 갈 수 있는지에 대한 이 물음을 끝낸다. 그가 대답하기를, 예언자에 따르면 마늘과 양파를 먹은 자들만이 모스크에 갈 수 있는 자들에서 제외된다. 예언자는 후각이 매우 예민했다. 그는 향수를 사랑했고 청결을 강조했으며 더럽고 지저분한 것을 몹시 싫어했다. 그가 생각하기에 마늘을 먹고 나서 모스크에 오는 것은 참을 수 없이 역한 일이었다.

우마르 이븐 알-카탑이 말했다. '사람들아, 그렇게나 나쁜 야채인 마

---

30 Imam Nasa'i, *Sunan*, vol. 2, p. 32.

31 Ibid.

32 Ibid.

늘과 양파를 먹는구나. 난 예언자가, 그에게 평화를, 마늘과 양파 냄새를 풍기며 오는 자들에게 모스크를 떠나라고 했던 것을 보았다. 그 두 가지를 먹고자 하는 자들은 냄새가 덜하게 익혀 먹도록 하라.'[33]

니사이에게 있어서 모스크에 오는 것은 성별과는 아무런 상관이 없었고 금요 예배에 참석하는 것의 중요성은 그 사실을 증명해준다. 3세기 후 한발리파의 이맘인 이븐 알−자우지(헤즈라 597년 사망)는 이슬람의 여성들을 지배하는 율법에 관한 책을 쓰면서 24장을 '여성의 금요 예배'에 할애했다. 그는 여성들이 모스크에 가는 것에 대한 하디스 내용이 논쟁의 여지가 없으므로, 그 권리를 당연한 것으로 인정해야 했다. 하지만 그는 의심을 일으키는 네 단계를 밟았다. 첫째로, 그는 줄의 배열 문제를 들면서 '여성 뒤에 앉는 남성들의 기도는 가치가 없다'고 말했다.[34] 종종 남성들이 모스크에 늦게 오면 제시간에 오는 수고를 들인 여성들의 줄에 막히는 경우가 있었다. 파멸적인 그다음 단계는 쉽게 상상할 수 있다. 여성들이 존재하는 것만으로 문제가 생기기 때문에 여성들을 모스크에 금지하는 것이다. 그래서 이븐 알−자우지는 그 자체로 고대 문서들에 대한 배반인 문제를 던진다. '여성들이 모스크에 가는 것이 허용되는가?' 그리고 그의 대답은 이것이다. '남성들의 마음을 어지럽히는 것을 우려한다면, 여성들은 집에서 기도하는 편이 낫다.'[35]

33 Ibid., p. 33.

34 Ibn al-Jawzi, *Kitab ahkam al-nisa'*(Beirut: Al-Maktaba al-'Asriyya, 1980), p. 201.

35 Ibid., p. 202.

그렇게 말하면서 여성들에게 고민거리의 책임을 떠넘긴 후, 이븐 알-자우지는 부카리의 핵심 하디스를 인용하면서 예언자가 알라의 모스크는 여성들에게 금지되어 있지 않다는 사실을 인용한다. 하지만 그는 '금요 예배는 여성들에게 있어 의무가 아니다'고 말하면서 맺고 있다.[36] 마지막으로 그 직후에 그는 한 장을 통째로 할애하여 '왜 여성들은 밖으로 나가는 것을 피해야 하는가'에 대해 다룬다. 밖으로 나가는 것 자체가 여성들에게는 위험하며 불경한 행위이다. 그는 '여성들은 가능한 나가는 것을 자제해야 한다'는 말로 이 장을 시작한다.[37]

이런 상황에서 모스크에 가는 일이 더 이상은 용납되지 않음은 당연한 일이다. 모스크에서 여성들을 배제하는 관습은 꽤 널리 퍼져있었던 것이 틀림없다. 마르코 폴로와 거의 동시대인으로 14세기 초에 이란을 여행했던 이븐 바투타는 쉬라즈의 모스크에 놀라운 수의 여성들이 오는 것을 보고 놀랐던 것이다.

쉬라즈 사람들은 모두가 청렴하고 신앙심이 깊으며 또한 정결하다. 특히 여성들이 그렇다. 그녀들은 훗프(밑창이 연한 신발로 여인들이 많이 신고 다닌다.-옮긴이)를 신고 외출할 때는 꼭 장옷을 입고 면사를 써서 살갗이 조금도 드러나지 않게 한다. …참으로 기특한 일은 그녀들이 매주 월요일과 목요일, 금요일이면 대사원에 모여 설교를 경청한다는 사실이다. 일단, 모이면 1, 2천 명이 족히 된다. 날씨가 무더

---

36 Ibid., p. 205.

37 Ibid., p. 209.

운 탓에 손에 든 부채를 연신 흔들어댄다. 나는 그 어느 곳에서도 여성들이 이렇게 많이 보이는 것을 본 적이 없다.[38]

하지만 모스크와 같이 중요한 장소에서 여성 배제를 제도화하는 것은 20세기 힌두 학자인 무함마드 사디끄 알-까누지(헤즈라 1308년에 사망)와 같은 현대 저자들의 저작들에서이다. 그는 '금요 예배가 여성들의 의무가 아니라는 사실에 관한 얘기들'이라는 장에서 '금요 예배는 모든 무슬림들의 의무로, 여기에는 네 개의 예외가 있다. 노예, 여성, 어린이, 그리고 병자'라는 출처가 불분명한 하디스를 들고 나온다.[39]

분명 우리는 모두에게 열려 있으며 여성을 포함해 이슬람에 관심이 있는 모두를 환영했던 예언자의 모스크로부터 멀어졌다. 이미 모스크는 칼리프를 감추고 신자들을 멀어지게 만든 정치적 히잡으로부터 나온 균열을 보이고 있었으며, 이제 무하마드의 이상적인 공동체를 또 한 번 배신하게 된다. 예배 장소에서 여성들이 이방인으로 선언된 것이다. '사하비야트sahabiyyat', 즉 예언자의 동료들로서 모스크에 출입하는 혜택을 받았던 여성들은 아주 빠르게 '자힐리야', 즉 이슬람 이전 시대에 그랬던 것처럼 사악한 존재가 되었다. 자힐리야의 폐허에서 여성성에 대한 오래된 공포에 깊은 뿌리를 둔 여성 혐오가 다시 살아났고, 무슬림 남성들에게 모든 것을 아내와 공유해야 한다고 주장하면서 그 망령을

---

38 Ibn Battuta, *Travels of Ibn Battuta*(위의 ch. 1 n. 10 참조), vol. 2, p. 300. [이븐 바투타, 정수일 번역(2001), 이븐 바투타 여행기 1권. 창비. 4장 이라크와 페르시아. 5. 쉬라즈시, pp. 300-1. 인용문에서 생략된 부분; 그녀들은 또한 연조나 구빈에도 솔선한다.-옮긴이]

39 Muhammad Siddiq Hasan Khan al-Qannuji, *Husn al-uswa bima tabata minha allahi fi al-niswa*(Beirut: Mu'assasa al-Risala, 1981), p. 345.

뿌리 뽑으려던 예언자의 노력은 경시되었다. 예언자의 일대기인 '시라Sira'는 그가 아주 초기부터 이슬람의 가장 주요한 활동이었던 기도와 전쟁을 수행할 때 항상 아내들을 대동했음을 보여준다. 여성을 예배로부터 배제하는 거짓 하디스의 조작이 있을 것은 말할 것도 없다. 기억은 모스크에서 여성의 존재가 무질서와 타락을 가져오는 것임을 보여주기 위해 재단될 것이다. 그리고 폭군에 의해 이맘처럼 차려입고 나타나서 기도를 이끌었던 자리야인 나와르는 역사가 오늘날까지도 빼놓지 않고 언급하는 그 예시가 될 것이다.

노예 가수인 나와르가 모스크의 '미흐랍mihrab'(기도처)에 모습을 드러내자 사람들은 경악했다. 그럴 만도 했던 것이, 고주망태가 된 칼리프 알-왈리드가 그녀를 보내 자신의 위치에서 신자들의 기도를 이끌게 했던 것이다.[40] 헤즈라 2세기 초에(125/743년-126/744년) 통치했던 11대 우마위야조 칼리프인 알-왈리드 이븐 알-야지드 이븐 압드 알-말릭은, 무슬림 역사에서 가장 사악하고 가장 타락한 것으로 묘사되는 칼리프이다. 「타우끄 알-하마마Tawq al-hamama」(비둘기의 목걸이)라는 사랑에 대한 경이로운 에세이를 남긴 안달루시아의 고상한 이븐 하젬마저도 그에 대한 증오를 감추지 않았으며 그를 향해 '파시끄fasiq'(타락한)와 같은 모욕적인 형용사를 사용했다. 그는 알-왈리드를 '포도주를 마시는 것으로 유명한 칼리프들'과 '공공연히 죄악에 빠진 것으로 유명한 칼리프들'의 목록에 올리기까지 했다.[41]

---

40 이 칼리프는 알 왈리드 2세이며, 우마위야조의 6대 칼리프인 알-왈리드 이븐 알-말릭 1세와 혼동해서는 안 된다.

41 Ibn Hazm, 'Niqat al-'arus' (위의 ch. 1 n. 40 참조), pp. 72, 75 그리고 134. 나는 이 저작을 우

자리야가 이맘처럼 차려입고 예배를 이끄는 이 신성모독의 장면에 대한 묘사는 『타리크 마디나트 디마쉬끄Tarikh madinat Dimashq』(다마스쿠스 도시의 역사)를 쓴 위대한 이슬람 역사가인 이븐 아사키르에게 맡기도록 하겠다. 나와르는 그가 여성들에 대해 쓴 책에서 등장하는 196명의 인물 중 하나이다.

나와르는 알-왈리드의 자리야였다. …그녀는 당대 가장 위대한 대가들인 마바드와 이븐 아이샤 등의 수하에서 노래에 입문했다. 그는 알-왈리드가 총애하는 자와리였다. 바로 그녀에게 그는 모스크에 가서 기도를 이끌라는 명령을 내렸다. 그가 취해 있을 때 무에찐이 와서 그의 의무[기도를 이끄는 것]를 다할 것을 촉구했다. 그는 그녀가 기도를 이끌 것이라고 맹세했다. 그녀는 칼리프의 복장으로 차려입고 대중들 앞에 나타났다. 그녀는 기도를 이끈 후 그에게 다시 돌아갔다. …그 이후에 그녀에 대한 더 이상의 정보는 알 수 없다.[42]

이 놀라운 사건은 여성이 모스크에서 이맘으로서 행동한 것이 무질서와 사악함의 화신이라는 칼리프와 어우러져서, 역사적 문학 작품들

마위야 왕조와 압바스 왕조에 대한 정보를 찾으려는 시간이 부족한 모든 사람에게 권한다. 이븐 하젬은 간결함과 적절함의 대가로, 이는 그가 육체적 결함이나 성적 문제 등 군주의 정신 상태를 알 수 있는 세부 내용을 제시하는 간결한 문체에서 드러난다. 알-왈리드의 '기괴함'에 대해서는 다음 역시 참조할 것. Mas'udi, *Muruj*, vol. 3, p. 223; 그리고 Tabari, *Tarikh*, vol. 14, pp. 288ff, 그리고 vol. 5, pp. 5ff.

42 Ibn 'Asakir, *Tarikh madinat Dimashq*(Damascus: n.p., 1982), pp. 41 Iff. 저자는 헤즈라 571년 (12세기)에 사망했다.

에서 반복해서 다뤄지고 있다. 알-왈리드가 언급될 때마다 그 옆에서 나와르는 경악한 신자들 앞에 서 있는 것이다. 14세기의 아비 알-하산 알-말리키는 이 장면을 다시 묘사하면서 '이슬람 절정기의 유명한 여성들' 중 한 명으로 나와르를 언급한다.[43] 나와르는 항상 등장한다. 20세기에는 우마르 카할라가 쓴 인명록 형식의 책인 『옥시덴트와 오리엔트의 여성 명사들』에 포함되었다. 그리고 분명 그는 모스크에서의 장면을 제외하고는 그녀에 대해 달리 아는 것이 없었다.[44] 알-왈리드가 그의 왕조를 몰락으로 이끌었다는 건 말할 것도 없다. 그는 권력을 잡은 지 1년 2개월 만인 126(744)년에 칼리프의 직무실에서 쫓겨났다. 그 해에 세 명의 칼리프가 그 자리를 이었으며, 왕조는 몰락의 길을 걷다가 몇 년 후인 750년에 압바스조가 권력을 잡게 되었다.

여성이 미흐랍에 등장한 것은 그녀가 칼리프처럼 차려입은 자리야였다는 사실로 인해 더욱 그로테스크하고 종말론적이 되며 첫 무슬림 왕조 멸망의 전조로 비추어졌다. 하지만 이는 또한 집단 기억 속에서의 생략과 일부러 꾸민 연결을 보여주며, 여성들에게 있어 통치자의 기준으로서 금요 예배는 중대한 것 그 이상임을 확고히 한다. 무도하고 수치스러운 장면을 증폭시킴으로써 수 세기 동안 저항이 쌓여가면서 여성들은 모스크에서 이방인이자 그 본질에 완전히 반하는 모습으로 그

---

43 Abi al-Hasan al-Maliqi, *Al-hada'iq al-ghanna' fi akhbar al-nisa': tara jim shihirat al-nisa.'* 이 저작은 1978년 리비아와 튀니지에서 처음 등장했다. Dr. Tayyibi는 더블린의 Chester Beatty Library에서 이 문서를 찾아 편집 출간했다.

44 'Umar Kahhala, *A 'lam al-nisa'fi 'almay al-'Arabi wa al-Islami*(Beirut: Mu'assasa al-Risala, 1982).

려져 왔다. 하지만 이를 그러한 저항으로 축소하고 그에 대한 반대 저항을 무시한 것은 이슬람과 그 역사적인 역동성을 제거하는 일이다. 현대에 들어서 이는 이슬람이 가진 여성 혐오적 경향으로까지 격하되었다. 주인들이 가난한 사람들과 노예들, 혹은 여성들에게 열등하다고 말했기 때문에 그들이 그렇게 믿거나 확신하는 것이 아니다. 어떤 문명의 역동성을 이해하려면 주인들(그들의 법과 개념들 등)의 욕망과 약자이며 무방비 상태인 민중들의 저항을 이해하려고 애쓸 필요가 있다. 우리는 상투적인 문구들로부터 이슬람을 해방해야 한다. 즉, 권력자 집단들이 보여주는 이상화된 그럴듯한 그림들에서 벗어나서 그 반대의 저항을 세밀히 조사하고 소외된 상황들과 예외들을 연구해야만 한다. 이것은 특히 이슬람 안에서 여성들의 '역사', 농부들과 빈자들의 역사와 마찬가지로 공식 담론에서 반영되지 않은 그 '역사'를 이해하는 데 꼭 필요하다. 무슬림의 역사를 다시 쓰기 시작할 시간이다. 이맘-칼리프-대통령의 이슬람, 궁전과 그곳 울라마들의 이슬람을 넘어서고, 주인들의 이슬람을 넘어서야 한다. 그리고 이는 소외당하고 배제된 질척거리고 음습한 지역으로 들어가는 것을 의미한다. 즉, 역동적인 긴장들의 역사, 전복된 질서와 거부, 저항의 역사 말이다. 이것만이 무슬림들에게 복종하는 로봇이 아니라 자기 삶을 꾀할 능력을 박탈하고 자신을 망가뜨리라는 명령을 거부할 줄 아는 책임감 있는 존재들임을 보여줌으로써 무슬림들을 영광스러운 인류애로 되돌릴 수 있는 유일한 역사이다.

이것들은 우리에게 진상 해명을 위한 탐구 속에서 감히 거울의 반대편을 보려 하는 '또 다른 역사'를 부여하는 질문들이다.[45] 15세기 동안 이어진 문명으로 서로 다른 성별과 계급, 인종을 망라한 수백만 명의 개인들을 아우르는 이슬람은 복잡성과 긴장, 거부의 역사일 수밖에 없다. 오늘날 '이슬람은 여성이 정치 영역에 나서는 것을 금지한다'는 말은 분명 사실이다. 하지만 이것이 다른 많은 진실 중 하나임을 알게 되면 우리 자신의 역사를 조금 더 잘 이해할 수 있다. 접근법에 따라서는 정치적 권력을 향해 자신들의 길을 닦은 몇몇 여성들의 사례를 연구하면서 또 다른 역사적 진실을 선택할 수도 있다. 말하는 자의 관점에 따라 몇 가지 역사적 진실들이 있음을 인정하는 것 자체가 이미 큰 도약이다. 이것은 이슬람과 소위 말하는 그 역사가 단지 정치적 무기, 즉 신의 이름으로 지배받지만, 모두가 신의 이름으로 말하거나 통치하는 평등한 권리는 갖지 못한 신정 정치 사회 안에서 사는 수백만 명의 목을 겨누고 있는 가장 교조적이고 효과적인 무기라는 것을 승인하는 일이다. 이러한 맥락에서 오늘날 여성들에게 베일을 씌우려는 욕구는 실제로는 저항에 베일을 씌우려는 욕구이다. 여성들의 말을 들을 용기가 있다면, 저항을 볼 수 있을 것이다. 이를 무시한다면, 삶의 역동성인 긴장들을 무시하는 것이다. 현재를 받아들이고 미래를 형성하기 위해서는 능동적인 과거, 인간의 권리를 보존하려고 했고 주인의 계획들을 훼방 놓았던 존재들의 과거를 가져야만 한다. 우리는 이 과거를 발견해야 한다. 역사가 기억하지 않는 이 여왕들을 연구하는 것은 우리 문화의 생생하면서도 또한 흐릿한 원료를 파고드는 것을 의미한다. 우리는 몇 명이나 되는 여성들이 쿠트바와 주화 주조의 기준을 완수했으며 그래서

---

45 Jacques Le Goff, 'Les mentalités: une histoire ambiguë', in *Faire de l'histoire: Les nouveaux objets*(Paris: Gallimard, 1974), vol. 3, p. 125.

수장으로 분류될 수 있었는지 세어보아야 한다. 그 질문에 대한 대답은 지금까지도 베일, 즉 히잡에 가려져 있고 주의 깊게 보이지 않는 곳으로 밀려난 역사를 우리에게 드러낼 수 있다. 또한, 이 질문에 관심이 있었고 이 여성들을 세어보려 했던 역사가들이 있을까?

무슬림 유산 중 가장 신뢰할만한 자료를 사용하는 터키 역사가 바흐리예 위초크는 역사 속 여성 지배자들에 관한 책을 쓴 저자로 여러 나라를 지배했던 16명의 여성을 연구했다.[46] 그녀에 따르면 634/1236년에 델리에서 권력을 잡았던 투르크 맘룩 왕조의 술타나 라디야가 그 첫 번째이다. 베나지르 부토는 17번째가 될 것이며, 그녀가 아시아인이라는 사실은 바흐리예 위초크 박사의 이론에 들어맞는다. 16명의 여성 수장들은 아시아인, 투르크인, 몽골인, 이란인, 인도네시아인, 그리고 몰디브와 다른 인도양의 섬들 출신으로 아랍인은 한 명도 없다. 방법론적인

---

46 Badriye Uçok Un, *Al-nisa' al-hakimat fi tarikh*, tr. I. Daquqi(Baghdad: Matba'a al-Sa'dun, 1973). (바흐리예 위초크의 책 「이슬람 국가의 주권과 최근 터키 여성」은 그녀의 1965년 박사논문 「이슬람 국가와 여성지배자들」의 문제의식을 발전시켜서 단행본으로 낸 것이다. 바흐리예 위초크는 역사학자로만 기억되어서는 안 된다. 그녀는 꾸란의 재해석을 주장하였다. 이로 인해 교수직을 사임하고 중도좌파로서 정치활동을 시작하여 1971년 상원의원에 당선되었다. TV 토론에서 여성의 히잡 착용이 신성한 의무가 아니라는 견해를 밝힌 후 살해 위협을 받기 시작했고 1990년 집 앞 현관에 배달된 꾸러미 폭탄을 열다가 폭발로 암살당했다. 버나드 루이스의 여성 지배자들에 대한 견해인 "이슬람에서는 단 한 명의 여성지배자도 없었다"는 그녀의 책을 편파적으로 인용한 후 이슬람에서의 여성 정치 활동을 단호하게 부정하는 것이었지만 버나드 루이스만 탓할 수는 없다. 그렇다고 하더라도, 무슬림 여성 인권을 위해 평생을 연구하고 싸운 바흐리예 위초크와 이라크 전쟁 때 미국의 전쟁 고문 역할을 했던 버나드 루이스가 어떻게 겹칠 수 있을까? 왜 바흐리예 위초크는 아랍 지역에 분명히 존재했던 이슬람 여왕들을 언급하지 않았을까? 오스만 제국이 무너지는 것과 아랍 민족주의는 동시에 진행된다. 아랍 민족주의는 큰 흐름으로 묶을 수는 있지만, 지역마다 다양하게 전개되는데 근동, 즉 이집트와 터키를 중심으로 보는 학자들은 중동이나 이슬람의 다양함보다는 터키를 주역으로 보는 경향이 분명히 존재한다. '기-승-전-터키'로 마무리 지으면서 터키 이외의 지역은 대충 훑고서 넘어가기도 한다. 그리고 근동 전문가를 곧바로 중동 전문가나 이슬람 전문가로 보는 시각이 있다. 버나드 루이스가 그 오해의 혜택을 가장 많이 받은 학자일 것이다.-옮긴이)

역사가인 바흐리예 위초크는 그 기준을 쿠트바와 주화 주조로 선택했다. '나는 자신의 이름으로 화폐가 주조되지 않았거나 금요 예배 때 쿠트바 설교가 이루어지지 않은 여성 수장들은 포함하지 않았다.'[47] 포함된 통치자 가운데 아랍 여성이 한 명도 없다는 것은, 아랍인들은 여성들이 왕좌에 오르는 것을 반대했으며 여성들은 아랍 전성기가 끝날 무렵, 즉 압바스조 칼리프의 몰락 시기가 되어서야 왕좌에 오를 수 있었다는 사실로 설명될 수 있다.

두 맘룩 여왕들인 라디야와 샤자라트 알-두르가 당시 군사 카스트를 형성하고 있었던 노예들에 의한 무력 지배 덕분에 그 직위를 차지한 것이 사실이지만, 그로부터 몽골에 대해서 말하면서 민주주의를 향한 경향을 추론하는 것은 말도 안 될 일이다. 몽골인들은 당황스러울 만큼 쉽게 대량 학살을 저질렀다. 이 유목인들이 침략한 곳에서는 강간과 전 도시들의 노예화가 뒤따랐다. 어떤 일이 있어도 우리는 불가능한 비교를 하면서 지배하는 자와 지배받는 자 간의 민주적인 관계를 주장하기 위한 무슬림으로서 우리의 필요를 13세기와 14세기의 무슬림 시기의 역사적인 사건들에 투영하는 것을 피해야 한다. 왕좌에 올랐던 여성들에 대한 다음 장은 이런 정신에서 읽혀야 한다. 경계하고 비판적이며 가능하다면 반어적인 태도로, 결코 오만해지거나 치켜세우지 않으면서 동시에 영광이란 감상적인 꿈에 빠져들지 않도록 해야 한다. 문명이 시작될 무렵의 민주적인 모계제나 과거 영역의 절대 권력을 가진 여성들이라는 꿈으로 우리를 달래고자 하는 몇몇 페미니스트들에게는 실망스

---

47 Ibid., p. 25.

럽겠지만, 나는 이 술타나들을 유머와 약간의 무례함을 가지고 검토하고자 한다.

중요한 것은 뛰어나고 비범한 선조들이 아니라 힘든 조건 속에서 주인들의 교칙을 깨는 데 성공하고 약간의 책임과 자유를 끌어들였던 아주 인간적인 선조들이다. 게다가 이 여성들은 서로 다른 맥락에서 권력을 획득했으며, 우리는 이들을 미국 만화책에서 그렇듯 하나의 슈퍼우먼 모델로 묶어버려서는 안 된다. 오히려, 우리는 일반화를 피해야만 한다. 우리는 뉘앙스를 전부 받아 적고 세부 내용을 방치하지 않음으로써 우리의 접근을 풍부하게 해야 한다.

무슬림 여왕들에 대한 이 책의 목표는 비범한 능력을 타고났으며 무엇보다 정치적이거나 군사적인 권력 게임에서 무적인, 결점 없는 훌륭한 선조들을 그리는 것이 아니다. 현재의 우리 상황이 어려운 만큼, 나는 과거에나 오늘에나 여성들이 자신의 권리를 누리기 위해 완벽하고, 훌륭하고, 대단할 필요가 있다고 생각하지 않는다. 이것이 바로 남성과 동등해지거나 그들이 누리는 권리를 갖기 위해서는 예외적인 여성이 되어야 한다고 믿게 하는 것이다. 이제 살펴볼 여왕들이 평범하고 야망에 차고 혹은 비틀린 성격을 가졌으며, 실수를 저지르고 어떤 요소들을 과소평가했고, 대개는 비통하게 실패했다는 사실에도 우리는 꺾이지 않을 것이다. 인간을 위대하게 만드는 것은 그들이 가진 평범함이나 결함 안에서 온 힘을 다하면서 자신들의 운명과 그것을 뒷받침하는 권력 체제에 반기를 드는 것이다. 우리가 이 여왕들의 삶을 살펴보면서 감동을 발견하는 것은 그들의 평범함과 인간성이다. 우리 자신의 삶을 돌아볼 때도 마찬가지이다. 이 여왕들은 항상 전투적이었으나 성공한 경우는 드물었다.

06
15인의
여왕들

Fifteen Queens

통치자의 상징인 쿠트바와 주화 주조를 손에 넣고, 그래서 역사에서 논쟁의 여지 없이 인정받았던 이 여성들은 누구인가? 어떤 상황에서 이들은 권력을 잡았을까? 그들은 비범한 능력과 눈부신 미모, 압도적인 매력, 대적할 자가 없는 지능을 가졌던 것일까? 그들은 신성한 위계 제도를 타고 올라가 남성들에게만 공식적으로 주어진 정상에 도달했던 왕실 혈통의 공주들이었을까, 아니면 서민 출신이었을까? 그들이 민주주의와 공동체의 서로 다른 구성원들이 공유하는 평등한 권력을 꿈꾸었을까, 아니면 자신들의 이익만을 생각하는 벼락 출세자들이었을까? 오늘날 우리는 사방에서, 여성들이 지배하게 된다면 정치판에서 모든 폭력이 사라질 것이라고 주장하는 광고 문구 같은 페미니스트 이론들을 듣는다. 이 15명의 무슬림 여왕들은 평화주의자였나 아니면 피에 굶주려 있었나? 그들은 앞길에 경쟁자가 등장했을 때 암살이나 살인의

154

방법을 쓰기를 꺼렸을까? 마지막으로, 하지만 여전히 중요한 것은, 그들은 낭만주의자였을까? 그들은 우리와 마찬가지로 바보같이, 안쓰럽게 사랑에 빠졌을까, 아니면 그들의 심장은 돌과 같아서 감정 없이 차가웠을까?

왕좌를 향한 가장 확실한 길은 왕좌에 있는 남성과 결혼하는 것이다. 일부다처제 법에 따라 '일반적인' 무슬림 여성들은 남편의 4분의 1만으로 만족해야 했다. 그러나 이 여왕들은(왕좌에 올랐을 때 미혼이었던 술타나 라디야를 제외하고) 모두 최소한 한 명 이상의 남편들을 거느렸다. 몇몇은 첫 남편이 죽은 후에 다른 남편을 두었고, 몇몇은 너무도 쉽게 세 명의 남편을 두기도 했다. 어느 정도의 신비로운 아름다움의 비결, 장신구, 혹은 향수들보다 여성들에게 있어서 유혹의 가장 효과적인 수단은 정치적 권력인 것 같다. 맘룩의 술타나들부터 시작해서 라디야와 샤자라트 알-두르가 그랬다.

이 두 술타나들이 가지고 있는 경력의 유사성은 실로 이상하다. 둘다 투르크인으로, 지지자들을 데리고 열정적으로 권력에 뛰어드는 것으로 시작해서 적으로부터 자신들을 용감하게 지켰다. 둘 다 똑같은 방식으로, 자신들의 군대에게 버려져서 유폐되고, 마지막으로는 야만적으로 살해당했다. 부분적으로는 그들의 떠들썩한 애정사 때문이었다.

그들의 경력은 거의 비슷하게 시작되었다. 라디야는 634/1236년 델리에서 권력을 잡았고, 샤자라트 알-두르는 14년 후인 648/1250년에 이집트에서 왕좌에 올랐다. 이 두 사람은 수 세기 동안 자신을 노예로 끌고 온 왕들을 섬기다가 마침내 주인들을 몰아내는 데 성공한 옛 투르크 노예들인 맘룩의 군사적 세력 덕분에 왕좌를 얻었다. 라디야는 그녀의 아버지인 델리의 왕 술탄 일투트미시의 왕좌를 물려받았다. 샤자라트 알-두르는 남편인 아유브 왕조의 마지막 통치자 말릭 알-살리흐의 왕좌를 이어받았다.

아유브 왕조는 1세기 전 그 유명한 십자군 전쟁의 영웅인 살라딘, 즉 살라흐 알-딘 이븐 아윱이 세웠다. 라디야가 통치자로서 제일 처음 한 일은 그녀의 이름으로 다음과 같은 문구가 두드러지도록 수천 개의 주화를 주조하게 한 것이었다.

여성들의 기둥
시대의 여왕
술타나 라디야 빈트 샴스 알-딘 일투트미시[1]

그녀는 두 개의 칭호를 선택했다. 첫 번째는 '라디야 알-둔야 와 알-딘Radiyya al-dunya wa al-din'으로, 라디야라는 단어(축복이라는 뜻의 '라다rada'를 어근으로 하는)의 의미를 변조한 것인데 '세속적 세상과 신앙의 축복 받은 자'로 번역할 수 있다. 두 번째는 '발끼스 지한Balqis jihan'으로, 발끼스는 셰바의 여왕의 아랍식 이름이며,[2] 지한은 귀족의 칭호이다. 그녀가 주조하게 한 주화들은 지금까지 전해지고 있다. 그녀는 그 한 면에 다음과 같은 문구를 써넣고서 압바스 왕가에 대한 충성을 보여준다.

---

1 Badriye Uçok Un, *Al-nisa' al-hakimat fi tarikh*, tr. I. Daquqi(Baghdad: Matba'a al-Sa'dun, 1973), p. 33.

2 Ibid.

이맘 알-무스탄시르의 시대

신자들의 영도자, 전능한 술탄

세상과 신앙의 영광

술탄 일투트미시의 딸, 말리카 일투트미시

신자들의 영도자에게 영광을 선사하는 그녀[3]

36대 압바스조 칼리프인 이맘 알-무스탄시르(623/1226년-640/1242년)는 군사력으로만 세속적 권력을 얻을 수 있었던 술탄들에게 영적인 정통성을 집행하는 거의 마법적인 권력을 지녔다. 그리고 라디야의 아버지이자 투르크 노예로 626/1229년에 인도의 무슬림 국가를 세웠던 군사 사령관인 일투트미시의 경우도 마찬가지였다. 샤자라트 알-두르는 자신의 칭호에 제한을 두지 않았다. 불과 몇 달간이었던 그녀의 통치 기간에 이집트의 신자들이 찬송했던 정해진 기도는 다음과 같았다.

알라께서 자선을 행하시는 자

무슬림들의 여왕

세속적 세상과 신앙의 축복을 받은 자

칼릴 알-무스타시미야의 어머니

술탄 알-말릭 알-살리흐의 배우자를 보호하소서[4]

---

3 이 주화의 그림은 다음을 참조할 것. Nelson Wright, *Catalogue of the Coins in the Indian Museum*(Calcutta: Oxford University Press, 1907), vol. 2, p. 26. Quoted by Uçok Un, *Al-nisa' al-hakimat*, p. 4.

4 이 예배 문구는 약간의 단어 차이를 보이며 다양한 출처에서 발견된다. 예를 들어, Al-Suyuti, *Al-mustazraf min akhbar aljawari*, Salah al-Din al-Munajid 주해(Beirut: Dar al-Kitab al-Jadid,

샤자라트 알-두르가 알-무스타시미야라는 이름을 칭호에 넣은 것은, 자신을 인정하기를 거부한 37대 압바스조 칼리프인 알-무스타심에 대한 충성의 몸짓 이상의 것이었다. 이는 애처롭게 자신의 약점을 인정하고 그의 선의를 얻겠다는 절박한 노력이었다. 많은 역사가는 여성이 정치판에 등장하는 것을 무슬림 세계에 묵시론적인 격변이 온다는 신호로 간주했다. 그리고 샤자라트 알-두르의 통치는 몽골에 의한 압바스조의 멸망과 바그다드 파괴(1258년)의 전조였다. 이는 제국에 근본적인 권력의 재분배를 일으키면서 귀족들을 직무실에서 몰아냈고(특히 그 왕조의 마지막 칼리프였던 칼리프 알-무스타심을) 노예 군대인 맘룩들에게 기회를 주었다. 그들은 몇몇 나라들에서 권력을 얻었고 이집트와 시리아에서는 2세기 이상 이를 유지했다. 엘리트 군대인 이들은 칭기즈칸에 대항하고 그의 침략을 물리치는 데 성공한 유일한 자들로서 자신들이 쟁취한 왕좌에 올라설 자격이 있었다. 십자군에 대항하여, 그 후에는 몽골에 대항하여 전투를 벌였던 것이 맘룩 군대들이었다. 그들은 칭기즈칸의 아들과 손자들을 물리치는 데 성공한 유일한 군대였다. 동서남북 사방의 다른 곳에서는 몽골의 진격 앞에 통치자들과 군대와 요새들이 모두 함락되었다.

맘룩들은 어린 시절에 노예로 팔려와 군사학교에서 자라면서 무술에 숙달하고 전장에서 무적이 되었다. 13세기에 델리와 카이로에서 빛

1976), p. 23; Ashur, *Misr wa al-Sham fi qasr al-Ayyubiyin wa al-mamalik*(Beirut: Dar al-Nahda al-'Arabiyya, 1972), p. 158; Yasin al-Khatib al-'Amri, *Al-rawda al-fayha fi tawarikh al-nisa'*, ed. 'Imad 'AH Amra(n.p.: Dar al-'Alamiyya, 1987), p. 382; 그리고 al-Maqrizi, *Al-Khitat*(Cairo: Maktaba al-Thaqafa al-Diniyya, 1987), vol. 2, p. 237.

났던 이슬람의 세력과 그 명성은 이 투르크 군사 카스트와 밀접한 관계가 있었다.[5] 아시아에서는 군사 노예로 가즈나의 술탄들을 섬겼던 사령관으로 활동을 시작했던 라디야의 아버지 일투트미시가 이슬람 편에서 새로운 영토를 정복했다. 아프리카에서는 아유브 왕조의 술탄들 밑에서 일했던 바흐리 맘룩들(해양 맘룩들)이 십자군들에게 파멸의 원인이었다.[6] 그들은 샤자라트 알-두르의 남편인 술탄 알-살리흐 아윱이 죽은 후에야 권력을 잡을 생각을 했다. 그녀는 그들과 마찬가지로 투르크인이었으며 권력에 익숙했다. 남편이 살아 있는 동안 그녀는 고위층에서 돌아가는 일, 특히 군대 내부의 일에 적극적인 관심을 보였다. 군대는 술탄 사후 몇 시간 만에 그녀가 내린 첫 결정에 감명을 받았다. 맘룩 군대에게 또 다른 승리를 보장하는 결정이었다.

첫 번째로 샤자라트 알-두르는 군대 지휘관들과 협상을 하여 남편의 죽음을 비밀에 부쳤다. 그녀에 따르면 모든 정치적 동요의 위험을 피하기 위한 필요조건이었다. 그리고 나서 그녀는 그들과 함께 가장 시급한 문제인 프랑스군을 퇴치하는 일을 어떻게 처리할지 계획했다. 프랑스군은 생 루이 왕 치하에서 647/1259년부터 649/1260년까지 이집트를 포위하고 있었다. 십자군을 격퇴하고 그들의 왕을 구금하는 승리를

5 Al-Mansuri, *Kitab al-tuhfa al-mulukiyya fi al-dawla al-Turqiyya*(Beirut and Cairo: Dar al-Misriyya al-Lubnaniyya, 1987). 저자는 헤즈라 725년(14세기)에 사망했다. 다음 역시 참조할 것. Hanbali, *Shazarat*(위의 ch. 1 n. 31 참조), vol. 5, pp. 267ff.

6 맘룩에 대해서는 다음을 참조할 것. *Encyclopedia of Islam*, 2nd edn(Leiden: E. J. Brill, 1960), article on 'Mamluks'; S. Lane-Poole, *The Mohammadan Dynasties: Chronological and Genealogical Tables with Historical Introductions*(London: Constable, 1894), 이집트의 맘룩은 p. 80에, 델리의 맘룩은 p. 299에 나와 있다; Ahmad al-Sa'id Sulayman, *Tarikh al-duwal al-Islamiyya wa mu'jam al-usar al-hakima*(Cairo: Dar al-Ma'arif, 1969), 이집트의 맘룩은 eogotjss p. 161에 나와 있다.

거머쥔 후 샤자라트 알-두르는 승계 문제로 관심을 돌렸다. 그녀의 남편에게는 그의 사망 시 카이로에 없었던 아들 투란 샤가 있었다. 그녀는 그에게 사자를 보내 궁전과 전장에서 일어나는 일에 대해 조언하고 카이로로 돌아오기를 요청했다. 투란 샤가 돌아오자 그녀는 그에게 권력을 넘겼다. 하지만 투란 샤는 군사를 이끌 인물이 못되었다. 그는 관료들을 소외시켰고 아버지와는 다르게 그들의 존경을 얻지 못했다. 아유브조의 왕 투란 샤와 투르크 관료들 사이의 갈등이 깊어졌고, 관료들은 그의 암살을 계획하고 실행했다(648/1250년). 맘룩들이 샤자라트 알-두르를 왕좌에 앉히기로 한 것은 그 이후였다.

하지만 왕좌에 앉게 되자, 그녀는 자신을 인정하지 않으려고 하는 압바스조 칼리프의 반대에 부딪혔다. 이 때문에 군대는 자신들의 결정을 재고하고 여왕에 대한 지지를 철회했다. 이집트의 바흐리 맘룩들은 마침내, 계속 다른 이들을 섬기기보다는 권력을 취하고 직접 왕조를 세우기로 했다. 그러려면 무엇보다도 바그다드에 있는 칼리프의 축복이 필요했다. 그래서 그들은 샤자라트 알-두르를 존경했음에도 몇 달 후 그녀를 폐위시켰다. 하지만 노예였던 그녀가 하렘의 정치 게임에서 승리하고 야유브 왕조의 궁전에서 총애받는 자리에 오르기까지의 집요함을 과소평가해서는 안 될 것이다. 샤자라트 알-두르는 이집트의 술탄 자리의 적임자로 군대가 칼리프에게 보낼 사령관의 이름을 알게 되자마자 그와 결혼하기로 했다. 그는 이즈 알-딘 아이박이라는 이름을 가졌으며, 맘룩 사령관 중에서 가장 강력했다. 군대는 그를 신뢰했고 칼리프는 그를 승인했다. 샤자라트 알-두르는 그와 결혼했고, 다시 한 번 정치 무대에서 자신의 방식을 몰아붙이는 데 성공했다. 하지만 그녀의 노력에도 불구하고 저항이 일었다.[7] 그녀의 주된 관심은 하렘의 어두운 그늘 속으로 다시 돌아가지 않는 것이었다. 여성의 장소에서 익명으로 돌아가지 않기 위해 그녀는 카이로의 모든 모스크에서 쿠트바가 그녀와 남편의 이름으로 반포되도록 했다.[8] 주화는 두 명의 통치자 이름으로 주조되도록 했으며, 어떤 공식 문서도 두 개의 서명 없이는 궁 밖을 나갈 수 없게 했다.[9]

맘룩이라는 단어는 아랍어 단어 '말라카malaka'(소유하다)에서 왔으며 소유된 것, 즉 노예를 의미한다. 맘룩들은 노예를 의미하는 또 다른 아랍어이면서 검은 피부의 노예들에게 보통 쓰이는 '압드abd'에 대조적으로 흰 피부의 노예들이었다. 맘룩들은 아시아 스텝 지역에서 온 투르크인들로 노예상인들에게 잡혀서 술탄들에게 팔려왔다. 엄격한 군사 교육을 거친 후 그들은 대체로 해방되어 왕실의 군사 카스트에 편입되었다. 카이로는 시타델의 열두 군데 막사에 있는 군사 학교로 유명해졌다. 관료들은 자신이 훈련을 받았던 막사의 이름을 자기 이름에 붙이곤 했다. 그들은 군사 교육과 함께 매우 포괄적인 종교 교육을 받으면서 경력상의 성공과 이슬람 수호 사이에서 정체성을 키워갔다. 환관들은 훈

---

7 샤자라트 알–두르는 가장 잘 알려진 술타나이다. 역사가들은 결코 그녀를 등한시하지 않았다. 그녀의 전기는 다음을 참조할 것. 'Umar Kahhala, *A'lam al-nisa' fi 'almay al-'Arabi wa al-Islami*(Beirut: Mu'assasa al-Risala, 1982); Zarkali, *A'lam*(위의 ch. 1 n. 32 참조); Zaynab Fawwaz al-'Amili, *Al-durr al-manthur fi tabaqat rabbat al-khudur*(Bulaq: Al-Matba'a al-Kubra, 1985); 'Abdallah Inan, *Tarajim, Islamiyya sharkiyya wa andalusiyya*(Cairo: Dar al-Ma'arif, 1947), p. 61; 'Ali Ibrahim Hasan, *Nisa' lahunna fi al-tarikh al-Islami nasib*(Cairo: Maktaba al-Nahda al-Misriyya, 1970), p. 115; 'Amri, *Rawda*; Uçok Un, *Al-nisa' al-hakimat*, p. 46.

8 Mansuri, *Kitab al-tuhfa*, p. 28.

9 Ibid.

련생들 교육에서 중요한 역할을 담당하였으며, 그들의 임무 중 하나는 '젊은이들과 성인 맘룩들 사이에 남색이 일어나지 않도록 완충역'을 하는 것이었다.[10] 맘룩들은 수습기간이 끝나면 노예 신분에서 풀려나서 군대 위계의 요직에 임명되었고, 술탄 앞에 서는 예식을 통해 무슬림 세계에서 가장 강력한 귀족 중 하나인 군사 엘리트로 들어오는 것이 확정되었다.[11] 삶이 고달프고 대개는 가난한 운명을 지고 태어난 스텝 지역의 젊은 투르크인들에게 맘룩은 천국의 선물처럼 열망하는 직업이었으며, 특정한 기준을 통과한 자들만이 거머쥐는 것이었다. 맘룩이 되기 위한 조건은 다음과 같았다.

맘룩은 살갗이 희어야 하고, (대부분은) 이슬람 땅의 북부와 북동부로 뻗은 지역의 거주자로서, 이교도로 태어나서 어린아이나 소년일 때(될 수 있으면 사춘기 나이에) 맘룩 술탄 밑으로 데려온 자이며, 군사 귀족의 구성원인 후원자에 의해 구매되고, 양육되고, 해방된 자여야 한다.[12]

신병들이 이교도 출신이어야 했던 이유는 원칙적으로 무슬림은 노예가 될 수 없기 때문이다.[13] 이 자격 요건 탓에 이슬람화된 부모를 둔 아시아 스텝 지역의 많은 어린 소년들이 배제되었다. 그래서 부모들은 종

10 *Encyclopedia of Islam*, article on 'Mamluks'; 또한 Maqrizi, *Khitat*, vol. 2.

11 *Encyclopedia of Islam*, article on 'Mamluks.'

12 Ibid.

13 Ibid.

종 이 사실을 숨기기 위해 거짓말을 하곤 했다. 신 앞에서 모두가 평등함을 강조하는 이슬람을 투르크 노예들은 그대로 믿었고 이를 철저하게 적용했다. 그들은 이슬람을 십자군과 몽골을 포함한 적에 맞서 보호했다. 하지만 이를 위해 스스로 편안하게 왕좌에 앉고서 위대하고 강력한 인물들에게 돌아가는 모든 칭호를 자청했다. 샤자라트 알-두르의 두 번째 남편인 사령관 이즈 알-딘 아이박의 경우는 맘룩 관료가 이집트 군대를 내세워서 자신이 술탄임을 선언한 것이다. 이는 많은 지역에서 왕실과 제국을 뒤흔든 이 정치적 혁명을 잘 보여주는 사례이다. 라디야가 그 몇십 년 전 델리에서 권력을 잡았던 것은 인도의 맘룩 군대에 뒤이은 것이다.

라디야는 상당히 다른 환경에서 권력의 사다리를 올랐다. 샤자라트 알-두르와는 달리, 그녀는 노예가 아닌 술탄의 딸이었다. 그녀의 아버지는 노예로 인도에 왔지만 엄격한 카스트 제도 내에 있던 인도에서 술탄으로까지 부상했다. 이는 이슬람을 위한 훌륭한 선전으로 쓰였다. 이슬람은 민주적인 종교, 위계제를 부수는 종교, 능력만 있다면 노예가 주인을 쓰러뜨리고 지배자의 자리를 차지할 수 있게 허락한 종교로 부상했다. 일투트미시는 가즈나 술탄들의 사령관의 노예로 델리에 오게 되었는데, 인도 영토에 이슬람적 기준을 심는 데에 모든 힘을 쏟아 부었다. 그의 성공이 너무 빨라서 술탄 꾸틉 알-딘 아이박은 그의 용감함에 감명을 받고 그를 자신의 딸과 결혼시켰다. 아이박이 607/1211년 죽자, 일투트미시는 권력을 잡고 스스로 가즈나 주인들로부터 해방을 선포했다. 그는 역사 속에서 인도 지역에 무슬림 국가를 세운 위대한

노예 왕 중 하나로 탄탄하게 자리 잡고 있다.[14]

일단 세속적 권력은 잡았으나 정통성의 문제는 여전히 남아있었다. 무슬림 민주주의에는 한계가 있다. 술탄이 되려면 노예는 주인에 의해 해방되어야 했다.[15] 울라마가 일투트미시에게 요구한 것이 그것이었다. 이븐 바투타는 주인이 죽은 후 일투트미시가 자신이 자유임을 선언하는 서류를 펼쳐 보이는 장면을 묘사하고 있다. 그 서류가 없었다면 그는 합법적으로 권력을 잡는 자리에 오를 수 없었을 것이었다.

당시의 수석법관인 와지훗 딘 알-카싸니를 위시한 법학자들이 예궐(詣闕)하여 술탄의 앞에 자리하였다. 관례대로 수석법관은 술탄의 곁에 앉았다. 술탄은 그들이 무엇을 하려고 하는지를 짐작하고 있었다. 그래서 그는 깔고 앉은 주단의 한 귀퉁이를 슬며시 들더니 인정서(認定書)를 꺼냈다. 인정서 내용인즉, 그를 노예신분에서 해방시킨다는 것이다. 수석법관과 법학자들은 그 인정서를 읽고 나서 일제히 그에 대한 충성을 서약하였다. 이로써 그는 공식적으로 왕위에 즉위하게 되었다. 그의 치세는 20년간이나 지속되었다.[16]

14 Muhammad Yusuf al-Najrami, *Al-'alaqa al-siyasiyya wa thaqafiyya bayna al-Hind wa al-khilafa al-'Abbasiyya*(Beirut: Dar al-Fikr, 1979), pp. 122ff; 그리고 *Encyclopedia of Islam*, article on 'Iltutmish.'

15 우리는 군사 학교와 의례, 상징을 지닌 채 군사 카스트로 조직되었던 이집트의 맘룩들 사이에서, 노예 신분 청산이 그 과정을 완결함과 동시에 이루어졌다는 것을 살펴보았다. 분명 맘룩들은 노예 해방에 관해 다른 집단들과는 구별되는 규율이 있었다.

16 *The Rehla of Ibn Battuta*(위의 ch. 1, no. 10 참조), p. 33. [이븐 바투타, 정수일 번역(2001), 이븐 바투타 여행기 2권, 창비, 10장 델리와 그 역사. 3. 델리 정복과 술탄 샴쑷딘 랄마쉬와 그 자손들의 델리 통치사, pp. 50-1-옮긴이]]

이러한 광경이 델리의 불가촉천민들과 하위 카스트의 모든 사람에게 미쳤을 영향은 쉽게 상상해 볼 수 있다.

맘룩들은 순니였기 때문에 여전히 압바스조 칼리프의 승인을 얻을 필요가 있었다. 626/1229년에 일투트미시는 바그다드의 칼리프 알-무스탄시르에게 공식 요청을 보내 술탄으로서의 인정을 요구했다. 칼리프는 사절단을 보내 응답하였으며 이는 델리에서 성대하게 환영받았고 그는 공식적으로 인도의 술탄으로 책봉되었다. 일투트미시는 주화를 찍었으며 그 위에는 바그다드의 순니 칼리프에 대한 그의 충성이 인가받았고 축복받았다는 것이 다음과 같이 새겨졌다. '나시르 아미르 알-무으미닌Nasir amir al-mu'minin'(신자들의 영도자에게 영광을 가져오는 자). 이 충성으로 인해 이스마일파가 그에 대한 암살 시도를 하게 되었다. 이스마일파는 당시 인도에서 매우 활동적이었으며 동요를 일으키는 것으로 유명했던 시아 분파였다. 그들은 일투트미시가 모스크에서 기도를 이끄는 도중에 암살하려고 했다. 그들의 암살 시도는 실패로 돌아갔다. 전보다 더 순니가 된 일투트미시는 훨씬 더 많은 영토를 정복했으며 주변에 푸까하(종교 학자들)와 울라마들을 두었다. 그는 26년 동안 통치한 후, 영광에 가득한 채 633/1236년에 델리에서 자연사했다.[17] 그는 자식이 셋이었지만 라디야를 추정 상속인으로 택했다. 일투트미시의 자식들이 같은 어머니 태생이 아니었다는 사실로 승계가 복잡해졌다. 두 명의 이복형제들과 이복 누이 사이의 적의는, 하렘 안의 어머니들에게서 나온 음모들 때문에 더욱 커졌다. 이복형제들 중 한 명인 루큰 알-딘은

17 Ibid.

아버지가 라디야를 추정 상속인으로 선택한 것에 결사반대했으며 권력에 거의 미쳐 있었다. 라디야와 다른 이복형제에 대한 증오는 그의 아버지 사후 공공연하게 터져 나왔다. 그는 라디야와 전투를 벌이고 또다른 이복형제를 살해했다.

자신의 능력으로 그 지위에 오른 노예인 일투트미시는 여성의 가치를 인정하는 데 아무런 문제도 느끼지 않았다. 그가 보기에는 공덕과 정의는 한 가지였다. 이것은 그가 이슬람을 이해하는 데 핵심적인 요소였다. 매우 독실했던 그는 성별의 차이를 포함해 다른 어떤 것도 중요하게 생각하지 않았다. 루큰 알-딘의 유약한 성격에 비했을 때 라디야의 재능은 그녀를 명백한 계승자로 점찍을 만한 것이었다. 일투트미시는 그의 선택을 놀라워하는 측근의 아미르들에게 설명의 필요성을 느꼈고, 짧지만 놀라운 대답을 했다. '내 아들들은 통치할 능력이 없으며 그러한 이유로 난 내 딸이 내 뒤를 이어 통치하게 하도록 결정했다.'[18]

그럼에도 불구하고 일투트미시의 사후 왕자들과 재상들은 그녀의 이복형제인 루큰 알-딘을 내세워 라디야를 몰아내려고 했다. 루큰 알-딘은 우선 라디야를 협박하여 하렘의 망각 속으로 돌려보내기 위해, 그녀의 다른 형제를 죽여서 권력을 잡으려고 했다. 하지만 그가 매우 놀랄 일이 일어났다. 라디야는 베일 뒤에 숨지 않았다. 그뿐만 아니라 자신의 아버지가 불의에 맞서기 위해 고안했던 전략을 사용했고, 델리의 사람들에게 직접 호소함으로써 다시 권력을 가졌다.

---

18 Najrami가 *Al-'alaqa al-siyasiyya*, p. 125에서 인용한 Ishwary Prashad, *Medieval History of India*, 88.

인도 사람들은 모두가 흰옷을 입지만, 피해자는 색깔 옷을 입도록 하였다. 그는 사람들 앞에 앉아 있거나 말을 타고 다니다가 색깔 옷을 입은 사람만 보면 즉시 안건을 재량(裁量)하여 가해 사실을 가려냄으로써 공정하게 처리하곤 하였다.[19]

그리고 정의의 집행을 서두르고, 억압받는 자들이 도움을 요청할 수 있도록 그는 궁전에 종을 설치하게 했다.

그래서 그는 궁전 문앞 두 개의 성루(城樓)가 있는 곳에 대리석 사자를 각각 하나씩 만들어놓도록 하였다. 사자 목에는 큰 종이 달린 쇠사슬을 걸어놓았다. 피해자가 한밤중이라도 와서 그 종을 흔들면 술탄은 종소리를 듣는 즉시 사건을 재량하여 처리해준다.[20]

라디야는 자신의 아버지가 세우고 사람들에게 익숙했던 관습의 힘을 빌릴 만한 영민함이 있었다. 그녀 자신이 불의의 희생자로서 색깔 옷을 입고 사람들 사이로 나가 고발 내용을 공포했다. 그녀는 죽은 이복형제의 복수를 하고, 이제는 그녀까지 죽이겠다고 협박하는 루큰 알-딘을 폐위시킬 수 있게 도와달라고 요청했다. 그녀는 자신의 행동을 최대한 널리 알리기 위해서 금요일에 신자들이 모스크에 모여들기를 기다렸다가 계획을 실행에 옮겼다. 루큰 알-딘이 예배가 일어나고 있는 인접한

19 *Rehla of Ibn Battuta*, p. 33. (전게서 p. 51-옮긴이)

20 Ibid.

모스크에 가기 위해 궁전에서 모습을 드러내자, 라디야는 희생자들이 입는 색깔 옷을 입고 발코니에 올라 입을 열었다.

그녀는 군대('안나스an-nas') 앞에 모습을 드러내었다. 그는 평대 꼭대기에서 사람들을 향해 "나의 오빠는 그의 동생을 죽였고, 그는 지금 나까지 죽이려 하고 있다"고 외쳤다. 그리고 그들에게 선친의 재세(在世)와 선정 그리고 그들에 대한 선행 등에 관해 역설하였다. 그러자 격분한 청중은 사원 안에 있는 술탄 루크눗 딘에게 몰려가 붙잡아서는 그녀에게로 데려왔다. 그녀가 사람들에게 "살인자는 죽여야 마땅하다"고 한마디 하자, 그들은 동생 무앗줏 딘의 원수를 갚는다고 술탄을 죽여버렸다. 루크눗 딘이 살해되자 군인들은 그의 여동생인 라뒤야가 계위하는 데 의견을 같이하고 그녀를 여왕으로 옹위하였다.[21]

라디야에 관한 가장 오래된 출처 중 하나인 이븐 바투타에 따르면, 그녀가 권력을 잡은 뒤 첫 번째로 한 일은 베일을 벗는 것이었다. '그녀는 4년 동안 절대 군주로서 통치했다. 그녀는 남성들처럼 활과 화살통을 차고 말을 탔으며, 자신의 얼굴을 가리지 않았다.'[22] 다른 출처들에서는 그녀가 '머리를 짧게 자르고 남성처럼 옷을 입었으며, 그렇게 왕좌에 올랐다'고 전하고 있다.[23] 이들이 말하길, 그녀가 남성처럼 입기로 한

---

21 Ibid., p. 34. (선계서 p. 52. 생략된 부분; 선왕 샴쑷딘의 막내아들인 니쉬룻 딘은 아직 나이가 어려서 라뒤야가 계위하기로 합의하였다.-옮긴이)

22 Ibid. (전계서-옮긴이)

23 Uçok Un, *Al-nisa'al-hakimat*, p. 36.

것은 군사 행동을 이끌기 위해서만이 아니라 민중들과 접촉하기 위해서였다. '그녀는 남자처럼 옷을 입고서 수끄[시장]에 걸어 들어왔고, 우리들 사이에 앉아서 우리의 불만에 귀를 기울였다.'[24] 어쨌든 라디야는 매우 유능하게 자신의 의무를 수행했고 모든 역사가가 그녀를 훌륭한 행정가로 판단했다. 유일하게 한 가지만이 그녀의 발목을 잡았다. 그녀는 자신보다 낮은 사람과 사랑에 빠졌던 것이다. 이 사랑 이야기로 인해 그녀는 훌륭한 인도 영화들에서 그렇듯이 예기치 못한 영향으로 말미암아 몰락하게 된다.

혼기를 놓친 미혼의 여왕 라디야는 그녀의 마필 관리관(시종 무관-옮긴이) 중 한 명인 자말 알-딘 야꾸트의 능력을 아주 높게 평가하였다. 그녀는 다른 사람들이 보기에 너무 빨리 그를 승진시켰다. 이 때문에 사람들은 그녀가 사랑에 빠진 것이 아닌지 의심했다. 야꾸트의 칭호는 '말들의 아미르(아미르 알-카일amir al-khayl)'였다. 그녀는 너무 성급히 그를 '아미르들의 아미르(아미르 알-우마라amir al-umara)'로 임명했고, 아미르들은 자신들이 말 대신에 그의 지휘를 받게 된 것을 달가워하지 않았다. 분노한 아미르들은 '그를 염탐하여 고속 승진의 이유를 캐기 시작했고, 그녀가 자말 알-딘과 동석하는 것을 매우 즐기며 종종 그에게 수행할 임무를 내린다는 것을 알게 되었다.'[25] 심지어 그들은 술타나와 그녀의 마필 관리관의 사소한 몸짓 하나까지도 염탐하기 시작했고 어느 날 그녀가 말에 오를 때 그가 충격적으로 친밀한 몸짓을 하는 것을 보

---

24 Najrami, *Al-'alaqa al-siyasiyya*, p. 125.

25 Kahhala, *A'lam al-nisa'*, vol. 1, p. 448; Najrami, *Al-'alaqa al-siyasiyya*, p. 125.

았다. '그는 그녀의 겨드랑이 아래에 손을 넣어 그녀가 말에 오를 수 있게 들어 올렸다.'[26] '여성들의 기둥, 시대의 여왕'인 술타나 라디야가 윤리적인 행동을 위반했으며 노예가 자신의 몸에 손을 대게 했다는 이 보고는 도시 전체에 퍼졌다. 그녀의 적들은 목표를 달성했다. '그녀는 자신의 아비시안(에티오피아 지역-옮긴이) 노예와 접촉했다는 혐의를 받았다. 군대(안나스)는 그녀를 폐위하고 결혼시키기로 했다.'[27] 이슬람이 있었지만, 인도의 카스트 제도가 이겼다. 종교 지도자들과 왕자들은 그녀에 대항하여 단결했고, 군대는 총독 이크티야르 알-딘 알-투니야를 앞세워 일어났다. 라디야는 포위를 피해 군대를 이끌고 델리를 떠나 알-투니야에 대항해 전투를 벌였다. 하지만 그녀는 전투에서 패배했고 그의 포로가 되었다. 그러고 나서 사건들이 예기치 않은 방향으로 틀어졌다. 알-투니야가 자신의 포로와 사랑에 빠진 것이다. 그는 그녀를 풀어주고 그녀와 결혼하였으며 사랑하는 사람에게 왕좌를 되찾아 주기 위해 대 군사를 거느리고 그녀와 함께 델리를 재정복하는 길에 올랐다.[28] 하지만 그녀는 이미 운명의 희생자로 정해져 있었다. 그녀와 그녀의 남편은 전투에서 패배했다. 그들의 군대는 완패했으며 라디야는 피신했다. 이븐 바투타는 아라비안나이트의 이야기처럼 읽히는 라디야의 마지막을 묘사하고 있다.

---

26 Kahhala, *A'lam al-nisa'*, vol. 1, p. 450.

27 *Rehla of Ibn Battuta*, p. 34.

28 Ibn Battuta, *Rihla*(Beirut: Dar Beirut, 1985), p. 423; 프랑스어본(ch. 1 n. 10 참조), p. 371.

양군의 전투에서 라뒤야군이 고배를 마시자 그녀는 줄행랑을 쳤다. 그녀는 허기지고 지친 나머지 밭농사를 하는 한 농부의 집에 찾아가서 먹을 것을 좀 달라고 애걸하였다. 주는 빵 한 조각을 받아먹고 나서 졸음이 와 잠이 들어버렸다. 그녀는 남장을 하고 있었다. 그녀가 막 잠을 청하고 있을 때 농부는 그녀가 옷 밑에 상감(보석으로 장식─옮긴이)한 겉옷을 껴입고 있는 것을 발견하였다. 농부는 그가 여성임을 알아차리고 살해한 다음 옷가지는 빼앗고 타고 온 말은 쫓아버렸다. 그리고 시체는 파묻었다. 얼마 후 농부는 그녀의 의상 한 벌을 들고 가서 팔려고 하였다. 시장 사람들이 미심쩍게 여기고 그를 치안관인 경찰('쉬흐나shihna', 즉결심판소 판사)에게로 끌고 갔다. 경찰이 매를 안기자 라뒤야를 살해했다고 자백하고 파묻은 곳까지 안내하였다. 사람들은 그녀의 시체를 꺼내 세정을 하고 염까지 한 후 그곳에 다시 매장하고는 돔 하나를 지었다.[29]

이븐 바투타는 그가 14세기에 여행하던 당시 사람들이 그녀를 성인으로 섬기고 있었다는 것으로 끝맺고 있다. '…매장하고는 돔 하나를 지었다. 지금 그녀의 묘소는 참배 대상이며 참배객들은 영복을 기원하고 있다. 묘소는 1파르싸흐 떨어진 야무나 강[줌너강]이라는 큰 강가에 있다.'[30] 라디야의 비극적인 결말은 십 년 후 그녀의 발자취를 따를 또 한 명의 맘룩 여왕의 결말을 암시해준다.

29 *Rehla of Ibn Battuta*, p. 35. (전게서 pp. 52-3─옮긴이)
30 Ibid. (전게서─옮긴이)

샤자라트 알-두르 또한 비극적인 결말을 맞았지만, 그녀는 라디야처럼 결백하지는 않았다. 그녀는 사랑의 열정으로 질투심에 불타 살인자가 되었던 것이다. 그녀에게 사랑과 일부일처제는 함께 가는 것이었지만, 그녀의 두 번째 남편이며 군사 독재자였던 이즈 알-딘 아이박은 그렇지 않았다. 그녀는 결혼하면서 그에게 왕국을 넘겼다. 이즈 알-딘은 전 부인인 움 알리와 이혼했다.[31] 그가 샤자라트 알-두르와 혼인한 것은 단순히 정치적인 계약만은 아니었다. 다른 것이 더 있었으며 바로 그것은 사랑이었다. 샤자라트 알-두르에게 사랑이란 정절을 요구하는 것이었다. 그녀는 첫 남편 말릭 알-살리흐의 총애를 받았을 때도 그에게 정절을 요구했었다. 샤자라트 알-두르는 비범한 아름다움과 대단한 지성을 갖추었다. 그녀는 '두뇌가 영민했고 왕국의 국사를 매우 효율적으로 이해했다.'[32] 그녀는 어마어마한 양의 책을 읽었고 글도 썼다.[33] 그녀는 맘룩으로 태어났고 자신과 같은 투르크 노예였던 새 남편이, 모술의 아타벡(셀주크, 맘룩, 오스만 제국에서 군사력을 가진 제후를 뜻하나, 때로는 섭정의 의미로도 쓰인다.-옮긴이) 바드르 알-딘 룰루의 딸과 결혼하려는 것을 알고 충격을 받았다. 모욕당하고 질투에 눈이 먼 그녀는 그를 죽이겠다고 결심하고 아주 정교한 계획을 세웠다. 그녀는 그가 터키탕인 '함맘'에 들르는 쾌락의 시간을 선택했다. 1257년 4월 12일(633년 네 번째 달 23일)이었다. '이즈 알-딘 아이박이 함맘에 들어서자 샤라자

---

31 Zarkali, *A'lam*, vol. 4, p. 142.

32 여기 사용된 모든 전기는 그녀의 미모와 지적인 능력을 칭송한다. 인용구는 Zarkali, *A'lam*.

33 Ibid.

트 알-두르는 계획한 대로 자와리와 하인들에게 지시를 내렸다. 그들은 그를 둘러싸고 탕 안에 있는 그를 죽였다.'[34] 아이박이 살해당하자 군대는 동요에 빠졌다. 일부는 샤자라트 알-두르에게 계속 충성했으나 그녀는 부르즈 알-아흐마르[델리의 붉은 성(Red fort)]에 끌려와서 같은 해 살해됐다. 반쯤 벗겨진 그녀의 시체는 절벽 밑으로 던져졌다. 그것은 거기에 '매장되기 전까지 며칠 동안' 버려져 있었다.[35] 지금도 카이로에 있는 샤자라트 알-두르의 무덤을 방문할 수 있다. 그녀는 그녀가 설립했고 오늘날 '자미아 샤자라트 알-두르Jami' Shajarat al-Durr', 즉 샤자라트 알-두르의 모스크로 알려진 학교의 뜰에 묻혔다. 시간이 좀 있는 관람객이라면 그녀의 통치와 그 위대함을 되새겨주는 모스크의 돔 위의 문구를 읽어볼 수도 있다. 거기에는 그녀가 그렇게나 아꼈던 칭호도 볼 수 있다. '이스마트 알-둔야 와 알-딘Ismat al-dunya wa al-din'(세속적 세상과 신앙의 축복받은 자).[36]

귀족인 첫 남편과 권력을 공유하는 데 성공했고, 칼리프의 승인과 남편 없이 공식적으로 80일간 통치했으며, 그 후 겉보기에는 사랑과 권력을 잘 조화시켰던 여성 샤자라트 알-두르의 정치 활동은 그렇게 끝이 났다. 그녀와 계급과 출신이 같았던 두 번째 남편은 그녀와 왕국을 함께 지배했으며 그녀의 이름은 금요일 기도 예배에서 그의 이름과 나란히 울려 퍼졌다. 하지만 마침내 그녀는 질투의 악마에 굴복했다. 샤자

---

34 'Amri, *Rawda*, p. 387.

35 Inan이 *Tarajim Islamiyya*, p. 92에서 인용한 Maqrizi

36 Ibid.

라트 알-두르와 이즈 알-딘 아이박이 함께 누렸던 행복과 통치는 7년을 갔고, 또 다른 아내를 들이겠다는 그의 결심이 아니었다면 훨씬 더 오래갔을 것이다.[37] 이 이야기는 우리에게 무엇보다도 전제 정치와 일부다처제 사이의 연결고리를 상기시켜 준다. 여성, 특히 노예가 왕좌에 오르게 되자 이 연결고리를 가리고 있던 베일이 벗겨지고 진실이 드러났다. 남성과 여성 사이의 동등한 권력의 공유는 필연적으로 애정 행동의 법칙으로 남성에게 일부일처제를 요구한다는 것이다. 그 둘을 떼어 내고 보더라도, 사랑의 행동과 정치적인 행동은 똑같은 원천으로부터 원칙들을 끌어낸다.

역사가 바흐리예 위초크가 기록했듯이 몽골 침략 이후 상당히 많은 여성이 무슬림 국가들의 왕좌에 올라 쿠트바와 주화 주조라는 통치자의 특혜를 누렸다. 이 일들은 대부분 새로운 주인인 몽골 군주들의 축복 속에 일어났다. 몽골 군주들은 압바스조 칼리프들보다는 여성에게 나라의 통치를 맡기는 데 문제 삼지 않았던 것이 사실이다. 첫째로, 쿠틀루그 칸 왕조에는 두 명의 여왕, 쿠틀루그 카툰(기록에서 투르칸 카툰이라고도 불리는)과 그녀의 딸인 파디샤흐 카툰(때로는 사프와트 알-딘 카툰이라는 이름으로도 나오는)이 있었다.[38] 13세기와 14세기에 쿠틀루그 왕조는 거대한 중앙 사막인 다시테 루트 사막 남서부에 있는 페르시아 지

---

37 Maqrizi, *Khitat*, p. 238.

38 당시 정치판에 투르칸 카툰이라는 이름을 가진 여성들이 많이 있었기 때문에, 나는 혼동을 피하고자 이 투르칸 카툰을 쿠틀루그 카툰이라고 부를 것이다.

방의 키르만을 지배했다.[39]

이 왕조는 몽골 정복의 결과로 생겨났다. 몽골의 통치자인 훌라구는 칭기즈칸의 후손이자 계승자 중 한 명이었으며 자신의 몫으로 페르시아와 메소포타미아를 물려받았다. 이론상으로는 시리아와 이집트도 할당받았다. 하지만 바그다드가 정복하기 쉬웠던 반면, 시리아와 이집트는 맘룩들이 용감하게 저항했다. 657/1260년의 아인 잘루트 전투에서 훌라구의 군대는 패배했다. 이로써 몽골군이 시리아 지역으로 진군하는 길이 막혔으며 이 두 세력 간의 경계선이 영원히 고정되었다.

그 후 바그다드의 거룩한 칼리프제는 훌라구의 일 칸국에 의존하게 되었다. 많은 현지 군사 지휘관들이 몽골 침략을 이용하여 자신들의 권력을 공고히 했다. 바락 하집도 그 중 한 명이었다. 몽골이 키르만을 침략하고 셀주크 왕조를 멸망시켰을 때, 훌라구는 바락 하집에게 통치권을 주었다. 그는 대적할 자가 없는 키르만의 지배자가 되었다. 바락 하집은 그 지역에서의 군사 협조를 하는 대가로 몽골로부터 쿠틀루그 칸이라는 칭호를 받았고, 몽골에게 연간 공물을 바치기로 했다. 619/1222년에 자신의 세력이 군사적으로 자리를 잡게 되자, 그는 필요하다고 느끼는 다른 칭호들을 스스로 붙였다. 그가 상당히 늦게 이슬람으로 개종하고 전성기를 이교도로서 지내긴 했지만, 바그다드의 칼리프는 술탄의 칭호를 내렸다.[40] 바락 하집은 죽으면서 '나스르 알−둔야 와 알−딘Nasr al-dunya wa al-din'(세속적 세상과 신앙의 승리), 쿠틀루그 술

---

39 *Encyclopedia of Islam*, article on 'Kirman.'

40 Ibid., article on 'Kutlugh Khanids.'

탄 등 상당한 수의 아랍 칭호와 몽골 칭호를 계승자들에게 남겼다. 키르만의 왕자들이 계속해서 몽골을 방문하고 혼인관계를 맺으면서 쿠틀루그 칸과 몽골인들의 관계는 공고해졌다. 바락 하집에게는 루큰 알-딘이라는 아들과 네 명의 딸들이 있었다. 딸들 중 한 명이 쿠틀루그 투르칸으로, 그의 사촌인 꾸뜹 알-딘과 결혼했다. 632/1234년에 바락이 죽은 후, 처음에는 그의 아들이 권력을 잡았고 그 뒤를 그의 사촌이자 투르칸의 남편인 꾸뜹 알-딘이 이어서 650/1252년에 왕좌에 올랐다. 655/1257년에 꾸뜹 알-딘이 죽었을 때 그의 아들은 미성년자였다. 키르만의 귀족들은 몽골 왕실에 그의 아내인 쿠틀루그 카툰에게 정권을 위임하도록 요청했다. 그 후 그녀는 681/1282년까지 26년 동안 통치했다.[41] 그녀는 자신의 아들인 하짜즈를 훌라구의 군대에 보내고, 딸 파디샤흐 카툰을 훌라구의 아들인 아바가 칸과 결혼시키면서 영민하게 몽골 왕실의 호의를 유지했다. 이 혼인이 놀라운 이유는 한쪽은 무슬림이고 다른 쪽은 불교도인데다가, 파디샤흐는 '식민지들'의 공주들에게 혼인을 강요했던 몽골을 속이려고 남자아이처럼 길러졌기 때문이었다.[42] 쿠틀구르 칸 왕조는 혼인을 통해 훌라구의 왕실과 동맹을 맺을 의사가 없었다. 그러나 이 경우에는 정치적인 기회주의로 인해 그 반대의 결정이 내려졌다. 쿠틀루그 투르칸은 7년 후인 662/1264년에 자신의 칭호를 공식적으로 확정받고 '이스맛 알-둔야 와 알-딘'이라는 칭호를 가졌

---

41 Ibid.

42 *Encyclopedia of Islam*, article on 'Ilkhans.'

으며 모스크에서 자신의 이름으로 쿠트바가 반포될 권리를 가졌다.[43]

투르칸의 권력이 한창이었을 때, 언제나처럼 왕위 지원자가 전면에 나타나서 승리를 만끽하는 그녀에게 제동을 걸었다. 죽은 남편의 아들, 즉 의붓아들인 슈르가드미슈는 그녀의 왕위 계승을 받아들일 수 없었다. 슈르가드미슈가 왕국 안에서 문제를 일으키고 다니는 바람에, 그녀는 평화를 되찾기 위해 쿠트바에 자신의 이름과 함께 그의 이름을 넣을 수밖에 없었다. 하지만 투르칸은 자신의 최선책인 몽골 왕실과의 관계를 사용했다. 그녀는 '자신의 딸인 파디샤흐 카툰에게 이를 토로했고, 의붓아들이 키르만의 국사에 개입하는 것을 금한다는 칙령yarligh(몽골제국의 칸이 내리는 칙령—옮긴이)을 받았다.'[44] '키르만에 부흥을 가져온' 투르칸 카툰의 통치 말에서야 그녀의 사위인 아바가가 죽으면서 일 칸국과의 관계가 냉각되었다. 그 몇 달 후인 681/1282년에 그녀도 사망했다. 아바가의 형제인 일 칸국의 계승자는 이슬람으로 개종하고 아흐마드 테귀데르라는 이름을 얻었다. 그때까지만 해도 불교도, 네스토리우스 기독교도, 혹은 샤머니즘 신봉자로 무슬림은 없었던 몽골인들은 이에 경악했다. 페르시아를 정복했던 몽골 정복자들이 그들의 문명에 사로잡혀 쉽게 페르시아 관습을 받아들이긴 했지만, 일 칸국의 통치자가 이슬람으로 개종한 일은 왕실과 왕자들에게 여전히 충격이었다. 아흐마드 테귀데르는 오래가지 않았다. 그는 2년 후인 683/1284년에 불교에 대한 신앙이 깊은 아바가의 아들 아르군에 의해 폐위됐다. 짧은 통치기

---

43 Uçok Un, *Al-nisa' al-hakimat*, p. 83; *Encyclopedia of Islam*, article on 'Kutlugh Khanids.'
44 *Encyclopedia of Islam*, article on 'Kirman.'

간 동안 아흐마드 테귀데르는 투르칸 카툰의 의붓아들이자 경쟁자인 슈르가드미슈를 키르만의 왕좌에 앉혔다. 이 때문에 그녀는 최대의 위기를 맞게 되었다. 투르칸은 타브리즈(일 칸국의 수도였던 이란 북서부 지역의 도시—옮긴이)에 있는 몽골 왕실의 수도에 가서 탄원했으나, 아흐마드는 완고했다. 투르칸 카툰은 왕위를 다시 회복하지 못한 채 일 년 후 죽었다.[45] 하지만 몇 년 후 그녀의 딸인 파디샤흐 카툰이 두 번째 결혼을 통해 몽골 왕실에서 입지를 회복하고, 어머니가 잃었던 키르만의 왕좌를 되찾아오면서 복수를 이루어냈다.

파디샤흐 카툰은 아름다운 것에만 만족하지 않았다. 그녀는 재능있는 시인으로 일 칸국의 왕자들을 놀라게 했다. 과부가 된 후 전 남편의 아들 중 한 명이자 690/1291년에 권력을 계승한 일 칸국의 5대 통치자 가이하투와 결혼했을 때는 아무도 놀라지 않았다. 무슬림 샤리아에 따르면 경악할 만한 사건이었던 이 혼인은 몽골 관습에서는 전혀 놀랍지 않았다. 파디샤흐 카툰은 지체하지 않고 새 남편 가이하투에게 사랑의 증표로 키르만의 왕좌를 달라고 요구했다. 가이하투는 그녀의 요구를 수용했고, 파디샤흐 카툰은 수장으로서 키르만에 입성했다. 그녀가 한 첫 번째 일은 이복형제인 슈르가드미슈를 체포하여 감옥에 가둔 것이었다. 그 후 그가 도망치려고 하자 그녀는 그를 목 졸라 죽이게 했다. 이 의좋은 행보 이후에 파디샤흐 카툰은 '사프와트 알-둔야 와 알-딘Safwat al-dunya wa al-din'(세속적 세상과 신앙의 정결)이라는 칭호를 가지고 공식적이며 막강한 쿠블라구 칸 왕조의 6대 통치자가 되었다. 그

---

45 Ibid.; 몽골 왕조에 대해서는 다음 또한 참조할 것. Lane-Poole, *Mohammadan Dynasties*.

녀는 자신의 이름으로 금은화를 주조하게 했다. 이 중 일부는 베를린의 박물관에 남아 있으며 '키칸 파디샤흐 지한 카다완드 알람 파디샤흐 카툰Kikhan Padishah Jihan Khadawand 'Alam Padishah Khatun'이라는 문구가 새겨져 있다.[46] '카다완드 알람'은 '세계의 통치자'라는 의미로, 첫 번째 단어는 '통치자'라는 의미의 투르크어이고 두 번째 단어는 '세계'라는 뜻의 아랍어이다. 주화의 문구에서 흥미로운 점은 그녀가 지상 세계에 대한 통치권을 주장했을 뿐, 여성이든 남성이든 무슬림 통치자에게는 드문 신앙(딘al-din), 즉 내세에 대해서는 언급하지 않았다는 점이다. 그녀는 694/1295년에 남편이 죽고 그 계승자인 바이두가 권력을 잡을 때까지 키르만을 통치했다. 바이두는 그녀의 적들에게 더 귀를 기울였고 여전히 슈르가드미슈의 죽음에 대한 복수를 꾀하던 씨족을 지지했다. 이 씨족은 슈르가드미슈의 아내인 쿠르두디진이 이끌고 있었다. 그녀는 그저 평범한 여성이 아니라 훌라구의 자손으로 몽골 황실 태생의 공주였다. 애도하며 복수심에 찬 그녀는 새로운 지배자인 바이두에게 파디샤흐 카툰을 처형해달라고 요구했다.[47]

이렇게 키르만에서는 몽골의 지지를 업은 한 여왕이 다른 여왕을 계승했다. 다소 보수적인 모로코인 이븐 바투타는 14세기 초에 몽골 제국을 가로질러 여행하면서, 716/1316년에서 736/1335년 사이에 바그다

---

46 Uçok Un, *Alnisa' al-hakimat*, p. 98에서 인용된 Erman, *Zeitschrift für Numismatik*(1880)
47 크게는 쿠틀루그 칸 왕조를, 삭게는 이 두 여왕을 말하고 있는 모든 출처는 위츠크니 the *Encyclopedia of Islam*이나 다음의 같은 책을 언급하고 있다. 716/1316년 Kutb al-Din의 가까운 지인이었던 Khawaja Muntajab al-Din Yazdi의 아들인 Nasir al-Din이 쓴 *Simt al-ula*(manuscript in Paris, BN Persan 1377, fol. 125).

드를 지배했던 일 칸국의 9대 통치자 아부 사이드 베하두르 칸 치하에서, 여성들이 상당히 존중받는 것을 보고는 매우 놀랐다. 이를 통해 그의 고향인 탕헤르에서 여성들이 받는 대우는 다르다는 것을 추측해볼 수 있다. 까디(즉 여성들의 역할을 지배할 수 있는 권한을 가진 종교 지도자)였던 이븐 바투타는 자신의 관찰을 성실하게 기록했다. '투르크인과 타타르인들 사이에서는 부인들이 매우 높은 지위를 누리고 있다. 실제로 그들은 "술탄과 카툰의 명으로"라고 되어 있는 영을 내린다. 카툰들은 각자 몇 개의 도시와 지역을 소유하고 있으며 상당한 수입을 거두고 있다.'[48] 하지만 이븐 바투타가 매료된 것은, 국가 예식에서 통치자가 여성들에게 공개적으로 부여한 특별한 관심과 존중이었다. 그는 탕헤르에서 그러한 것을 본 적이 없었다. 그는 여행 중에 그를 초대한 아부 사이드 베하두르 칸과 동행하여 이를 직접 볼 기회를 가졌다. 그는 '이라크 왕이 출행하고 거처할 때의 의식과 그가 어떻게 이동하고 여행하는지 직접 알아보려 했다.'[49] 그리고 그의 기록대로라면, 여성들은 뒤에 서지 않았다. 그들은 아주 잘 보이는 행렬의 선두에 있었다.

모든 카툰은 장교(帳轎)가 있는 수레를 타고 다니는데, 장교에는 도금한 은박이나 상감한 목판으로 만든 돔이 있다. …카툰의 수레 뒤에는 약 1백 대의 수레가 뒤따르며 …그 뒤에는 낙타나 소가 끄는 약

48 Ibn Battuta, *Travels of Ibn Battuta*(위의 ch. 1 n. 10 참조), vol. 2, p. 340. [이븐 바투타, 정수일 번역(2001), 이븐 바투타 여행기 1권, 창비, 4장 이라크와 페르시아. 7. 바그다드시, p. 336—옮긴이]

49 Ibid., p. 342. [이븐 바투타, 정수일 번역(2001), 이븐 바투타 여행기 1권, 창비, 4장 이라크와 페르시아. 8. 타브리즈와 마우쉴 및 마르딘으로의 여행, p. 340—옮긴이]

3백 대의 차량이 뒤따른다. 이 차량들은 카툰 개인의 재물과 의상, 기구, 식품 등을 실어 나른다.[50]

일행과 동행한 음악가들 사이에서도 카툰의 음악가들이 주도적인 역할을 했다. 마지막 저녁 예배가 끝나면 저마다 손에 초롱을 들고 돌아간다. 이때 술탄이 참석했으면 큰북을 치고, 이어 정실 왕후인 제1 카툰의 북을 치고, 계속해서 다른 카툰들의 북을 친다. 그리곤 재상과 대신들의 북을 한꺼번에 친다.'[51]

샤리아를 아주 잘 알고 있었던 이븐 바투타는 황금 군단으로 유명한 몽골 통치자인 술탄 무함마드 우즈벡 칸(1312-1314년)의 왕실 규약과 예식들에도 감명을 받았다. 그는 독자들이 전반적인 틀을 이해할 수 있도록 먼저 이 통치자의 위대함을 묘사한다. '이 술탄은 전능한 통치력을 가지고 있고, 대단히 강력하며, 위엄이 넘치고, 고귀한 지위를 가졌으며 신의 적들을 이긴 승리자이다. …그는 전 세계의 위대하고 전능한 7대 성왕들 중 한 명이다.'[52] 그는 계속해서 예식의 관중들을 묘사한다.

술탄의 일거수 일투족에는 기묘한 예식이 따른다. 그는 '금 돔'에 앉아 있다. 화려하게 장식된 이 돔은 금박을 씌운 나무기둥으로 지었

50 Ibid., pp. 485-6. [이븐 바투타, 정수일 번역(2001), 이븐 바투타 여행기 1권, 창비. 7장 우즈베크 지방과 동유럽. 8. 술탄 무함마드 우즈베크와 그의 가족, p. 480-옮긴이]

51 Ibid., pp. 343-4. (번역문은 이븐 바투타 여행기 1권, 정수일 역, p. 340를 수정-옮긴이)

52 Ibid., pp. 482-3. [이븐 바투타, 정수일 번역(2001), 이븐 바투타 여행기 1권, 창비. 7장 우즈베크 지방과 동유럽. 8. 술탄 무함마드 우즈베크와 그의 가족, p. 478-옮긴이]

다. 한가운데는 은박을 씌운 용상이 있다. 용상의 네 발은 순은으로 만들고 그 발머리는 보석을 상감하였다. 술탄이 용상에 앉으면 그 오른쪽에는 카툰 톼이투글라와 카툰 카브크가 차례로 앉는다. 그의 왼쪽에는 카툰 빌룬과 카툰 아르다자가 차례로 앉는다. 용상 아래쪽 오른편에는 장남 틴 베크가, 왼쪽에는 차남 잔 베크가 서 있다. 그리고 용상 앞에는 딸 아이트 캇자크가 앉아 있다.[53]

금요 예배에서 카툰들을 그렇게 돋보이는 자리에 앉게 하는 것 자체가 순니인 사람의 눈에는 매우 놀라운 일이었다. 그러나 전 세계에서 가장 강력한 이 왕은, 그들 한 명 한 명이 들어올 때마다 일어선다. 충격을 받은 이븐 바투타는 주의 깊게 그 세세한 내용을 기록한다. 카툰이 올 때마다 술탄은 일어나서 그녀의 손을 잡아 용상에 오르도록 한다. …이 모든 행사는 사람들이 보는 앞에서 공공연히 진행되며 아무도 베일을 쓰지 않았다.'[54] 이븐 바투타는 몽골인들이 이 종교의식에서 얼굴을 드러낸 채 곁에 두는 이 여성들에게 보이는 존중과 배려에 너무도 놀란 나머지 자신의 책에서 몇 문단들을 그들에게 할애하고 있다. '카툰들과 그들의 의식', '제1 카툰(왕후—옮긴이)에 관하여', '왕후 다음의 두 번째 카툰에 관하여', 그리고 세 번째와 네 번째 카툰들에 대한 설명으

---

53 Ibid., p. 483. (번역문은 전게서 p. 479를 수정—옮긴이)

54 Ibid. 말해야 할 것이 있다. 나와 같은 아랍인 여성들은 서구 남성들이 손에 입을 맞추면 불편한 기분과 떨리는 기쁨을 함께 느낀다. 나는 아버지부터 삼촌까지 남성들의 손에 입을 맞추도록 훈련되었기 때문이다. 지금까지도 내 손위 사촌은 장난스럽게 손등을 내밀면서 나를 전통적인 위치에 놓곤 한다. (번역문은 이븐 바투타 여행기 1권, 정수일 역, p. 479를 수정—옮긴이)

로 끝맺는다.[55]

이븐 바투타가 몽골인들 사이의 남녀 관계와 아랍인인 자신이 잘 알고 있는 순니 전통에서의 남녀 관계의 차이를 강조한 것은 당연했다. 몽골인들은 이슬람화 되었지만 여성들에 관한 문제에서 물러설 정도까지는 아니었다. 불운한 아흐마드가 왕좌를 대가로 치러야 했던, 몽골 통치자의 이슬람 개종이라는 용납되지 않던 개념은, 그의 네 번째 승계자인 7대 통치자 가잔(694/1295년~703/1304년)부터는 흔한 일이 되었다.[56] 그리고 그는 순니 이슬람을 포용하면서도 압박에 저항했다. 그래서 그의 개종은 '여성들의 공적인 지위를 존중하는 것 등의 옛 몽골 전통들을 완전히 억압하지 않았다.'[57] 분명 많은 여왕과 공주들은 지금까지 아랍 이슬람의 정치사에서는 볼 수 없던 이 선의를 이용하는 법을 알았다.

파디샤흐 카툰의 방법, 즉 일 칸국의 군주와의 결혼을 통해 왕위에 오른 세 번째 여왕은 아비시 카툰으로, 662/1263년에서 686/1287년까지 사반세기 동안 페르시아 지역을 다스렸다. 그녀는 아타벡이 다스리던 페르시아 왕조의 9대 통치자였다. 이 왕조는 이란으로 이주했던 투르크멘족의 수장이자 왕조의 설립자인 살구르의 이름을 딴 살구르 왕

---

55 Ibn Battuta, *Travels of Ibn Battuta*, vol. 2, pp. 485-9. [이븐 바투타, 정수일 번역(2001), 이븐 바투타 여행기 1권, 창비, 7장. 우즈베크 지방과 동유럽. 8. 술탄 무함마드 우즈베크와 그의 가족. pp. 480-484-옮긴이]

56 Ahmad 이후에는, Arghun(683/1284~690/1291), Gaykhatu(690/1291~694/1284), 그리고 Baydu (in power during 694-5/1295)가 있었다. 마지막으로 7대 일 칸인 Ghazan이 694/1295년에 권력을 잡았고 스스로 무슬림임을 선언했다.

57 *Encyclopedia of Islam*, article on 'Ilkhans.'

조였다. 살구르 왕조는 543/1148년에서 686/1287년까지 약 한 세기 동안 권력을 쥐었다. 수도는 시라즈로 아비시 카툰은 이 왕조의 마지막 통치자였다. 그녀의 이모인 파디샤흐 카툰과 마찬가지로 그녀는 아주 어린 나이에 결혼했다. 남편인 만쿠 티무르는 훌라구의 아들 중 한 명이었다.[58] 훌라구는 자신의 지배권 안에 있던 페르시아 지역의 상황이 마음에 들지 않았고, 셀주크 샤에 대항하여 군대를 보내 그를 패배시키고 죽였다. 그의 며느리인 아비시 카툰은, 남편과 함께 살고 있던 일 칸국의 수도 우르두에서 고향의 수도인 시라즈로 파견되었다. 그곳에서 그녀는 훌라구의 명령에 따라 엄청난 환영을 받았다.[59] 파디샤흐 카툰의 경우와 마찬가지로, 금요 쿠트바가 아비시 카툰의 이름으로 반포되고 주화에 그녀의 이름이 새겨졌다.[60] 몽골은 지배권을 가진 지역을 공고히 하는 수단으로 동맹관계, 특히 주권 국가들 출신으로 몽골 왕실과 혼인한 공주들을 이용했다. 그래서 일 칸국 왕실과 결혼한 공주이자 지역 국가의 수장들인 이들의 존재는, 이 국가들의 모든 왕조 가문 관계에서 나타나는 전통이었다. 이는 여성들의 이름이 드러나지 않는 압바스조 치하에서는 상상도 못 할 일이었다.

마찬가지의 상황에서 권력을 잡은 네 번째 여성은 다울랏 카툰으로, 591/1195년부터 거의 4세기 동안 루리스탄 지역을 지배했던 바니 쿠르시 왕조의 14대 통치자였다. 루리스탄 지역은 페르시아의 남서부에 있

---

58 위초크에 따르면 아비시 카툰은 키르만의 통치자였던 투르칸 카툰의 딸인 비비 카툰의 딸이었다. 그렇다면 투르칸 카툰은 그녀의 할머니가 될 것이다.

59 Uçok Un, *Al-nisa' al-hakimat*, pp. 10ff.

60 위초크는 주석으로 다음을 제시한다. the Shiraz Nameh of Zarkoub, p. 107.

으며, 페르시아의 나머지 부분과 마찬가지로 몽골 지배하에 있었다. 남편인 이즈 알-딘 무함마드가 죽자 다울랏 카툰은 716/1316년에 왕좌를 차지했다.[61] 그녀는 '국사를 관리하는 데 성공적이지 못했던' 특히 부족한 관리자였고, 이복형제인 이즈 알-딘 하산에게 왕위를 넘기고 퇴위하였다.[62] 몽골 여왕인 사티 벡은 이와는 상당히 다르게 권력에 대한 야망이 컸고 세 명의 남편들을 연달아 이용하여 권력을 유지하였다.

739/1339년에 사티 벡이 권력을 잡을 당시 정치판은 훌라구가 왕조를 설립했을 때와는 완전히 다른 상황이었다. 일 칸국의 왕자와 공주들은 서로 죽이고 있었고 위대한 과거는 전례 없던 궁정의 음모와 가문 내의 암살들로 지워졌다. 사티 벡은 극도로 계산적인 혼인을 했다. 그녀의 첫 번째 남편인 아미르 추판은 훌라구의 사령관 중 한 명의 손자로, 군대의 최고 지휘관이었다. 그가 죽자 그녀는 두 번째 남편으로 아르파를 선택했다. 그는 736/1335년에 짧게 왕위에 있었다. 마침내 그녀는 1339년 공식적인 수장으로서 왕위를 계승했다. 그 기간에 쿠트바가 그녀의 이름으로 반포되었다. 그녀는 서둘러 다음과 같은 문구가 새겨진 주화를 주조했다. '알-술타나 알-아딜라 사티 벡 칸 칼라드 알라 물카하Al-sultana al-'adila Sati Bek Khan khallad Allah mulkaha'(공정한 술타나 사티 벡 칸, 알라가 그녀의 통치를 영원히 하시기를).[63] 알라는 그녀의 소망을 들어주지

---

61 Uçok Un, *Al-nisa' al-hakimat*, pp. 115ff. Luristan에 대해서는 다음을 참조할 것. *Encyclopedia of Islam*.

62 Uçok Un, *Al-nisa' al-hakimat*, p. 117.

63 Ibid., p. 128. 이 왕조에 대한 자세한 내용은 다음을 참조할 것. Lane-Poole, *Mohammadan Dynasties*, pp. 217-21.

않았고, 그녀의 통치는 단지 9개월만 유지되었을 뿐이다. 그녀는 술라이만 아민 유시프 샤에게 권력을 넘겨야 했다. 하지만 권력에 대한 욕망은 여전히 강렬하게 타오르고 있었다. 그 권력욕을 채우기 위한 최선책은 당시의 영웅인 술라이만 아민을 유혹하는 것이었다. 그는 저항하지 않았고 그녀의 세 번째 남편이 되었다.

또 다른 몽골 여왕은 최고의 영예를 입고서 바그다드를 지배했다. 그녀는 틴두라고 불리며 714/1336년에서 814/1411년까지 14-15세기 중에 이라크를 지배했던 일 칸국의 한 갈래인 잘라이르 왕조에 속해 있었다. 틴두는 아주 아름다운 여성으로 위대한 몽골 통치자인 우웨이스 왕의 딸이었다. 몽골인들은 더는 이 지역에서 무적의 침략자가 아니었다. 그들은 이제 전장에서의 전투 정신을 잃어버린 확고부동한 통치자들이었다. 이라크를 지배했던 우웨이스는 칭기즈칸과 마찬가지로 스텝 지역 출신인 티무르의 새로운 군사력에 맞서 이 지역에서 동맹을 구축해야만 했다. 타메를란(절름발이 티무르란 의미로 티무르의 별칭-옮긴이)에 대항한 우웨이스의 동맹은 과거 몽골의 적이었던 이집트의 맘룩이었다. 맘룩으로부터 그는 지원과 원조를 구했고, 틴두의 첫 번째 결혼은 무엇보다 정치적 동맹을 위한 것이었다. 그녀의 첫 남편은 알-자히르 바르꾹으로 이집트의 마지막에서 두 번째 맘룩왕이었다 (784/1382년-791/1389년). 그는 그녀가 숙부와 동행했던 여행에서 그녀의 미모에 반하여 결혼을 신청했다. 이라크는 티무르 군대의 반복적인 공격을 막아내는 데 어려움을 겪고 있었기 때문에 이를 환영했다. 바그다드는 틴두를 카이로에 남겨두는 대신에 이집트 군대의 지원을 받았다. 하지만 고향에 대한 애착이 컸던 틴두는 카이로에서의 삶을 좋아하지 않았다. 그녀를 너무도 사랑했던 바르꾹은 마침내 그녀가 이라크로 돌아가도록 허락했다. 그녀는 사촌인 샤 왈라드와 두 번째로 결혼했으며, 그가 죽은 후 814/1411년에 왕좌를 물려받았다. 그녀는 죽을 때까지 8년 동안 권력을 잡았다.[64] 한발리는 '설교대에서 쿠트바가 그녀의 이름으로 전해졌고 822년에 그녀가 죽을 때까지 화폐가 그녀의 이름으로 주조되었다. 그녀 뒤를 이어 그녀의 아들이 권력을 잡았다'고 적고 있다.[65]

바흐리예 위초크에 따르면 마지막 몽골 여왕으로 추정되는 이는 술타나 파티마 베굼이다. 러시아에는 술타나 사이도브나라는 이름으로 알려졌으며 1679년에서 1681년까지 중앙아시아의 일 칸국의 까심 왕국을 다스렸다.[66] 우리는 칭기즈칸의 손자들 중 한 명인 바투가 '1236년에서 1241년까지 수년간 러시아의 상당 부분을 정복했고 (노브고로트를 중심으로 한) 북서부 지역만이 남겨져 있었으며, 러시아와 유럽은 이 새로운 국가를 "황금 군단"이라고 불렀다'는 것을 알고 있다.[67] 타타르의 지배는 이 세기 반 동안 지속되었다. 그 결과 중 하나가 러시아 전 지역의 이슬람화였다.[68] 술타나 파티마 베굼은 까심 왕조의 마지막 통치자였을 테

---

64 Hanbali, *Shazarat*, vol. 7, p. 155. 그리고 Tindu, queen of Iraq', in Ahmad Sawayd, *Nisa' shihirat min tarikhina*(Beirut: Mu'assasa al-Ma'arif, 1985), p. 188.

65 Hanbali, *Shazarat*, vol. 7, p. 155.

66 Uçok Un, *Al-nisa' al-hakimat*, pp. 146ff.

67 *Encyclopedia of Islam*, article on 'Batuids.'

68 Ibid.

지만, 바흐리예 위초크가 언급한 것을 제외하고는 내가 찾아본 어떤 아랍 저작들에서도 이 여왕에 관한 내용을 찾을 수가 없었다. 만약 있었더라면 그녀가 쿠트바를 자신의 이름으로 설교하게 하고 자신의 이름으로 화폐를 주조했다는 내용이 있었을 것이다. 그래서 나는 그녀를 국가 수장에 포함하지 않고 단순히 언급만 하려고 한다. 이로써 내 기준에 맞는 몽골 여왕들의 수는 6명으로 줄어든다.

1258년 바그바드를 취하기 전에는 정치판에 여왕들은 거의 존재하지 않았다. 그러한 점을 고려하면, 몽골 제국에서 여성들의 권력이 상승한 것은 아주 놀라운 일이다. 하지만 명심해야 할 점은 몽골에서 이런 혜택은 귀족 계급의 여성들에게만 주어졌으며 현지인들은 거의 존중받지 못했다는 것이다. 어떻게 한 민족이 그렇게 폭력적인 동시에 정치판에서 여성들에게 탁월한 지위를 주었을까? 그 대답을 하려면 이 근본적인 권력/폭력/성의 삼각관계를 지배하는 다양한 사회의, 복잡한 법칙에 얽힌 매혹적인 고리들이 있는 미확인 영역으로 우리를 인도해줄 또 다른 책이 필요하다. 그 사이에 우리는 세 번째 여왕들의 집단, 즉 다른 가능성과 다른 행동 규범을 가진 또 다른 무슬림 문화권인 동남아시아 섬나라 왕국들의 여왕들을 빠르게 살펴볼 수 있을 것이다.

인도 제국(諸國)(Indies; 인도, 인도차이나, 동인도 제국의 총칭−옮긴이)에서는 7명의 술타나들이 통치를 했다. 세 명은 몰디브에서, 네 명은 인도네시아에서였다. 첫 번째로, 술타나 카디자는 1347년에서 1379년까지 통치한 술탄 살라흐 알−딘 살리흐 알−벤드잘리의 딸이었다. 우리에게는 다행한 일로, 이븐 바투타는 그녀의 통치 중에 몰디브를 여행했으며 완전히 그녀에게 매혹되었다.

> 한 가지 기이한 일은 그곳 술탄이 카디자라는 여성이란 사실이다. …
> 원래 왕은 그녀의 조부였는데, 그녀의 선친이 계위하였다. 선친이 사
> 망하자 나이 어린 동생 샤하붓 딘이 즉위하였다. 그러자 재상 압둘
> 라 븐 무함마드 알-하즈라미가 그의 생모와 결혼하고는 어린 술탄
> 을 좌지우지하였다. 그가 그녀의 남편이었던 재상 자말룻딘이 사망하
> 자 지금의 술타나 카디자와 곧 결혼하였다.[69]

이븐 바투타는 권력 싸움 끝에 그녀의 동생이 폐위되고 살해된 것을
묘사한 후, 카디자가 왕위에 오른 정황을 설명하고 있다.

> 이제 왕실에는 그의 자매들만 남았다. 장녀인 카디자와 마르얌, 파티
> 마가 바로 그들이다. 그래서 카디자가 술탄에 추대되었던 것이다. 그
> 때 그녀는 이미 설교자인 자말룻딘과 결혼한 상태였다. 그녀의 남편
> 은 재상이 되어 권력을 휘두르면서 아들 무함마드를 자기 대신으로
> 설교사에 임명하였다. 물론 모든 칙령은 카디자의 명의로 집행되었
> 다. 그들은 모든 칙령을 칼같이 구부정한 쇠붙이로 야자수 잎에 새긴
> 다. 종이에는 꾸란이나 학문 관련 책만 베껴 쓴다.[70]

---

69 *Rehla of Ibn Battuta*, p. 204. [이븐 바투타, 정수일 번역(2001), 이븐 바투타 여행기 2권, 창비. 13장
델리에서 씰란까지. 6. 지바툴 마할 제도, pp. 258-9에서 수정-옮긴이]

70 Ibid., p. 205. (전게서 p. 259에서 수정-옮긴이)

쿠트바가 술타나 카디자의 이름으로 설교되었던가? 우리는 그 방식을 꼼꼼하게 기록한 이븐 바투타에게 기댈 수 있다.

설교자는 금요 예배 등에서 여왕(술타나)을 거명하는데, 그는 '알라여, 당신이 이 세간에서 선택한 당신의 여종을 성원하소서. 그녀로 하여금 모든 무슬림들에게 은혜를 베풀도록 하소서. 그녀가 바로 다름 아닌 술탄 잘랄룻딘 븐 술탄 살라훗딘의 총애하는 딸 술타나 카디자입니다.'라고 설교한다.[71]

술타나 카디자는 33년간 통치한 후 사망했고, 그 여동생인 마리얌이 왕위를 계승했다. 그녀는 785/1383년까지 왕위를 유지했고, 그녀의 남편 또한 재상직을 차지했다. 술타나 마리얌 이후에는 그녀의 딸인 술타나 파티마가 왕위를 이어 790/1388년에 사망할 때까지 통치했다. 그렇게 40년 동안 몰디브 섬의 무슬림들은 여성들의 지배를 받았다. 까디직을 맡고 있던 이븐 바투타는 이 섬의 여성들이 가진 매력에 오래 저항하지 않았다. 그는 술타나의 계모와 결혼한 것을 묘사하고 있다.

그러자 법관과 증인이 불려 왔다. 혼인증서가 작성되고 재상이 지참금을 지불하였다. 며칠 후 그녀는 나한테로 왔다. 그녀는 대단히 훌륭한 여인으로서 친절하기 이를 데 없었다. 내가 다른 여성들과 결혼할 때마다 그녀는 내게 향유를 빌려주고 옷에는 향수를 뿌려주면서

71 Ibid. (전게서—옮긴이)

그녀의 기질의 상냥함을 보여줄 정도였다. 늘 웃는 모습으로 한 번도 안색을 달리하는 일이 없었다.[72]

이븐 바투타는 그의 아내가 베푸는 극진한 대우에 너무도 매혹된 나머지 주저하지 않고 네 명의 아내를 두었다. 그는 평생 계속되었던 무슬림 세계의 여정 중에 종종 결혼하곤 했었으나, 몰디브의 여성들과 보냈던 가정적인 행복의 추억은 특별히 달콤했다. 그가 그중 한 명을 탕헤르에 데리고 오지 않은 일을 후회하고 있음을 느낄 수 있다.

이곳 여성들은 절대로 고향을 떠나지 않는다. 나는 세상에서 이곳 여성들처럼 붙임성이 좋은 여성은 보지 못했다. 부인은 다른 사람이 남편의 시중을 들지 못하게 한다. 부인이 음식을 가져다가 남편 앞에 받쳐놓고 손을 씻어주며 부분 세정용 물을 가져다준다. 잘 때에는 남편의 두 발을 꼭 덮어준다.[73]

하지만 그를 신경 쓰이게 했던 한 가지가 있었다.

그녀들의 습관으로는 부인이 남편과 한자리에 앉아서 식사를 하지 않는다. 그래서 남편은 부인이 무엇을 먹는지조차 모른다. 나는 그곳에서 여러 명의 여성과 결혼하였다. 애쓴 끝에 몇 명은 나와 함께 식

---

72 Ibid., p. 211. [이븐 바투타, 정수일 번역(2001), 이븐 바투타 여행기 2권, 창비. 13장 델리에서 씰란까지. 6. 지바툴 마할 제도, pp. 269-옮긴이]

73 Ibid., pp. 202-3. (전게서 p. 256-옮긴이)

사를 했으나, 나머지 몇 명은 끝내 하지 않았다. 그녀들이 먹는 것을 도대체 볼 수가 없었다. 갖은 수단을 써봤으나 허사였다.[74]

특히 까디로서 이븐 바투타가 몰디브 여성들에게서 발견한 유일한 결함은 그들이 반나체로 돌아다닌다는 것이었다.

여성들은 머리를 가리지 않는다. 왕후도 마찬가지다. 그녀들은 머리카락을 한쪽으로 빗어넘긴다. 대부분의 여성들은 타올 한 장으로 배꼽부터 하체까지 가릴 뿐, 기타 부분은 다 드러내놓고 있다. 그 꼴로 거리 등을 활보하고 있다. 내가 현지에서 법관 일을 맡았을 때 이러한 폐습을 근절하려고 여성들에게 옷을 입으라고 했지만 별로 소용이 없었다.[75]

이븐 바투타는 영민하게도 여성 신자들의 관능성과 그들이 반나체로 거리를 활보하는 것 사이의 연결고리를 놓치지 않았다. 현지 법관의 자격으로 그는 타협안을 고집했다. 여성 신자들은 반나체로 돌아다닐 수는 있으나 그가 샤리아를 집행하는 법정에 참석할 때는 몸단장에 최소한의 예의를 보여야 했다. '나는 어떤 여성이든지 몸을 가려야만 나에게 들어와 소송할 수 있다고 했다. 그 방법 외에는 도대체 딴 방법이란 없었다.' 이븐 바투타는 탕헤르 출신다운 전형적인 능글맞음으로 후에

---

74 Ibid., p. 203. (전게서 p. 256─옮긴이)
75 Ibid., p. 202. (전게서 p. 255─옮긴이)

몰디브 여성들에게는 그 반나체 상태가 훨씬 더 잘 어울렸다고 적고 있다. '나는 노예 소녀들에게 델리 사람들의 옷을 입히고 머리를 가리도록 하였다. 그랬더니, 익숙하지 못한 터라서 그녀들을 예쁘게 하기는커녕, 오히려 보기 흉하게 만들고 말았다.'[76] 이 모든 것을 보면 까디 이븐 바투타는 특히 이 섬들처럼 관능적인 환경에서는 아름다움과 같은 중대한 것을 방해하는 경우 여성들이 베일을 써야 한다는 샤리아가 말하는 적절함을 양보할 준비가 돼 있었다. 하지만 모든 섬이 비슷한 것은 아니었으며, 그곳의 여성들도 마찬가지였다. 인도네시아에서 머무는 동안 그는 그곳 여성들에게 그다지 감명을 받지 않았다. 그렇지만 거기서도 여성들은 권력을 쥐게 될 것이었다. 그것이 이븐 바투타가 극동 지역에서 머문 지 수 세기 후의 일이긴 하지만 말이다.

17세기 후반부에 인도네시아 아체 주에서는 네 명의 공주들이 뒤이어 왕좌에 올랐다(1641~1699년). 수마트라 섬의 북쪽 끝에 있는 아체 지방은 인도네시아에서 무슬림 왕국이 들어선 첫 지역이었다. 1292년에 이미 이곳을 지났던 마르코 폴로가 무슬림 국가의 존재를 언급하고 있다.[77] 이 네 명의 여왕들은 H. 쟈쟈디닝랏이 쓴, 16세기부터 20세기 초반까지 아체를 다스렸던 34명의 통치자 목록에 올라 있다. 술타나 타즈 알-알람 사피얏 알-딘 샤(1641~1675년)는 이 왕조의 14번째 통치자였고, 술타나 누르 알-알람 나키야트 알-딘 샤(1675~1678년)는 15대 통치자였다. 이나야트 샤 자키야트 알-딘 샤(1678~1688년)는 16대, 그리

---

76 Ibid. (전계서에서 수정-옮긴이)

77 *Encyclopedia of Islam*, article on 'Atjeh.'

고 카말랏 샤(1688–1699년)는 17대 통치자였다. 그들의 정치적 적수들이 메카에서 '여성들이 통치하는 것은 율법으로 금지되어 있다'고 선언하는 파트와를 들여왔지만, 그들은 계속해서 통치했다.[78]

메카의 칙령과 칼리프들의 반대, 그리고 정치인 남성들의 기회주의에도 불구하고, 13세기에서 17세기 무슬림 국가들에서 15명의 무슬림 여성들이 통치권의 공식적인 표지들을 지니고 왕위에 올랐다. 첫 두 명인 라디야와 샤자라트 알–두르는 맘룩 왕조에 속한 터키인이었다. 몽골 왕들이 압바스조 아랍 칼리프들을 대신하여 무슬림 제국 수장에 올랐을 때 6명의 술타나들이 왕좌에 올랐다. 그리고 7명의 여왕이 몰디브와 인도네시아에서 이슬람 통치자 자리에 앉았다. 역사가 위초크는 아랍 여왕을 발견하지 못했다. 여성들은 아랍이 패배했을 때만 권력을 잡을 수 있었다. '여성들이 국가 지도부에 진입하는 데 있어서 주된 장벽이었던 압바스조 말이 되어서야 여성들은 왕좌에 앉을 수 있었다.'[79] 압바스조의 멸망은 '그들에게 길을 터 주었고 마침내 그들이 권력을 잡는 것을 허용했다.'[80]

위초크 박사는 자신의 글에서 간결한 비전을 반박의 여지 없이 일관되고 설득력 있게 구축하고 있다. 하지만 그녀의 글은 아무래도 걱정스러운 한 요소, 즉 인종에 기반을 두고 있다. 그녀는 아랍인들이 자명한

78 Ibid. 그리고 Uçok Un, *Al-nisa' al-hakimat*, pp. 152ff.

79 Uçok Un, *Al-nisa' al-hakimat*, p. 166.

80 Ibid., p. 167.

여성 혐오적 행동을 보이는 반면, 투르크인, 몽골인, 인도네시아인, 그리고 아시아인들은 일반적으로 거의 페미니스트로 보인다고 생각한다. 왕위에 오른 모든 여성이 '인도 아대륙 섬들의 여왕들을 제외하고는 '투르크인이거나 몽골인들이라는 사실은 이 문화가 여성들에게 공사를 맡겼다는 중요성을 보여주는 명백한 증거이다.'[81] 인종에 기반을 둔 이론들의 문제는 단 하나의 예외만 있더라도 그 이론이 풍선처럼 터져버린다는 것이다. 우리가 여성 아랍 수장을 찾는 데 성공한다면 어떻게 할 것인가? 우리가 한두 명의 아랍 여성들을 찾아낸다면, 우리는 또 다른 질문을 마주하게 된다. 왜 그들은 역사 속에서 지워져 버렸는가? 왜 아무도 아랍의 여성 수장들이 있었다는 걸 기억하지 않으려고 하는가?

길었던 오스만의 지배로부터 아랍 세계가 막 도래하기 시작했던 1940년대에 글을 썼던 역사가 위츠크 같은 비아랍인이, 오스만 제국이 최고의 역할을 맡게 되는 식민주의 이론을 발전시켰던 것은 이해가 간다. 하지만 아랍 여왕들은 존재했으며, 믿을 수 없게도 지금까지 잊혀 있었다. 그들이 보여준 무엇이 그렇게 위험하고 불안해서 이들을 무의식 속 깊숙이 묻어버린 것일까?

---

81 Ibid.

III

아랍
여왕들

The Arab Queens

07

예멘의
시아 왕조

The Shi'ite Dynasty of Yemen

예멘은 아랍 세계에서 예외적이다. 많은 여성이 정치적 권력을 행사했기 때문이 아니라, 그들 중 두 명인 말리카 아스마와 말리카 아르와가 모스크에서 그들 이름으로 쿠트바를 반포하는, 수장의 특권이자 의문의 여지가 없는 기준을 누렸기 때문이다. 이슬람이 도래한 후 어떤 아랍 나라에서도 이러한 영광을 가진 아랍 여성은 없었다.

480/1087년에 사망한 아스마 빈트 쉬합 알-술라이히야는 자신의 이름을 딴 왕조를 세운 남편 알리 이븐 무함마드 알-술라이히와 함께 예멘을 다스렸다. 아스마가 역사가들의 주목을 받았던 이유는 그녀가 권력을 잡았기 때문이 아니다. 살펴보겠지만, 그런 경우는 생각보다 드물지 않았다. 그것은 그녀가 무엇보다도 "'얼굴을 가리지 않고", 즉 베일을 쓰지 않고 회의에 참가'했으며 '쿠트바가 남편과 그녀의 이름으로 예멘에 있는 모스크의 설교대에서 반포'되었기 때문이었다.[1]

두 번째 여왕은 아르와 빈트 아흐마드 알-술라이히야로, 그녀 역시 자신의 이름으로 쿠트바를 반포할 권리를 가졌다. 그녀는 의문의 여지가 없는 수장이었던 것이다. 그녀는 아스마의 며느리로 아스마의 아들인 알-무카람의 아내이다. 알-무카람은 아버지의 전통을 따라 아내와 권력을 공유했다. 아르와는 거의 반세기 동안(485/1091년에서 사망한 532/1138년까지) 권력을 잡았다.[2] 이 두 여왕은 똑같이 알-사이다 알후라alsayyida al-hurra, 즉 '자유롭고 독립적인 고귀한 여성, 그보다 더 큰 권위가 없었던 여성 통치자'라는 칭호를 지녔다. 쿠트바가 아르와의 이름으로 반포될 때 예멘 전체에서 신자들이 읊었던 기도문은 정확히 전해지고 있다. '알라께서 완전하신 알-후라, 신자들의 국사를 신중하게 돌보시는 통치자의 날들을 오래가게 해주소서.'[3]

우리가 살펴봤듯이 여성들이 배우자인 남성으로부터 정치적 권력을 가져가는 것은 흔히 일어나는 일이었다. 하지만 쿠트바가 그들의 이름으로 설교되는 것은 무슬림 제국의 아랍권에서는 예외적인 일이다. 그렇다면 이 예멘의 여왕들이 누렸던 특권 이면에 놓인 비밀은 무엇일까?[4]

---

1 Zarkali, *A'lam*(위의 ch. 1 n. 35 참조), vol. 1, p. 299.

2 Mahmud al-Kamil, *Al-Yaman*(Beirut: Dar Bayrut li al-Tiba'a wa al-Nashr, 1968), p. 171; Zarkali, *A'lam*, vol. 1, p. 279; 'Amri, *Rawda*(위의 ch. 6 n. 4 참조), p. 358.

3 Zarkali, *A'lam*, vol. 1, p. 279. 이 작가는 아르와에 대한 주요한 참조 목록을 제공한다. 특히 al-Dahbi, *Siyar a'lam al-nubala*'에는 그녀의 전기가 있다(Cairo: Dar al-Ma'arif, 1958).

4 사실 11세기, 아스마의 통치와 거의 비슷한 시기에, 모로코에서는 베르베르 여왕이 남편과 권력을 공유하고 있었으나 그녀의 이름으로 쿠트바가 반포되지는 않았다. 그녀는 자이납 안나프자위야로, 북아프리카와 스페인에 걸친 제국을 만들고 마라케시를 설립했던 유명한 무라비드조의 통치자인 유수프 이븐 타시핀(453/1061년-500/1108년)의 아내였다. 자이납이 그와 권력을 공유했

족히 1세기가량 술라이히 왕조를 다스리면서 권력을 효과적으로 승계했던 아스마와 아르와에 관한 가장 매혹적인 역사적 사실을 들자면, 오늘날의 사람들이 이들에 대한 완전한 기억상실증을 앓고 있다는 것이다. 아무도 그들을 기억하지 않는다! 아무도 그들에 대해 들어본 적이 없다! 나는 이 문제에 관한 정보를 찾기 시작했을 즈음에 중세사를 전공한 역사가 동료와 상의했었으나 그는 매우 회의적이었다. 아랍의 여성 수장이라구요? 지역을 잘못 안 거 아닙니까? 내가 쿠트바가 아르와의 이름으로 선포될 때 사용되었던 문구를 읊어주자, 그는 당황스럽게도 확신에 차서 나에게 물었다. 『아라비안나이트』에서 읽은 이야기 아닌가요?' 더 놀라운 것은 이 기억상실증이 아랍 여성/권력관계에 위협을 느낄 필요가 전혀 없는 서구 역사가들에게도 영향을 미쳤다는 것이다. 버나드 루이스는 아야톨라(시아파 고위 성직자—옮긴이)들을 떠올리게 하는 확신에 찬 말투로 '이슬람 역사에는 여왕들이 없었으며 "여왕"이라는 단어가 나올 때는 비잔틴이나 유럽의 이방인 지배자들만을 가리키는 말로 쓰인다. 무슬림 왕조의 왕좌에 여성들이 짧게 오른 예가 몇 개 있긴 하지만, 이는 탈선으로 받아들여지고 모욕으로 비난받았다.'고 확언한다.[5]

버나드 루이스 같은 명성을 가진 명석한 이슬람학 학자들이 말하는 이런 식의 정언적 언명은 단 하나만을 확인시켜 준다. 크게는 무슬림 여성들, 특히 아랍 여성들은 학자든 '관련자'든 '중립자'든, 그 누구에게

다는 사실은 잘 알려져 있다.

5 Bernard Lewis, *The Political Language of Islam*(Chicago: University of Chicago Press, 1988), p. 66.

도 '자신들의' 역사에 대해 말해주기를 기대할 수 없다는 것이다. 여성들의 역사를 스스로 말하는 것은 온전히 여성들의 책임이자 의무이다. 지금 여기, 보편적인 인권을 완전하고 온전하게 누리겠다는 우리의 요구는 우리의 역사를 다시 읽고 활짝 열린 무슬림 과거를 재구성하기를 요구한다. 게다가 이 의무는 단조롭고 탐탁지 않은 작업이 아니라 오히려 기쁨으로 가득 찬 여정이다. 그리고 더 중요하게는, 과거로 떠나는 이 여행은 우리를 바꾸고 깨달음을 준다. 또한, 그들이 우리에게 꼬리표를 붙인 악의 삼각형인 여성, 무슬림, 그리고 아랍인으로서의 삶, 우리 자신의 소망을 잠식하는 그 복종과 포기의 심연에서 어떻게 행복을 찾을 것인가에 대한 귀중한 생각들을 제공한다. 이 잊혀진 여왕들을 찾아 과거로의 여정을 떠나면서 우리는 우리의 사춘기 시절에 주입된 것과 다른 시각을 가질 수 있다. 남성들을 기쁘게 하기 위해서는 복종하는 다소곳한 자세로 까무러쳐야 하고, 계속해서 자신이 나약하고 무방비라는 것을 보여줘야 하며, 우리가 힘과 권력을 보여준다면 그 즉시 그들은 사랑을 무조건 거둬들이는 것으로 벌하리라는 것들 말이다. 예멘 여왕들의 역사는 우리에게 그 모든 것들이 쓰레기임을 보여준다. 권력을 손에 쥐는 일과 사랑의 기쁨은 함께 갈 수 있다. 아스마와 아르와는 여성으로서 자신의 삶뿐만 아니라 공동체와 주변 세계를 바꾸는 데 능동적으로 참여했다.

현대나 고대나 할 것 없이 예멘 역사가들은 이 '말리카트'(여왕들)의 통치를 '남사스러운' 것이 아니라 그들의 역사에서 명망 있고 무엇보다 번영했던 시기임을 말하고 있다. 현대의 예멘인인 압달라 알-싸우르는, 말리카 아르와의 통치는 예멘의 역사에서 특히 선정이고 평화롭던 기간임을 단언한다. 그는 1000/1591년에서 1343/1925까지 이맘들이 통치했던 사나의 근래 역사에 대해 성찰하면서, '정직한 역사가들이라면 이맘들의 통치와… 비교적 아주 짧았던 한 예멘 여성의 통치를 비교하는 것만으로도 충분할 것이다. 자신의 원칙을 고수했으며, 자신의 백성을 사랑했고 그들에게 충실했던 이 여성은 사이다 아르와 빈트 아흐마드 알-술라이히야이다.'라고 고백한다. 사실 이맘들은 1969년에 새로운 혁명이 일어나고 공화국이 설립되기 전까지만 해도 완전히 권력을 잃지 않았다. (1967년에 영국으로부터 독립한 남예멘은 1969년 마르크시스트들을 중심으로 예멘 인민민주주의 공화국으로 나라를 재조직하였다.—옮긴이) 그는 이맘들이 오랫동안 권력을 잡았던 시기와 비교해 아르와가 훨씬 더 많은 '기념비와 건물들, 도로들, 모스크들을 남겼다.'고 적고 있다.[6] 역사적인 기억상실증의 결정적인 요소는 지리 문화적인 것으로 보인다. 모든 아랍인이 다 같은 것을 잊어버리지는 않았다. 그들이 잊은 것은 민족적 맥락, 지역적 기억에 따라 달라진다. 예멘 역사가들은 여성과 권력의 주제에 관해 다른 지역 역사가들보다 기억의 격차가 덜한 것 같다. 오히려 그들은 과거에 여성 통치자가 있었다는 것을 자랑스럽게 얘기한다. 이 작은 차이가 보편적으로는 무슬림 세계의 특별한 지역적 기억을, 다양한 지역들에서의 특수한 아랍 기억을 보여준다. 인도네시아 무슬림들의 기억은 분명 모로코나 세네갈의 무슬림들의 기억과 다르다. 그리고 아랍인들 사이에서도 어떤 사건들과 어떤 역사적 인

---

6 'Abdallah Ahmad Muhammad al-Thawr, *Hadhihi hiyya al-Yaman*(Beirut: Dar al-'Awda, 1979), p. 331. 사나의 이맘들의 통치에 대한 언급은 다음을 보라. Sulayman, *Tarikh al-duwal*(위의 ch. 1 n. 9 참조), p. 216; S. Lane-Poole, *Mohammadan Dynasties*(London: Constable, 1894).

물들이 지역적 문화 정체성의 경계표와 핵심 인물을 구성하는지 살펴보는 것도 매력적일 것이다. 현대의 예멘 역사가들이 여성 통치자가 국가의 수장이었음을 선언하고, 사실들을 검토한 후 그녀가 수많은 이맘보다 정치적으로 훨씬 더 유능했다는 점을 자랑스럽게 말할 수 있다면, 왜 다른 아랍 역사가들은 그렇게 하는 것을 어려워할까? 예멘인들이 역사의 기본적인 요소로서 여성들과 갖는 관계에는 어떤 특별한 점이 있는 걸까? 고대 신앙과 종교들에 들어있는 여성적 요소의 탁월함일까? 이 지방의 황홀한 향수들만큼이나 오래가는 셰바의 전설적인 여왕의 기억일까? 이슬람 이전 아득한 고대에는 셰바인들이 일처다부제를 택했다는 사실일까? 이 질문들에 답을 하려는 노력은 분명 놀라움으로 가득 찬 길로 우리를 인도하겠지만, 유감스럽게도 그 길은 우리의 원래 목적과는 너무 멀다. 우리의 목적은 기억상실증의 이유를 해명하는 일이다. 왜 히잡은 여왕 아스마와 여왕 아르와의 기억을 덮어버렸을까? 그들에 대한 기억이 어떤 귀신, 어떤 유령, 어떤 생각, 어떤 불안함을 깨어나게 할 것인가?

난 아스마와 아르와의 기억이 불러일으키는 무서운 유령은 바로 시아 이슬람임을 믿게 되었다. 말하자면 아주 특정한 폭력, 즉 알라의 이름으로 이뤄지는 폭력과 관계된 정치적 분쟁 말이다. 이것은 가장 근본적인 지점에서 정치적 권력을 불안정하게 하며 본디 신성한 그 정통성을 흔드는 분쟁으로, 이 모든 것이 종교의 이름으로 이뤄진다. 수 세기 동안, 시아 이슬람은 전체주의적인 정통파라고 주장하고 예외 없이 통합과 번영이 함께 이루어지는 강력한 제국을 꿈꾸면서 순니 이슬람의 근간을 흔들었다. 1970년대에 이맘 호메이니가 권력을 잡으면서 시아 이슬람이 국제무대에 갑작스럽게 떠오르게 되었다. 그 이후로 현대의 미사일뿐만 아니라 이슬람 자체만큼 오래된 케케묵은 감정도 동원된 이란-이라크 전쟁이 벌어지고 수많은 무슬림이 죽었다. 그런 사건이 있고 나서는 어떤 기억들을 휘저을 때가 아니었다. 즉, 기억상실은 이 문제를 들여다보기를 원치 않는 모든 사람이 원했던 것이었다. 그리고 문제는 이슬람에서 민주주의가 발전했다는 사실이다. 순니-시아 갈등은 그저 대표성과 권력에 관한 오래되고 슬픈, 좌절된 대화일 뿐이다. 좌절된 대화는 항상 절망한 논쟁자들을 광폭한 피바다로 몰고 간다. 그래서 역사에 대한 생각과 그 누구의 공도 아닌 순니-시아 간의 실패한 대화에 대한 생각을 회피하려고, 망각에서 은신처를 찾으며 상처를 치유하려는 의도적인 노력을 이해할 수도 있다. 하지만 오늘날, 우리 무슬림에게 있어서 선조들이 실패한 대화의 대가를 피로 치뤘음을 기억하는 것만이 우리에게 득이 될 수 있다. 광신이 그 어느 때보다도 강하게 지배하는 오늘날, 상호 파괴적인 폭력의 유령이 우리 머리를 배회할 때, 관용의 문제와 의견의 차이가 모든 국가에서 근본적인 방식으로 일어나는 때에, 아스마와 아르와를 잊는다는 것은 15세기 동안 순니-시아 갈등으로 일어난 살육의 광기를 잊고자 하는 것과 같다. 이 갈등으로 모든 인종과 계급의 무슬림들 수천, 수백만 명이 죽었다. 군주들과 군인들이 희생자였고, 남성과 여성, 어른과 아이들도 죽어 갔다. 아스마와 아르와는 둘 다 시아였다. 그리고 이 작은 사실로 넓고 때로는 지독한 기억의 간극을 설명할 수 있다. 나는 아무것도 모른 채 라바트의 도서관들에서(케케묵은 가을에) 그들을 찾아다니다가, 자유주의 이슬람의 기억에 관심이 없는 모든 사람이 잊고 싶어하는 영역으로 들어갔다. 그것은 정의를 외치면서 바그다드의 압바스조의 정통성과 순니파의 정통성을 거부한 사람들의 영역이었다. 그들은 몸과 마음을 바쳐서 당시 혁명적인 대안을 제시했던 이스마일파 시아 이슬람에 뛰어들었고 술라이히 가문에 권력을 주었다.

술라이히는 우마위야 제국(후에는 압바스조)이 전제적으로 지배하던 지역인 예멘에서 혁명과 이상적인 민족 독립의 계승자로 등장했다. 알리 알-술라이히는 시아 이맘이면서 셰바 지역의 이슬람 이전 통치자들의 명망 있는 가문에서 태어났기 때문에 어려움 없이 통치권을 잡았다. 그의 가문의 역사는 셰바 문서에서도 그 이름이 나오는 함단족의 얌 씨족으로 거슬러 올라간다.[7] 예언자의 고향과 두 번째 고향인 메카와 메디나의 부족들과는 다른 문화를 가지고 있는 많은 아랍 나라들에서, 이슬람화는 외부 권력의 침입으로 도래했다. 총독들은 정복지 인구의 어떤 의견도 반영하지 않고 중앙 정부에서 임명되고 파견되었으며, 이는 무슬림 수도에서 보낸 사자와 현지 엘리트 간의 대화 불능과 좌절을 낳았다.

무슬림 역사는 무엇보다도 총독들의 무절제와 현지 인구의 항쟁으로 이루어진 연대기이다. 이는 제도적으로 항상 종교 갈등의 모습을 취했다. 예언자 시대부터 예멘 사람들은 그에 대항하는 자신들만의 예언자들을 세우면서 저항했다. 이들 중에서 무사일리마 알-카드답(거짓말쟁이 무사일리마)이 가장 유명하다. 예언자 무함마드의 사후, 예멘은 배교 운동, 즉 '리다ridda'의 중심지 중 하나였다. 첫 번째 정통 칼리프인 아부

---

7 Thawr, *Hadhihi*, p. 275.

바크르는 군대를 총동원하여 이 나라를 무슬림의 신앙으로 되돌리려고 했다. 그 이후 중앙의 압제에 맞선 도전은 아주 빠르게 시아 이슬람의 통렬한 면모를 취했다. 이러한 전개는 많은 지역에서 나타났다. 예멘은 그중 선두자였으며 무슬림 정치판에 시아 전복의 '두뇌들'을 제공하는 영광을 안았다. 압달라 이븐 사바는 선동 전문가로 그 옆에서는 악마도 순수한 아마추어로 보일 정도였다.

사바에게는 전복에 관한 한 전설적인 설득력이 있었다. 그는 이슬람에 많은 이단적 생각을 개시했다는 죄를 쓰고 있다. 무엇보다도 그는 공식 권력과 싸울 때 처음에는 선전으로 싸우고 그 이후에야 무기를 가지고 싸운다는 생각을 해낸 첫 번째 사람으로 알려졌다. 타바리에 따르면 그는 '흑인 어머니에게서 난 사나 출신의 유대인으로 우스만 통치하에서 이슬람으로 개종했다.' 우리는 3대 정통 칼리프가 통치하던 7세기, 총독들의 무절제와 무능력으로 예멘과 이집트, 이라크에서 사람들의 분노가 들썩이고 있던 때를 상상해볼 수 있다. 타바리의 눈에 확실히 이것은 항쟁이라는 생각을 떠올리게 하기에는 불충분했다. 압달라 이븐 사바는 일상의 좌절과 불의에서뿐만 아니라 이슬람의 적들의 책에서도 자신의 생각을 끌어왔다는 혐의를 받고 있다. '그는 고대 저작들을 읽었고 상당히 학식이 있었다.'[8]

그가 추종자들에게 내보인 이슬람 외부 사상 가운데 하나는 예언자의 귀환이라는 이교적 개념이었다. '크리스천들은 예수가 이 세상에 돌

---

8 Tabari, *Tarikh al-umam wa al-muluk*(Beirut: Dar al-Fikr, 1979), vol. 5, p. 98; Mohammad Abu Zahra, 'Furuq al madhab al-shi'i', in *Almadahib al-Islamiyya*(Cairo: Maktaba al-Adab, 1924), pp. 63, 64.

아올 것이라고 말한다. 하지만 무슬림들은 무함마드가 돌아올 것이라고 말해왔으니 이는 꾸란에 이렇게 쓰여 있기 때문이다.' "꾸란을 그대에게 주신 분은 반드시 그대가 돌아갈 곳에 그대를 오게 한다."[수라 28, 85절]⁹ 사바는 혁신가였다. 그는 알리의 이름으로 공권력에 대항한다는 개념을 체계적으로 이용했다. 그는 후에는 고전이 되고 오늘날에도 여전히 이용될 선전 모델을 생각해 냄으로써 세상에 이름을 알렸다. 이 방법은 사람들을 작은 집단으로 모집하여 기존의 정권에 반대하고 필요한 경우 폭력을 포함한 행동이 뒤따르는 비밀 작전을 수행하는 것이었다.

아마도 칼리프 우스만을 폐위하고 그 자리에 예언자의 사촌인 알리를 앉혀야 한다는 생각을 처음 해낸 것도 사바였을 것이다. 그는 그들에게 말했다. '우스만은 권리도 없으면서 권력에 앉았다. 예언자는 알리를 계승자로 선택했다. 그러니 이 말을 퍼트리고, 행동을 취하고, 정권을 잡은 군주들을 공격하라.'¹⁰ 타바리와 많은 순니 역사가가 말하길, 이렇게 해서 '시아'(분열, 분리, 절단)라는 개념이 시작되었다. 과거에 유대인이었던 예멘 출신의, '무슬림이 되었으며 무슬림 나라들을 여행하면서 그들이 길을 잃도록 하려는 목적을 지닌 자. 그는 일단 히자즈(메카와 메디나를 연결하는 사우디아라비아 지역—옮긴이)로 갔다가 바스라(이라크 남동부의 무역항—옮긴이)로, 쿠파(이라크 중남부 유프라테스 강 지류 힌디야 강 연변의 도시—옮긴이)로, 그리고 샴스[시리아]로 갔다. 그는 샴스에

9 Tabari, *Tarikh*, vol. 5, p. 98. (꾸란 인용은 김용선 번역본—옮긴이)

10 Ibid.

서 원하는 것을 얻지 못했다. 시리아인들은 그를 거부했다. 그 후 그는 이집트로 갔다.'[11] 그는 바로 이집트에서 그의 사상을 받아들인 한 무리의 추종자들을 모을 수 있었다. 사바의 사상은 곧바로 우스만의 살해로 이어졌고 36/656년에 첫 번째 내전이 일어났다. 이로 인해 순니와 시아로 갈라지면서 이슬람의 통일성이 깨졌다. '예언자가 다시 돌아오고 알리가 권력을 가져야 한다는 교리에 혹해서… 그들은 우스만이 불신자라고 선언했다. 하지만 그들은 이 믿음을 비밀에 부치고는 공적으로는 선행의 의무를 설교했다.'[12] 그렇게 폭력의 막이 올랐다.

상상할 수 있겠지만, 시아 현상을 이해하는 것은 순니에게 있어서 불가결한 문제였고 오늘날까지도 그렇다. 이에 대한 기록은 무수히 많으며, 수 세기에 걸쳐서 가장 영민하다는 사람들이 폭력과 종교가 밀접하게 관련된 이 대단히 강력하고 지속적인 정치적 저항의 형태를 이해하려고 애써왔다. 아랍인들을 어리석게도 시아 이슬람을 저주하는 광신도들이라고 묘사하는 것밖에 할 줄 모르는 몇몇 오리엔탈리스트들과는 달리, 우리 역사가들은 이 운동을 순니의 관점에서 분석하려고 노력했으며 그들의 시도는 생각만큼 편협하지 않았다. 현대 역사가들이 쓴 저작에서 압달라 이븐 사바는 여전히 악마의 탈을 쓰고 있는 것이 사실이다. 그러나 그들이 시아 이슬람에 접근하는 방식은, 미묘한 차이를 주의 깊게 짚어냈으며 고대의 연대기 저자들의 조잡한 비난과는 전

---

11 Ibid.

12 Ibid. 그리고 Ahmad Amin, *Fajr al-Islam*, llth edn(Beirut: Dar al-Kitab al-'Arabi, 1975), p. 268.

혀 다르다.[13] 현대 역사가인 아흐마드 아민과 아부 자흐라는 훨씬 더 많은 정보를 토대로 타바리보다 나은 관점을 취하면서, 시아 이슬람에 대해 숙고하여 도출한 설명을 전개한다. 그들은 이슬람에 시아가 도입된 다양한 이유, 특히 인종과 지역적 요소들과 계급적 관심사, 그리고 마지막으로 개인적인 동기들을 소개하면서 시아 이슬람의 사회학적이고 심리학적인 차원을 밝히고 있다. 시아가 여러 나라의 서로 다른 개인과 집단들에게 부정할 수 없는 매력이긴 했지만, 그 동기가 항상 같은 것은 아니었다. 다른 정치 정당과 마찬가지로 시아 정당('히즙hizb')은 진정한 활동가들과 일부 야당파들을 한데 모았다. 시아 이슬람과 그 지도자 중에는 우마위야조부터 시작해서 압바스조에 이르기까지 중앙 권력을 증오하는 사람들이 있었다. 그들은 자신들이 불의에 맞서고 있다고 생각했던 것이다. 아랍인들 중에는 순수하게 부족적인 이유로 우마위야조에 반대하는 사람들이 있었다. 우마위야조가 권력을 잡았을 때부터 부족법은 그들이 이에 맞서도록 요구했다. 또한, 많은 '무왈리muwali' (이슬람으로 개종한 비아랍인들)가 스스로 시아임을 선언했다. 이는 귀족제 우월주의 때문에 그들의 성장 기회가 억눌렸기 때문이었다. 또 다른 이유로, 아흐마드 아민은 단순히 비무슬림들이 이슬람을 파괴하려는 열망을 들고 있다. 이슬람이 그들을 위협하고 그들과 경쟁 관계에 놓였기 때문이다. 이는 오늘날 서구의 방송에서 무슬림 세계가 어떻게 방송되는지를 보면 아주 잘 이해할 수 있는 열망이다. 그리고 마지막으로 시아

---

13 Ahmad Amin, *Duha al-Islam*, 6th edn(Cairo: Maktaba al-Nahda al-Misriyya, 1961), vol. 3, pp. 237, 278; Zahra, *Al-madahib al-Islamiyya*, p. 63.

이슬람의 페르시아적인 요소를 들 수 있다. 이 요소는 아랍 이슬람의 근본적인 원칙인, 모두 평등하다는 원칙을 문제 삼고 있다.

아흐마드 아민에 따르면 많은 페르시아인이 시아가 되었다. 그들은 페르시아 문화의 왕족 숭배에 익숙해 있었다. 왕족은 신성한 것이며 왕의 혈통은 민중들의 몸에 흐르는 피와는 달랐다. 이는 아랍 문명에서는 완전히 낯선 개념으로, 아랍 문명에서는 사회적인 위계제도들의 존재를 부정하지는 않지만, 그것들은 우월한 혈통이 아닌 가장 강력한 권력과 연관된다.[14] 페르시아인들은 무슬림이 되었을 때 예언자로부터 황제 정치라는 개념을 만들어냈다. 그들에게 있어서 예언자의 자손은 신성한 존재였던 고대 페르시아 왕들의 자손과 같았다. 예언자가 죽자 그의 자손들, '그의 가계에 속한 사람들'(아흘 알-바이트ahl al-bayt)만이 그 뒤를 이을 자격이 있었다. 예언자의 딸 파티마와 알리의 자손들만이 무슬림 공동체를 이끌 수 있다는 것이었다. 그 외의 다른 모든 이들은 단지 그 이름을 사칭하는 것에 지나지 않았다. 이로부터 시아 이슬람의 권력 계승자들에 의해 놀라운 가계적 혈통의 고착화가 뒤따랐다. 이러한 고착화는 이슬람의 평등주의 메시지를 위반하는 것이다. 이 메시지는 개인이 가진 신앙의 자질만으로 그 개인이 다른 사람들보다 우월하다는 적법성을 주장할 수 있다고 강조한다. 순니 이슬람에서는, 최소한 원칙적으로는 아버지나 어머니가 누구인지는 중요하지 않았다. 예언자가 보기에는 이슬람 이전의 아라비아에 있었던 부족적 귀족주의의 오만함을 끝장내고 그 패권적 야심을 빼앗는 것이 그가 공인한 종교의

14 Ahmad Amin, *Duha al-Islam*, pp. 209, 210.

근본적인 부분이었다. 예언자는 귀족주의에 대한 대안으로 실력주의를 세우는 문제의 중요성을 설명했다.[15] 그는 구습이 주는 압력에 저항했으며, 최초에는 꾸라이시 부족의 용맹한 귀족들로 구성되어 있던 그의 군대에서 노예를 고위급 지휘관들로 지명했다. 정치적 지도자에 대한 순니의 실력주의 개념과 시아의 귀족주의 개념 사이에는 근본적인 간극이 있다.

여기서 우리는 잠시 멈추고 시아라는 단어의 어원론인 『리산 알-아랍』(아랍인들의 언어)을 쓴 이븐 만주르(630/1232년 카이로 출생, 711/1311년 사망)에 대해 잠시 알아보려고 한다.[16] 13세기 사전을 훑어보면, 다름에 대한 권리를 가지며 이견을 가진 사람과 정치적 장에서 대화한다는, 오늘날 우리가 가진 다소 무의식적인 개념들을 말해주는 언

---

15 나는 여기서 실용주의적인 질문을 떠올린다. 시아 현상을 이해하기 위해 어떤 저작들을 읽어야 하는가? 대답은 어떤 언어로 읽느냐에 따라 달라진다. 프랑스어나 영어 사용자들은 무엇보다 *Encyclopedic d'Islam*의 'Shi'a'나 'Isma'iliya' 부분 혹은 *Encyclopedia of Islam*, 2nd edn Leiden: E. J. Brill, 1960)를 봐야 한다. 읽고 나면 많은 것을 얻을 수 있을 것이다. 이후, 자연스럽게 더 많은 것이 궁금해진다면, Gallimard in paperback에서 출간된 Henry Corbin의 저작 *Histoire de la philosophic islamique*(1964) 중 'Shi'isme et philosophie prophétique' 장[H. 코르방, 김정위 번역(1997), 이슬람 철학사, 서광사. 제2장 시아파와 예언자 철학—옮긴이]를 읽어봐야 한다. 이 자료들을 읽고 나면 관련 주제에 대한 대화가 쉽게 이해될 것이고, 저녁 식사 자리를 빛내거나 텔레비전의 초청인사가 될 수도 있다. 아랍어 사용자들이라면 내가 가장 좋아하는 세 개의 대단히 교육적인 텍스트들이 있다.

• Muhammad Abu Zahra, 'Furuq al-madhab al-shi'i'(n. 8 above). 이 책은 약 오십 페이지 안에서 견줄 데 없는 정확성을 가지고 간결하게 설명하고 있다(pp. 51–104).

• Ahmad Amin, ch. 2 of Part VII, *'Shi'a' in Fajr al-Islam*, pp. 266–78.

• Ahmad Amin, *Duha al-Islam*, vol. 3, ch. 2, 'Al-shi'a'(pp. 208–315). 여기서는 약 100페이지 안에서 시아 이슬람의 유래뿐만 아니라 교리와 법제 문제에서 순니 이슬람과 다른 점들을 밝히고 있다. 또한, 저자는 우리가 살펴보고 있는 시대인 압바스조와 시아 간 분쟁의 핵심 요소들을 간략하게 역사적, 정치적으로 요약한다.

16 *Lisan al-'Arab*, section on 'Shi'a.'

어의 깊은 층위들을 볼 수 있다. 무엇보다도 순니-시아 갈등으로부터 민주주의의 문제가 대두된다. 즉, 무슬림 사회가 표현의 권리를 확보할 수 있는가, 그리고 민중과 권력에 대해 서로 다른 의견과 불협화음의 전망을 지닌 여러 집단의 이익들을 확보할 능력이 있는가의 문제이다.

시아라는 단어는 무엇보다 '피라끄firaq', 즉 '같은 생각에 모여든 집단' 을 의미한다. '어떤 한 사상 주위에 모여든 사람들의 집단은 모두 시아 라고 불린다.' 여기에서는 또한 따르고 고무한다는 개념도 볼 수 있다. 그리고 이븐 만주르에 의하면, 한 지도자와 사상 주위에 모여든 모든 집단이 시아라고 불리는 이유는 '시아라는 단어의 어근에 '따르다'[타바 아taba'a]와 '복종시키다'[타와아tawa'a] 두 가지 의미가 있기 때문이다. 그러 므로 아내를 가리키는 단어 중 하나가 샤앗 알-라줄sha'at al-rajul, 즉 한 남성의 샤아sha'a인 여성이며 이는 그녀가 "그를 따르고 그에게 원조를 주기" 때문이다.' 이븐 만주르는 시아라는 단어와 무리(샤이얏 알-가남 shay'at al-ghanam)라는 개념의 조합에 대해 상술하고 있다. '시아는 목동의 호루라기에서 나오는 소리이며, 이 호루라기를 가지고 목동은 염소 무 리를 한데 불러들인다.'

두 번째의 핵심 개념은 근본적인 것으로, 다름의 개념이다. '시아는 동의하지 않는 집단을 가리킨다. 시아는 다르게 세상을 보는 사람들을 말한다.' 다르다는 개념은 그 당시에는 아주 특정한 범주, 즉 유대인과 크리스천 분파들에게 적용되는 것이었다.

알라께서 꾸란에서 말씀하셨다. 알라디나 파르라꾸 디나훔 와 카누 시으안al-ladina farraqu dinahum wa kanu shi'an[자신의 종교를 분리시켜 분파가 된 자들]. 알라께서는 여기서 유대인들과 크리스천들을 가리키고 있다. 이들은 서로 이단이라고 부르면서 집단을 형성했기 때문이다. 게다가, 이 둘은 애초에 똑같은 전언을 받았음에도 불구하고, 유대인들은 크리스천들을 불신자라고 부르며 그 반대도 마찬가지이다.]

(꾸란에서 수라 6:159에 나오는 구절이다. 이 수라는 유대, 크리스천, 이슬람은 애초에 모세가 성전을 받는 것으로 시작한 아브라함의 종교였으나 각각 분리된 것을 비판하는 수라이다.—옮긴이)

현대 아랍어에는 서로 다른 전망을 지닌 정치 집단을 가리키는 말로 시아 대신 쓰이는 단어가 있다. 히즙(정당—옮긴이)이라는 단어이다. 이 단어 또한 의회 민주주의와는 아무 상관이 없다. 이것은 다름의 권리에 대한 아주 모호한 감정을 동반한다. 시아처럼 히즙도 '어떤 사상 주변에 연합한 집단'을 의미한다. 여기에는 필연적으로 부정적이고 파괴적인 것으로서의 다름이라는 함축이 있으며 우리가 일상적으로 사용하는 정치 용어들에 대해 생각해보게 한다. 아랍 세계에서 현대적인, 즉 서구적인 의미의 정당을 지칭할 때 쓰이는 히즙이라는 단어는 '생각을 같이하며 모이고 공동의 행위를 시작하는 어떤 집단'을 가리킨다. 하지만 초기에는 이 단어 역시 '알-아흐잡al-ahzab', 즉 '꾸란의 수라에 제목이 붙은 자이며 예언자의 적들인 자', 그리고 '주누드 알-쿠파르junud al-kuffar'(이교자들의 군대), '예언자에 맞서 집단을 꾸리고 그를 음해하는 자들'을 가리켰다.[17] (꾸란에는 예언자에 맞선 자들을 칭하는 제목이 정해진 수라들이 있다.—옮긴이)

시아라는 단어가 의미하는 세 번째 열쇠는 '불을 지른다'는 것으로, 우리 마음속에 갈등과 파괴의 개념을 심는다. 이는 심지어 다를 권리를 거부하는 광신도에 대한 정의이기도 하다. 이븐 만주르는 우리에게 '샤이야아shaya'a'라는 단어를 사용하지 말라고 충고했다. 이는 "불을 지른다"[샤이야아 알-나르shaya'a al-nar], 즉 작은 나무 조각을 던져 넣어서 화염을 일으키게 한다는 뜻이다.' 그의 설명에 의하면 사실 '불을 피울 때 던져 넣는 나무 조각을 슈우shuyu' 혹은 시아shiya'라고 부른다.' 마지막으로 그는 이 개념들을 조합하여 '샤이야아 알-라줄shaya'a al-rajul'은 '사람을 불태운다'는 의미라며 상당히 논리적으로 맺고 있다.

아직 네 번째 핵심 개념이 남아 있다. 시아는 비밀을 전파하는 것이다. 이러한 차원에서 우리는 반대파가 살아남기 위한 필수적인 기술로 비밀스럽게 교리를 전하고 지지자들의 입회를 받는 것을 볼 수 있다. 반대파인 시아는 유일하게 살아남는 방법인 비밀주의 숭배와 새로운 입회자를 받는 비밀의식으로 유명했다. 예멘의 통치자이자 아스마의 남편이며 술라이히 왕조의 설립자인 알리는 이에 대한 완벽한 예시이다. 그는 15년 동안 어둠 속에서 활동한 후에야 바그다드의 순니 칼리프에 대적하는 무장 반동으로 등장했다.

이러한 비밀주의 개념과 비밀스러운 작전들, 즉 특히 정보와 정보의 유통을 폐쇄적으로 통제하는 것은 이슬람에 대한 어떤 반대파에게서도 볼 수 있는 특징이다. 그들을 더 잘 이해하기 위해서 이븐 만주르의 귀중한 책으로 돌아가 보자. '유통하다'라는 뜻의 시아는 어떤 소식을

---

17 Ibid., section on 'Hizb.'

군중 사이에서 전파할 때 쓴다.'[18] 그래서 그에 의하면 '샤아al-sha'a'는 '모두가 알고 있는 정보'를 의미한다. 같은 어근이 현대 아랍어에서 '빛을 퍼트리다'라는 의미로 사용된다. 즉 '아쉬아ashi'a'는 광선을 말하며 '이샤앗isha'at'은 잘못된 소문의 유포를 뜻한다. 이븐 만주르는 '비밀을 누설하다'라고 말할 때 시아로부터 나온 단어가 쓰인다는 것을 상기시켜 준다. '아샤투 알-시라asha'tu al-sirra라고 말하면 그것은 내가 다른 사람들에게 비밀을 누설했다는 의미이다.'

11세기 알리 알-술라이히의 시대에 시아 이슬람은 그전까지만 해도 전통적으로 비밀스러운 활동만 하던 주변부의 정치적 반대파가 아니었다. 시아 이슬람은 그때까지 순니 이슬람에서 볼 수 없었던 장관과 예식들을 동원하여 카이로에 공식적인 시아 칼리프제를 설립할 정도의 위치에 올랐다. 이것이 바로 바그다드 순니 칼리프제의 비통한 적인 파티마조 칼리프제이다. 예멘의 통치자였던 알리는 카이로 파티마조의 봉신이었으며, 그래서 순니 이슬람을 서서히 약화시키기로 했다. 하지만 시아의 비밀주의적인 면은 주변부 반대파라는 역사적인 지위에서만 볼 일이 아니다. 거기에는 무엇보다도 시아 이슬람이 세상을 보는 비전, 그 깊고 깊은 철학과 관련이 있다. 이는 바로 오늘날 시아 이슬람이 언론을 이용하고 전략들을 획책하는 놀라운 기술이 유럽과 미국 거물들의 광고를 그저 초보자들처럼 보이게 만드는 것이다.

하지만 시아 현상이 이란의 현상이라고 말할 수 있을까? 특히 전복

---

18 무슬림 유산이 담긴 옛 서적들 대부분은 질 나쁜 노란 종이에 인쇄되어 있고 값이 싸다. 이는 중요한 점이다. 이러한 이유로 이 작품들은 놀라울 만큼 널리 퍼졌으며 모든 아랍 북 페어에서 질 좋은 종이에 인쇄된 '현대' 서적들보다 훨씬 더 많이 팔렸다.

적인 개념은 비아랍적인 외래 개념이라고 주장하며, 심지어 시아는 이란의 현상이라고 단순화시키기까지 하는 아랍인들을 포함한 많은 사람에게, 이는 무엇보다도 마음에 드는 얘기일 것이다. 또한, 역사에 무지하고 이란 혁명으로만 시아 이슬람을 알게 된 일부 서구 언론인들도 있다. 그들 덕분에 수백만의 서구인들이 시아 이슬람과 이란을 혼동하고 있다. 그러나 특히 지적인 측면에서 비아랍계인 이란인들 등의 기여가 아주 중요하더라도, 시아는 무엇보다도 고유한 아랍적 현상이다. 헤즈라 4세기(AD 10세기)에 카와리즈미는 시아의 '와딴', 즉 고향이 이라크라는 사실에 주목했다.[19] 페르시아에서는 이라크와 인접한 지역, 이 교리를 받아들인 아랍인들과 접촉했던 지역만이 시아였다.[20] 바그다드의 순니 칼리프제에 첫 번째 공식적인 시아 국가는 북아프리카에서 등장했다. 그 이후에는 10세기 이집트에서 파티마조 칼리프제가 만들어졌다. 그들은 칼리프 알리의 후손 중 한 명이자, 그들 주장의 기반을 두고 있는 이스마일을 가리키는 이스마일파로 알려졌다.[21]

이스마일파는 시아 이슬람의 주요 분파로, 오늘날까지도 이어져 오고 있는 전 세계의 몇몇 무슬림들 집단들, 특히 레바논의 드루즈와 인도의 봄베이, 바로다, 하이데라바드 등 아시아의 다양한 공동체들의

---

19 Adam Metz, *Al-hadara al-Islamiyya*(Cairo: Maktaba al-Khanji, 1968), vol. 1, p. 120.

20 Ibid.

21 예상할 수 있겠지만, 파티마조의 기원은 논쟁의 대상이다. 3세기 역사가인 이븐 알-아씨르가 이 문제에 접근하는 법을 보면 이렇게 객관적인 역사를 쓸 수 있는지 배울 수 있다. 그는 단계별로 파티마조가 사기꾼이며, 이 왕조가 알리와 파티마와 상관이 없다는 주장들을 세부적으로 나열한다. 그는 당시 자신이 구할 수 있었던 정보를 사용하여 논리적으로 그 주장들을 깨나간다. Ibn al-Athir, *Al-kamil fi al-tarikh*(Beirut: Dar al-Fikr, n.d.), vol. 6, p. 446.

공식 종교이다. 이 공동체 중 하나에서 그 지도자들인 아가 칸들이 1940년대 서구 패션과 영화들과 연관되어 헤드라인을 장식했고 유명세를 얻었다. 1949년에 이스마일파 이맘의 아들인 알리 칸 왕자가 리타 헤이워드와 결혼한 것은 여전히 오늘날까지도 언론의 얘깃거리가 되는 전설로 남았다. '알리의 아버지 아가 칸을 따르는 7천만 명 추종자들의 이름으로 인도와 아프리카는 리타에게 16킬로그램에 달하는 다이아몬드와 보석들을 제공했다.'[22]

10세기 말에 이스마일파는 카이로에 시아 칼리프제를 세움으로써 바그다드의 순니 압바스조 칼리프제에 결정타를 날렸다. 파티마조 칼리프제는 예언자의 딸인 파티마에서 따온 것이다. 역설적이게도 이론적으로는 남성들만을 중심으로 하는 이 혈족 체제에서 무함마드의 혈통은 그의 딸을 통해 내려왔다. 예언자의 아들들은 어린 나이에 모두 죽었기 때문에 그에게는 남성 후손이 없었던 것이다. 게다가, 파티마는 그의 부친 쪽 사촌인 알리 이븐 아비 탈립과 결혼하여 두 명의 아들인 하산과 후사인을 낳았다.[23] 그들의 어머니 덕분에 하산과 후사인은 예

---

22 Irene Frain, 'Rita Hayworth, la passion et la fatalité, in the 'Les grands amours' series in the 'Actualités' section of *Paris-Match*, 31 August 1989. 아가 칸이라고 알려진 카림 칸은 1957년 조부인 술탄 무함마드 샤를 계승했다. 이맘의 영구 영지는 봄베이에 있다. 이 이스마일파의 한 분파는 니자리야로 불리며 극단적 시아파의 거점인 '알라무트의 군주들'과 강하게 묶여 있었다. 그들은 우마위야 왕조와 압바시아 왕조에 대항하여 암살자 집단을 보내 지역을 위협했다. 그들은 몽골이 도착하고 나서야 쇠퇴했다. 훌라구, 칭기즈칸의 손자가 요새를 654/1256년에 함락했다. 수백 년간 이 이스마일의 한 분파의 이맘들은 비밀의 존재였다. 키르만에서 독립국을 세우려는 노력 이후 아가 칸의 한 분파는 결국 1259/1843년 인도에 정착하게 되었다. 봄베이는 영구 영지가 되었다. 이 주제에 대해서는 *Encyclopedia of Islam*, article on 'Isma'iliyya'을 참조하라.

23 Sulayman, *Tarikh al-duwal*, p. 133에서 파티마 왕조를 포함한 시아 이맘제의 후손과 알리의 후손을 보여주는 계보도를 참조할 것.

언자의 혈통을 지닌 유일한 사람들이자 무슬림들을 이끌 권리를 가진 유일한 사람들이라고 여겨졌다. 어떤 사람들은 파티마에게 어린 시절에 죽은 알-무하산이라는 이름의 세 번째 아들이 있었다고도 주장한다.[24] 예언자의 후손에 관한 모든 주장은 파티마와 알리의 두 자녀 하산과 후사인에게로 거슬러 가야만 한다.

파티마가 죽은 후 알리는 8명의 여성과 결혼했다.[25] 시아파에서 알리의 중요성을 이해하기 위해서는 그의 후손들보다는 그의 죽음을 살펴보는 것이 더 필요하다. 그는 칼리프 무아위야에 의해 권력을 빼앗긴 후 정치적 동기에 따라 세심하게 계획된 암살을 당했고, 순교자로 죽었다. 그가 죽은 후 그의 자녀와 후손들은 박해를 받았다. 알리라는 이름은 영원히 불의, 죄 없는 자에 대한 정치적 살인, 그리고 무슬림들 사이의 형제애와 평등이라는 전언의 위반을 떠오르게 할 것이었다. 알리는 자신들의 권리가 부정되었다고 생각하거나 부당한 대우를 느끼는 모든 사람이 몰려드는 상징이 됐다.[26]

---

24 Tabari, *Tarikh*, vol. 6, p. 88.

25 이 결혼으로 나온 단 한 명의 자녀인 이븐 알-하나피야, 글자 그대로 '하나피야의 아들'만이 정치 종교적 역할을 했다.

26 알리만이 유일한 정의로운 통치자가 될 것이라는 신앙은 3대 칼리프인 우스만 치하에서 시작됐다. 우스만은 우마위야의 한 가문 출신으로, 요직에 자신의 가문 인사들을 앉히면서 정의를 악랄하게 무시했다. 이러한 족벌주의는 용납되지 않았고, 이에 저항하는 이들은 정치기구를 올바른 길, 즉 정의의 길로 되돌릴 수 있는 구원자로 알리를 찾았다. 다음을 참조할 것. Zahra, 'Furuq al-madhab', 그리고 Ahmad Amin, *Duha al-Islam*, pp. 209, 120.
언제부터 알리 이븐 아비 탈립은 억압받는 자들의 상징, 정의의 통치를 가져오는 지도자가 되었을까? 역사가들은 무슬림 정의가 쇠퇴하기 시작한 시기로 상당히 문제가 있었던 3대 칼리프 우스만의 통치를 들고 있다. 그들은 이와 함께 '알리, 예언자의 친족'이라는 발견이 대안으로 등장했다고 지적한다. 그들은 특히 두 가지 점을 강조한다. 하나는 우스만의 족벌주의이고 다른 하나는 우스만과 그 가문이 축적했던 엄청난 양의 부였다. 다음을 참조할 것. Mas'udi, *Muruj*, vol. 2,

수 세기 동안 이슬람 안에서 기존 정권에 대한 정치적 도전은 '나삽 nasab', 즉 혈통, 가계라는 형태로 표현되어왔다. 무함마드의 후손임을 주장한 후에는 언제나 그 정치적 반대자들에 의한 논쟁이 발생한다. 시아 이슬람의 기본 개념은 예언자와 가장 가까운 알리와 그의 후손들만이 예언자와 마찬가지로 정통성을 가질 수 있다는 것이다. 무함마드 사후 모든 칼리프가 단 하나의 꾸라이시 선조에서 나온 후손임을 주장했다. 그러나 그들이 예언자의 가계와 가까운 정도는 상당히 달랐다. 우마위야조는 예언자와 두 명의 꾸라이시 선조만을 공통으로 가졌을 뿐이었다. 그러나 압바스조는 예언자의 삼촌인 압바스의 후손들로서 네명의 선조들(꾸라이시, 압드 마나프, 하심, 그리고 압드 알-무탈립)을 공통으로 한다. 알리만이 예언자의 사촌이자(예언자의 아버지 압달라는 알리의 아버지인 아부 탈립과 형제였다.) 사위로, 파티마의 남편이며 그 두 자녀의 아버지로서 예언자와 가장 가까웠다. 이렇듯 예언자와 가까운 혈통의 연결고리가 파티마조가 가진 정통성의 기반이었다. 그 권위를 가지고 그들은 올바른 정치 체제, 즉 시아 정권에 대한 희망을 실현해주었던 반(反)칼리프제를 설립할 수 있었다. 그들의 전략은 직접적이고 조직적이었다. 우선 핵심적인 지식을 제공함으로써 지지자들을 모아들인 후 자연스럽게 그들을 군인들로 변형시키는 것이다. 파티마조가 권력을 잡은 것은 이 과정을 완벽하게 보여준다. 전장에서 싸웠던 첫 번째 파티마조의 사령관들은 신병들에게 무기 사용법만 가르치는 편협한 군인

pp. 341ff; 그리고 *Les Prairies d'or*(위의 ch. 2 n. 20 참조), vol. 3, pp. 617ff; Tabari, *Tarikh*, vol. 5, pp. 43ff.

들이 아니었다. 그들은 시아 교리에 정통한 뛰어난 학자들로서 인간의 삶이 별의 움직임과 지혜와 비밀스럽게 얽혀 있다는 이 세상에 대한 비범한 비전으로 신병들을 사로잡았다.

파티마조 칼리프제는 처음에는 북아프리카에서(297/909년), 그리고 반세기 이후 이집트에서(358/969년) 출현했다. 이는 이슬람 역사에서 주요한 연도로 헤즈라 4세기에 가장 두드러지는 정치 사건이다. 이 왕조의 설립자인 우바이드 알라 알-마흐디(259/873년-322/934년)는 알-마흐디 알-파티미로 알려졌다. 그는 자신의 '다이da'i'(다와da'wa. 즉, 교리의 전수를 맡은 사람)인 아부 압달라 알-후사인의 뒤를 이어 아프리카에서 권력을 잡았다. 그에게 아프리카로 진출할 것을 조언했던 사람이 바로 아부 압달라 알-후사인이었다. 시아 개종 프로젝트의 진정한 두뇌였던 아부 압달라 알-후사인은 자신이 무슨 말을 하는지 알고 있었다. 그 지역은 주의 깊게 증류되고 정확하게 측정된 시아 교리가 그곳의 인구를 물들이고 나면 무력으로 쉽게 점령할 수 있는 곳이었다. 아부 압달라 알-후사인은 뛰어난 전문 다이, 즉 선전 기술자였다. 그런 이유로 그는 '시아'라는 성을 얻었다. 그는 순례 기간 중 메카에서 현장에 뛰어들었고 매우 독립적인 베르베르 순례자들, 특히 케타마 부족민들을 찾아다녔다. 이들은 후에 파티마조 군대의 최전선에 서게 될 것이었다. 그는 알라에게 기도와 청원을 드리러 온 인파 한가운데에서 묻고 다녔다. '케타마 순례자들은 어디 있습니까?'[27] 케타마족들을 찾아내자 그는 자

---

27 Ibn al-Athir, *Kamil*, vol. 6, p. 450.

신을 소개하고는 그들의 부족장과 논의를 시작했다. 그리고 그가 결정적인 질문을 던지는 순간이 왔다. '무기는 가지고 있소?' 그러자 케타마 부족장이 놀라서 대답했다. '그게 우리 직업이오!'[28] 이것은 운명이 점지한 만남이었다. 중동의 시아 혁명은 무슬림 세계의 극서지방(알-마그립 알-아끄사al-maghrib al-aqsa)에서 자신의 군단을 찾아낸 것이었다.

일단 메카에서 접촉이 이루어지고 나자, 280/893년 예멘인들이 마그립에 도착했고 베르베르 부족들에게 '예정된 마흐디'(알-마흐디 알-문타자르al-mahdi al-muntazar)의 개념을 주입하기 시작했다. 아부 압달라 알-후사인은 모든 문제를 해결할 수 있는 이맘이 필요하다는 기대감을 만들어 냈다. 일단 목표를 달성하고 나자 다이/선교사인 아부 압달라 알-후사인은 은둔해 있던 알-마흐디 알-파티미에게 사자를 보내 기다리고 있으니 북아프리카로 오라는 전갈을 보냈다. 실제로 그는 종교적으로나 군사적으로 모두 열렬히 환영받았다. 296년에 파티마조는 시질마사(모로코에 있는 도시. 8세기에서 14세기까지 사하라 사막 중계 무역의 중심지로 번창했다.-옮긴이)에 모습을 드러냈다. 그는 다른 칼리프들이 실패했던 목표인 세상을 구원하고[29] 무슬림 정의로 통치를 세울 사람, 고대하던 바로 그 사람임을 선언했다. 모든 혁명적인 예언의 요소들이 이제 준비되었다. 세상이 바뀌는 것은 시간문제였다. 297년 카이루안에서 바이아, 즉 통치자를 인정하는 공식적인 의식이 열렸다. 303년에 그는 현재의 튀니스에 가까운 곳에 메흐디아 시를 건설하고 그곳을 수도

---

28 Ibid.

29 Ibid., vol. 6, p. 452.

로 삼았다.[30]

358/969년 이집트가 정복되었고, 그곳에서 파티마조는 번영을 누렸다. 북아프리카는 너무 멀고 고립되어 있었으며 너무 서쪽에 있었다. 반면 카이로는 새로운 왕조가 확장될 수 있도록 비할 데 없는 중심지가 될 가능성을 열어주었다. 그렇게 해서 무슬림 세계는 두 명의 칼리프를 갖게 되었다. 순니 칼리프는 바그다드에 있었고, 시아 칼리프는 카이로에 있게 된 것이다. 독립된 국가를 세우고 바그다드에 세금을 내지 않고 싶어했던 많은 지역 엘리트들이 이스마일파에 모여들었다. 파티마 왕조는 10세기부터 거의 12세기 말까지(567/1171년) 두 세기 동안 권력을 잡았다. 파티마 왕조는 순니를 부정하고 그 영토를 정복했으며 적대자들로 하여금 순니의 권위에 도전하는 독립 국가들을 세우게 했다(예를 들어 예멘의 술라이히 왕조). 이 모든 일은 예언자의 이름과 알리와 파티마를 통하는 그 후손들의 이름으로 이루어졌다.

이 후손들의 가계에 대해 바그다드의 종교 지도자들이 격렬히 도전했음은 쉽게 상상할 수 있다. 어떤 사람들은 알−마흐디 알−파티미가 유대 태생의 사기꾼이라고까지 말하기도 했다. 하지만 이븐 알−아씨르는 역사적 사실들에 기초한 일련의 추론을 통해, 첫 번째 파티마조는 실제로 알리의 후손이라는 결론에 도달한다.[31] 바그다드의 순니 칼리프와 카이로의 시아 칼리프 사이의 대결은 군사적 관심사인 전장에만 한정되지 않았다. 이슬람에서 권력과 관계된 모든 것과 마찬가지로, 세속

30 Ibid., p. 455.
31 Ibid., p. 447.

적인 대결에는 종교 영역에서 발생하여 지식인들과 종교 지도자들이 개입하는—한 곳에서는 '알림'ʿalim'(이슬람학자라는 의미로 복수형은 울라마이다.-옮긴이)이 다른 곳에서는 다이가—종교적인 대결이 필연적으로 따르기 마련이었다.[32] 그러나 헤즈라 4세기에 이 지역의 영원한 이방인인 시아들이 자신들의 칼리프제를 세우고 이상적이며 고대하던 이맘이 이끄는 국가의 꿈을 실현하기는 했지만, 이 꿈은 많은 혁명적 예언들과 마찬가지로 악몽으로 바뀌었다. 시아 국가의 혁명적인 꿈을 실현한 첫 번째 공과 특혜를 받아야 할 북아프리카인들이 빠르게 환멸을 느꼈던 것이다. '알-마샤리까'al-mashariqa'(오리엔탈인들)라고 불리던 시아 인구에 대한 학살이 408년 메흐디아와 카이루안(튀니지 내륙의 대 모스크가 있는 도시-옮긴이)에서 벌어졌다. 열렬히 기다렸던 첫 번째 이맘인 우바이드 알라 알-마흐디가 등장한 지 반세기도 채 안 되었을 때였다. 시아는 암마(대중)에 의해 마지막 한 사람까지도 학살당했다. 이븐 알-아씨르는 이렇게 적고 있다. '많은 시아가 살해당했고 엄청나게 많은 수가 철저히 불태워졌으며 그들의 집은 약탈당했다. 시아들은 아프리카 전역에서 죽을 때까지 쫓겼다.'[33] 순니들은 북아프리카 해안지대에서 영원히 권력을 회복했다. 하지만 무오류한 이맘이라는 꿈 때문에 바로 그 이집트에서 알-하킴 이븐 아므리 알라의 잔혹 행위가 나오게 되었다. 결국, 그

---

32 적절한 예로, 라디오를 듣는 사람이라면 이란-이라크 전쟁 당시 국영 라디오 방송에서 나오는 전선 소식이 순니/시아의 진정한 종교적 '성전'이라는 어투를 취했으며 서로의 정통성을 비방했던 것을 떠올려 볼 수 있다. 이것은 실질적으로 11세기 바그다드와 카이로 사이의 전쟁이 되살아난 것이지만, 한 가지 다른 점이 있다. 9세기 전에는 양측이 다 아랍이었지만 20세기에는 아랍과 이란의 분쟁이었다는 사실이다.

33 Ibn al-Athir, *Kamil*, vol. 8, p. 114.

의 누이인 시트 알-물크가 그 대신에 권력을 잡고 무슬림들을 구하는 의무를 지게 되었다. (알-하킴의 무오류를 끝까지 믿었던 이들은 그가 최후 심판의 날에 다시 재림할 것이라고 주장하였고, 드루즈파를 세웠다.—옮긴이)

우리는 특히 이란적인 현상으로서의 시아 현상 전형과는 실로 동떨어져 있다. 시아가 페르시아의 국교로 선포된 것은 16세기 사파비 왕조에서였다. 시아 왕조가 10세기와 11세기에 페르시아에서 권력을 잡았던 것은 사실이나, 부와이드조(320/932년-447/1055년)는 바그다드의 순니 칼리프들과 결코 적대적인 관계가 아니었다. 오히려 그들은 바그다드 칼리프들에게 크나큰 존경을 표했다.[34] 쿠파의 존재만으로도 이라크가 시아의 중심지라는 것에 대해서는 논쟁의 여지가 없다. 이 도시에는 파티마의 남편이자 하산과 후사인의 아버지인 알리 이븐 아비 탈립의 무덤이 있다. 4대 정통 칼리프였던 그는 카와리지파로 알려진 분파에 속해 있던, 이슬람 정치사의 첫 번째 테러리스트에게 암살당했다. 카와리지파는 글자 그대로 '그만둔 자들'을 의미하며 오늘날에는 니힐리스트라고 불렸을 만한 반대파였다. 조직적이고 은밀한 정치적 폭력의 첫 희생자인 알리 이븐 아비 탈립은 쿠파에서 사망했다. 그 이후로 쿠파는 헤즈라 4세기까지 시아 이슬람의 거대한 중심지가 되었다.[35] 또 다른 도시

---

34 이 주제에 관련된 빠르고 간결한 설명을 어디에서 찾을 수 있을까? 나는 Ahmad Amin이 시아 사상의 뿌리에 대해서 쓴 *Fajr al-Islam*, pp. 276, 278, 279를 권한다. 같은 책에서 저자는 한 장을 할애하여 무슬림 문명, 특히 종교 사상의 분야에서 페르시아가 끼친 영향을 분석하고 있다 (pp. 98ff). 다음 역시 참조할 것. Bernard Lewis's chapter, 'La signification de l'hérésie dans l'histoire de l'Islam', in *Le retour de VIslam*(Paris: Gallimard, 1985), pp. 14ff.

35 이 첫 번째 테러리스트들인 카와리지파는, 칼리프 알리(초반에 그들이 지지했던)와 알리의 적수이자 우마위야 왕조의 초대 칼리프가 되는 무아위야 사이의 내전으로 인한 전환에 분노했던 이들이다. 이들에 대해서는 Mas'udi를 다시 읽어보는 게 좋다. '헤즈라 40년에 카와리지 무리가

인 바스라 역시 시아의 중심지가 되었다.[36] 아라비아 반도는 '메카, 투하마, 사나와 같은 대도시들을 제외하고는 4세기에 전부 다 시아 세력권이었다.'[37] 그리고 이러한 시아 이슬람의 성공에는 북아프리카에서 시아가 권력을 잡는 데 두뇌역할을 했던 아부 압달라 알-후사인이나 그의 동시대인인 이븐 하우샵과 같은 예멘인들의 역할이 컸다.[38] 그 이후 세대에서는 '다이' 알-라와히가 이븐 하우샵의 예를 인용하여 알리 알-술라이히를 시아로 끌어들였다. 그가 아주 어리고 부모에 대해 알지도 못할 때였다. 그리고 후에 아스마 여왕의 남편이 된 알리 알-술라이히의 치하에, 앞서 시아의 세력이 비껴갔던 세 도시인 메카, 투하마, 사나가 시아 이슬람의 수중에 놓이게 되었다.

예멘 여왕 아스마와 아르와 당시의 시아 이슬람은 더는 불평분자들과 국외자들의 소집단을 끌어들이는 흩어진 분파들의 정권 반대 운동이 아니었다. 시아는 당시 강력한 국가로, 카이로에서 권력을 끌어와서 국제적인 규모에서 예언자의 이름으로 순니 이슬람과 순니 칼리프제의

메카에 모여 압도적인 불화와 전쟁에 대해 논의했고, 그들 중 세 명이 알리와 무아위야, 그리고 아므르 이븐 알-아스를 죽이기로 합의했다. …그들은 맹약을 맺고서 각자가 자신이 선택한 희생자를 죽이거나 그 과정에서 파멸할 때까지 이를 추구하기로 했다. …라마단 달 17일, 혹은 다른 이들이 주장하는 바와 같이 21일 밤에[서기 661년 1월 28일] 이들은 거사를 치르기로 결정했다.' 다음 역시 참조할 것. Mas'udi, *Muruj al-dahab*(Beirut: Dar al-Ma'rifa, 1982), vol. 3, p. 683). 그리고 Tabari, *Tarikh*, vol. 7, p. 83.

36 Metz, *Al-hadara al-Islamiyya*; Ibn al-Athir, *Kamil*, vol. 6, p. 449; Ibn al-Nadim, *Al-fihrist*(Beirut: Dar al-Ma'rifa, 1978), p. 264.

37 Metz, *Al-hadara al-Islamiyya*.

38 시아인 Abu 'Abdallah에 관해서는 Ibn Khallikan, *Wafayat al-a'yan*(Beirut: Dar al-Thaqafa, n.d.), vol. 2, p. 192에 나오는 그의 전기(no. 199)를 참조할 것. 그와 Ibn al-Fadl Ibn Hawshab의 관계에 대해서는 Ibn al-Athir, *Kamil*, vol. 6, p. 449; 그리고 Ibn al-Nadim, *Fihrist*, pp. 264ff.를 참조할 것.

파괴를 지휘하고 있었다. 아스마의 남편이자 아르와의 시아버지인 알리 알-술라이히는 파티마조의 전례를 따라 예멘에서 권력을 잡고 왕조를 세웠으며 1세기 동안 통치했다(419/1037년-532/1138년). 그는 이스마일파의 유사-군국주의적인 지침에 따라 정치적 경력을 어떻게 관리할 것인가에 관해 카이로의 주인들로부터 정확한 지시를 받았다. 어느 정도를 비밀로 하고 어느 정도를 공개할 것이며, 각 단계에서 비밀을 공유할 사람들의 수는 몇 명인지, 그리고 군사력으로 그의 권위를 확보할 정확한 순간은 언제인지가 세밀하게 지시되었다.[39]

15년 동안 알리 알-술라이히는 예멘에서 메카로 매년 순례를 떠나는 순례자 집단을 안내하는 직업을 가진 극도로 교양 있는 사람으로 여겨졌다.[40] 그가 그의 셰이크이고 스승이었던 다이 이븐 압달라 알-라와히의 임종 때 한 맹세에 따라, 예멘에서 시아파 다와를 이을 후계자이고 '파티마조 신조의 선전 교사'라는 것을 아는 사람들은 거의 없었다.[41] 압달라 알-라와히는 그의 셰이크인 유시프 이븐 아흐마드 알-아쉬흐에게서 다와를 받았고, 유시프는 이븐 하우샵의 아들이자 계승자

---

39 알리의 전기는 Ibn Khallikan의 *Wafayat*의 vol. 3에 나와 있다. 이 책은 유명인들의 사전식 전기이다. Ibn Khallikan은 앵글로 색슨들이 역사 무대의 뛰어난 인물들을 묘사하는 형식을 발명해낼 때까지 기다리지 않았다. 알람(유명인들)의 전기는 아랍 역사에서 전통적인 장르로 남성과 여성 모두를 포함했다. Ibn Khallikan은 이 형식에서 가장 뛰어난 작가이다. 그는 짧고 간결하게 정보를 모아놓는 방식으로 큰 명성을 얻었으며 다른 작가들에 의해 계속해서 인용되고 있다. 그는 헤즈라 681년(13세기)에 사망했다.

40 Ibid.

41 Ibn Khallikan에 따르면 알리의 다이는 al-Zawahi라고 불렸다. 하지만 다른 전기 작가들과 역사가들은 모두 그의 이름을 al-Rawahi라고 적고 있다. 그래서 나는 Ibn Khallikan의 판본에 인쇄 오류가 있었다고 결론지었다.

인 자파르로부터 다와를 받았다.[42] 어원상으로 다아da'a는 '호소하다, 요
청하다, 도움을 구하다'라는 의미이며 종종 신에 대한 표현으로 쓰인
다. 신에 대한 호소는 아주 강력해서 두아du'a라는 단어는 단순히 '예배'
를 의미한다.[43] 하지만 여기에는 특히 이단에 기댄다는 의미에서의(달라
라dhalala) 설득하고 동요시킨다는 개념도 들어 있다. 그리고 이븐 만주르
에 따르면 다이는 '다른 사람들에게 비드아(혁신)나 딘(종교)에서 자신을
따르라고 요구하는 사람이며, 그로부터 "사실이 아닌 것에 대한 옹호"
라는 또 다른 함의가 나오게 되었다.'[44]

  그 의미야 어쨌든 이븐 알-나딤에 따르면 시아 이슬람의 이스마일파
에게 있어서 다이는 비밀스러운 위계 내의 7번째 계급을 가리킨다. 이
븐 알-나딤은 이스마일파 문헌에 관한 주제의 권위자로서 그 당시(헤즈
라 4세기)까지의 주요 무슬림 저작물들을 묶은 백과사전인, 귀중한 피
흐리스Fihris를 쓰면서 한 장을 이에 할애하고 있다. 그에 의하면 이스마
일파의 선전은 7개의 '발라그balagh', 즉 전언들을 통해 이루어진다. 이
각각은 신참자가 발전해감에 따라 그에게 주어지는 지시 사항인 키탑
kitab에 담겨 있다. 이븐 나딤에 따르면 첫 번째 키탑은 암마(민중)를 위

---

42 'Ali al-Sulayhi in Zarkali, *A'lam*, vol. 4, p. 328의 다른 전기들도 참조할 것; Hanbali,
Shazarat(위의 ch. 1 n. 31 참조), vol. 3, p. 346; Thawr, *Hadhihi*, p. 27; Kamil, *Yaman*, p. 167;
Salah Ibn Hamid al-'Alawi, *Tarikh Hadramawt*(n.p.: Maktaba al-Irshad, n.d.), pp. 340ff. 쿠파 출
신인 Ibn Hawshab의 경력을 따라가면 시아 선전의 출처인 'Abdallah al-Qaddah로 곧장 이어
진다. Ibn Hawshab은 3세기 말에 시아 운동의 두뇌였던 al-Qaddah의 아들들의 동료이자 친구이
자 제자였다. 이븐 알-아씨르는 당시 시아 프로파간다의 중심인물로 Ibn Hawshab을 들고 있다
(Kamil, vol. 6, p. 449).

43 *Lisan al-'Arab*, section on 'da'i.'

44 Ibid.

228

한 것이며, 두 번째 키탑은 그다음 단계에 도달한 사람들을 위한 것이고, 세 번째 키탑은 이 분파에 일 년 동안 몸담았던 사람들에게만 주어진다. 네 번째 발라그는 이 년 동안 있었던 사람들에게, 다섯 번째 발라그는 삼 년, 여섯 번째는 사 년 동안 이 분파에 몸담았던 사람들에게 주어진다. 마지막으로 일곱 번째에는 그 종합과 위대한 계시('알-카슈프 알-아크바르al-kashf al-akbar')가 담겨 있는 발라그를 받게 된다.[45] '카슈프kashf'는 비밀을 밝히고 외피 속에 감추어진 의미인 함의, 즉 '바틴batin'을 볼 수 있는 능력을 말한다.[46] 6대 이맘으로 시아 이슬람의 위대한 이맘인 자파르 알-시디끄의 선언(거의 금언이 되었다.)에서 '비밀'이라는 이 개념을 가장 잘 볼 수 있다. '우리의 주장은 비밀(시르sirr)의 비밀, 덮어 가려진 것의 비밀, 다른 비밀만이 밝힐 수 있는 비밀이다. 다시 말하면 자체로서 자족하는 비밀에 관한 비밀이다.'[47] 이 현상을 어느 정도 제대로 엿볼 수 있는 것이 알리 알-술라이히의 비밀스러운 입문이다. 이는 그

---

45 Ibn al-Nadim, *Fihrist.* Ibn al-Nadim는 헤즈라 385년에 사망했다. 그의 책은 388년에 출간되었다.

46 이 입문 과정의 세부 내용은 혼동하기 쉬우며 막연하고 모순투성이다. 하지만 모두가 한 가지에는 동의하고 있다. 바로 우리가 그 입문에 대해 거의 아는 것이 없으며 이는 비밀주의 때문이고 그 비밀주의가 교리의 필수적인 부분이었다는 것이다. 다음을 참조할 것. Metz, *Alhadara al-Islamiyya,* vol. 2, p. 76; *Encyclopedia of Islam,* article on 'Isma'iliyya'; Henry Corbin, *Histoire de la philosophic islamique*(Paris: Gallimard, 1964), pp. 66ff.

47 Corbin, *Histoire de la philosophic islamique,* pp. 67, 68. [H. 코르방, 김정위 번역(1997), 이슬람 철학사. p. 60. "우리의 주장은 곤란한 것이며 그것은 많은 노력을 요구한다. 그리고 그것은 가장 높은 곳에 위치하는 천사와 신에게서 파견된 예언자 혹은 신에게 신앙심을 시험받은 충실한 신도에게만이 가능한 것이다. "6대 이맘 자파르 알-사디크는 다음과 같이 말했나. "우리의 주징은 비밀(Sirr)의 비밀, 덮어 가려진 것이 비밀, 다른 비밀만이 밝힐 수 있는 비밀이다. 다시 말하면 자체로서 자족하는 비밀에 관한 비밀이다." "우리의 주장은 진리이며 진리의 진리(haqq al-haqq)이다. 그것은 외적"인 것이며 외적인 것의 내적인 것, 내적인 것의 내적인 것이다. 그것은 비밀이며, 덮어 가려진 것, 유일한 비밀로 충분한 비밀의 비밀이다.—옮긴이]

가 아직 어린아이였을 때 그의 순니 가족이 무슬림 신앙의 기본을 가르치려고 보냈던 시아 교사에 의해 시작되었다.

알리의 아버지인 무함마드 이븐 알리 알-술라이히는 까디(판관)였으며 종교 교리에 능통해 있었다. 그는 하라즈 지방의 마사르 산에서 전업에 종사했으며 그중에서도 이름을 날렸다. 그리하여 그는 현지 종교적 인물들의 방문을 받았고, 그들은 와서 그에게 존경을 표했다. '신앙심과 학식'을 보고 그를 방문했던 시아 다이, 아미르 이븐 압달라 알-라와히는 아직 어렸던 알리의 엄청난 가능성을 알아보고 특별한 관심을 보였다. 알리의 아버지가 속해 있던 종교 분파에 대한 기록은 엇갈린다. 이븐 칼리칸은 그가 순니라고 전하고 있다.[48] 골수 반시아적 한발리파 역사가인 이븐 이마드에 따르면 (한발리파는 엄격함으로 유명하다.) 그 판관은 '그릇된 신앙'을 가졌다고 되어 있으며, 이는 이븐 이마드의 표현 방식에서 명백히 시아 이슬람을 가리킨다.[49] 무엇이 되었든, 알-라와히는 이 방문에서 그 판관의 아이와 대화하면서 크게 흡족해했으며 아이는 지도를 위해서 그에게 맡겨졌다. 그는 알리의 가정교사가 되었다. 그가 알리의 생각에 새겨 놓은 핵심 전언 중에는 예멘이 그를 기다리고 있다는 내용이 있었다. 영웅의 운명을 가진 알리는 놀라운 미래를 이끌어낼 것이었다. 알-라와히는 알리가 미래를 점치고 앞으로 올 사건들을 예언하는 매우 귀중한 고대서인 『키탑 알-수와르Kitab alsuwar』에

---

48 Ibn Khallikan, *Wafayat*, vol. 3, p. 411. 그가 순니였다고 확신하는 다른 사람들도 있다. Zarkali, *A'lam*, vol. 4, p. 328; 'Alawi, *Tarikh Hadramawt*, p. 340.

49 Ibn Khallikan, *Wafayat*, vol. 3, p. 411; Hanbali, *Shazarat*, vol. 3, p. 346.

그려진 비범한 존재임을 확신했다.[50] 이 귀중한 책은 그의 서재에 단 한 권 있었는데, 그가 시아 이슬람 임무의 신탁자로서 자신의 비밀 업무를 잇게 될 사람에게 넘기게 돼 있었다.[51] 그리고 그는 놀라운 지능을 갖춘 아이 알리가 예멘에서 시아 신앙을 선전하고 방어하는 임무에 가장 적임자라고 완전히 확신했다. 알-라와히는 아무것도 모르는 그 아버지에게는 자신의 생각과 계획을 전혀 발설하지 않았다. 하지만 알-라와히는 어느 날 자신의 죽음이 임박했다는 전조를 보았고, 자신의 계승자를 지정하려는 열망을 가지고서 알리에게 비밀을 말하기로 했다. 그는 알리에게 자신은 시아 다와의 전도 임원인 다이라고 알리며 진짜 정체를 밝혔다. 그는 자신의 '마드합madhab'(학교, 교리)을 전했으며 '알리가 성숙하기도 전이었지만 그를 준비시키기 시작했다.'[52]

그 아이는 스승의 확신에 들어맞았다. 그는 비밀을 잘 지켰고 자신의 아버지에게조차 말하지 않았다. 알-라와히는 죽기 직전에 그를 '와시wasi'(임무의 계승자)이자 서고의 상속자로 지정했다.[53] 알리는 서적들

---

50 Ibid.

51 오늘날, 고대의 보물인 시아 이슬람에 관한 서적들은 흩어져 있고 볼 수 없는 것들이 많다. 이슬람에 관한 모든 학문적 서고들이 계속 지어져야 하고, 간신히 남아있는 무슬림 학문에 대한 연구가 이루어져야 하며, 모두가 어려움 없이 설립하고 지원하는 모든 학문적 토대가 있어야 한다고 생각한다면, 무슬림 유산이 정치적 기회주의의 볼모라는 것을 깨닫게 될 것이다. 모든 정치인이 이 유산을 내세워 발언하고 그 이름을 내세워서 지식인의 역할을 빼앗으려고 한다. 하지만 그들 중 미래 세대들이 최신 기술을 갖춘 편안한 도서관에 갈 수 있고 영화제작자들, 연극인들, 교사들, 그리고 작가들이 와서 영감을 받고 연구 자료들을 찾을 수 있도록 자기들의 오일 머니를 털어서 이 유산을 보존하고 체계화시키는 데 투자하려는 사람은 한 명도 없다. 현재로서는 돈이 들지 않고 그나마 얼마 없는 도서관들에서 몇 시간씩 기다리지 않아도 되는 시설이 없다. 그 도서관들마저 전문가들이 무시하고 손 놓은 것으로, 이는 현재 우리가 가진 전부이다.

52 Ibn Khallikan, *Wafayat*, vol. 3, p. 411; Hanbali, *Shazarat*, vol. 3, p. 346.

53 Ibid.

을 공부하기 시작했고, '뛰어난 지능으로 이스마일파의 교리에 능통하게 되었다.'[54] 위계상 그의 최고 상관은 카이로의 시아 칼리프였다. 그는 시아 칼리프에게 자신의 정치 프로젝트들을 보고해야 했다. 알리가 시아 교리에 대한 넓은 지식을 가진 총명한 학자라는 명성은 아주 빠르게 전국에 퍼져 나갔다. 종교적인 갈등으로 분열된 예멘은 고대 서적에서 약속되어 있던 구원자 이맘을 기다리고 있었다. 하지만 알리는 유명인이 가지곤 하는 허영심에 빠져들지 않았다. 그가 받은 지시는 사역을 비밀리에 시작하라는 것이었다. 사건들이 펼쳐짐에 따라서 언제 음지에서 나와 자신의 꿈과 의도를 세상에 선포할지 알게 될 것이었다.

운명을 기다리면서 그가 해야 하는 일은 무엇이었을까? 까디의 아들이자 종교 교리에 극도로 능통해 있으면서 엄청나게 많은 사람과 접촉해야 하는 임무를 맡은 사람이 추구할 만한 직업은 무엇이었을까? 조건에 맞는 직업이 하나 있었다. 순례자들 집단을 메카로 안내하는 일이었다. 이 일에는 학식과 군사적 능력이 필요했다. 상당히 위험한 육로를 따라 예멘에서부터 메카까지 카라반들을 인솔해야 하는 일이었기 때문이다. 매년 메카로 떠나는 일단의 순례자들을 이끄는 이 일은 알리에게 안성맞춤이었다. 이는 적당한 생계 수단 이상의 명망 있는 직업이었고, 무엇보다도 성지로 가는 여정에서 많은 사람을 만나 별이 빛나는 긴긴 밤마다 그들과 대화를 할 수 있는 독보적인 기회였다.[55] 15년 동안 알리

---

54 Hanbali, *Shazarat*, vol. 3, p. 346. 한발리는 '이스마일리야Isma'iliyya'라고 말하지만 이븐 칼둔은 '이맘미야Imamiyya'를 말하고 있다. 이는 이맘 사상의 중심에 있는 시아 교리의 또 다른 이름이다.

55 Hanbali, *Shazarat*, vol. 3, p. 347; Zarkali, *A'lam*, vol. 4, p. 328; 'Alawi, *Tarikh Hadramawt*, p. 340.

는 '이집트를 지배하는 파티마조 이스마일파 칼리프인 알-무스탄시르를 위한 선전'을 비밀리에 수행했다.[56] 성지 순례는 선전가에게는 이상적인 장소였다. 성지 순례에는 많은 나라에서 수많은 지도자가 모여들었다. 그는 그들과 정보를 나누었으며 접선을 하고 무슬림 세계의 전역과 연대를 형성하는 유일한 기회를 제공했다.

4세기 전에 바로 이런 방식으로 이슬람이 시작되었다는 점을 잊어서는 안 된다. 메카의 꾸라이시 귀족 출신인 무함마드는 갓 마흔이 된 인생의 절정기에 자신의 전언을 들을 사람들, 자신의 새로운 종교의 청자들을 카바 주변에서 이교도 예식을 거행하는 순례자 무리에서 찾았던 것이다. 카바는 메카의 심장이며 태고부터 신성이 현현했던 성지였다. 이 주변에 모여든 전 세계에서 온 거대한 순례자들의 무리가 아닌 어디에서 세상에 혁명을 일으키려는 전언의 지지자들을 찾을 수 있겠는가? 예언자의 시대부터 그랬고, 몇 세기 후인 알리 알-술라이히의 시대에도 그랬다. 지금도 여전히 이란의 순례자들이 사우디 안보군과 싸우는 것 등의 사건들을 TV 생방송으로 보면 메카에서는 종교만큼 더 정치적인 것이 없음을 깨닫게 된다. 그리고 아랍 세계에서 볼 수 있는 정치와 종교 사이의 이 긴밀한 연결은 이슬람 이전으로 거슬러 올라간다. 귀중한 책 『키탑 알-무카바르Kitab al-mukhabbar』에서 전 이슬람의 종교들에 대해 기술한 흔치 않은 아랍 역사가인 알-바그다디(헤즈라 245년, 9세기에 사망)는 메카로 가는 성지 순례가 자힐리야 시대에 존재했던 전통 일부로 이슬람에서 잔존했음을 상기시켜준다. '그들[이슬람 이전의 아랍인

---

56 Hanbali, *Shazarat*, vol. 3, p. 347.

들]은 성지순례를 행했다. 그들은 바이트bayt[카바의 성소]를 일주일 동안 돌았다. 그들은 검은 돌을 만지고서 계속해서 사파와 마르와 언덕 사이를 걸었다.'[57] 유일한 차이가 있다면 이슬람 이전 이교도 시대에는 아랍인들 각 집단이 특정한 신이나 여신을 부르면서 카바 주위를 돌았다는 점이다. 무슬림 예언자 무함마드가 생각해낸 것은 모든 순례자가 단 하나의 유일한 신 알라를 부르며 도는 것이었다. 아랍의 통일과 강대함이라는 그의 꿈은 필연적으로 종교적 통일과 연관되었다. 똑같은 신을 믿고 그래서 동일한 지도자를 세우는 것이었다. 이는 기존의 권력을 위협하는 혁명적인 생각으로 이 때문에 무함마드는 다신교인 메카에서 위험인물로 박해받게 되었다. 수천 명의 사람이 모여드는 그 순례 장소가 아니라면 어디에서 동맹을 찾을 수 있었겠는가? 예언자 무함마드는 대개 아라비아 전역에서 온 부족장들이었던 순례자들에게 자신의 새로운 종교를 제안하기 위해 연간 성지 순례 기간을 기다렸다. 몇 번의 실패 끝에 그는 메디나에서 온 무리들이 대의를 후원하는 데 동의하고 그들의 도시에서 그가 새로운 종교인 이슬람을 설파하도록 설득했다. 메카에서 메디나로의 이동을 '알-히즈라al-hijra'(영어에서 헤즈라라고 하는)라고 부르며, 이것은 서기 622년부터 시작하는 무슬림 달력의 시작이 되었다. 이때 메디나의 사람들은 메카의 세력가들에게 배척당한 메카의 예언자를 받아들였다.[58] 예언자가 보여 준 이슬람의 놀라운 성취 그

---

57 Muhammad Ibn Habib al-Baghdadi, *Kitab al-mukhabbar*(Beirut: Al-Maktab al-Tijari, n.d.), p. 307.

58 Ibn Sa'd, *Al-tabaqat al-kubra*(Beirut: Dar al-Fikr, 1980), vol. 1, pp. 216ff. 그리고 Tabari, *Tarikh*, vol. 2, pp. 230ff.

자체가 모든 일이 독보적으로 성스러운 장소인 카바의 성소를 중심으로 일어난다는 정치적 전략의 교훈이다.

그래서 알리 알-술라이히는 결코 혁신자가 아니다. 예멘인 다이가 순례자들을 인솔하는 직업으로 자신을 감추고 신중하게 선전 작업을 하면서 15년을 보낸 것은, 그가 제대로 된 쿠데타를 준비하고 있었기 때문이었다. 그 뒤를 이어 이스마일파 시아 대의를 위한 예멘 정복이 일어났고, 이는 메카의 점령과 함께 이집트의 파티마조로 실현되었다. 알리가 가진 결의, 지능, 용기, 설득력은 상당한 영향력을 만들어냈음이 분명하다. 아스마 여왕을 매혹하게 될 알리는 이미 종교적 지도자로 빛나고 있었다. '이 사람이 예멘을 지배할 것이라고들 말하였으나 그는 "그런 소문을 몹시 싫어했다."'[59]

429년이 되어서야 그는 '자신의 임무를 드러낼 시기가 왔다고 생각했고, 그 전에 칼리프 알-무스탄시르의 인가를 요청했으며 승인을 받았다.'[60] 우리는 이스마일파 시아의 위계제가 극도로 세밀하며 단계마다 그 상위 단계에 사안을 고해야 한다는 것을 이미 살펴보았다. 다이로서 알리 알-술라이히는 최고 권위자인 이맘으로부터 직접 명령을 받았다. 시아 위계제에 따르면 그는 바로 이집트의 파티마조였다. 그뿐만 아니라, 술라이히조의 치하에서 예멘에 있는 모스크들의 쿠트바에서는 이집트 칼리프인 알-무스탄시르의 이름이 먼저 호명되었으며, 그 후 예멘의 군주들과 그 배우자들의 이름이 불렸다. 자신의 임무와 군사적

---

59 Hanbali, *Shazarat*, vol. 3, p. 347.

60 Ibid.

목적을 드러내는 것에 대한 허가를 받자 알리는 예멘 정복에 착수했고
놀라운 속도로 요새들을 하나씩 무너뜨렸다.[61] 그는 사나를 수도로 삼
았으나 그에게 국제적인 명성을 안겨 준 것은 455/1064년의 메카 정복
이었다.[62] 이븐 알-아씨르는 455/1064년의 눈에 띄는 사건 중 하나로
예멘의 군주인 알리 알-술라이히가 메카를 정복한 일을 들고 있다. 알
리는 메카를 정복하고 질서를 다시 세운 후 훌륭하게 통치했다. '그는
불의를 종식하고 공급 체계를 재정비했으며 자선 활동을 늘렸다.'[63] 몇
개월 만에 그는 정치가이자 군인의 자질을 입증해 보였고, 그의 동포들
은 크게 기뻐했다.

불화와 씨족 간의 경쟁으로 분리되어 있던 예멘에는 동일시하고 자랑
스럽게 인정할 수 있는 민족 영웅이 필요했다. 알리 알-술라이히는 완
벽한 아랍인 영웅이었다. 그에게는 육체적인 힘과 인내력, 자신감이 있
었다. 그는 또한 두려움이 없었고, 사랑받는 지식인들의 특징인 지적인
민첩함을 겸비하고 있었다. 그 결과 눈에 띄거나 다른 사람들보다 돋보
이려고 노력할 필요가 없었다. 민중의 행복이 그의 사역의 성공에 달려
있다고 생각한 시아 대가들의 손에 자라난 알리는, 진정한 정치적 지도
자의 초연함과 더불어 과묵한 배려의 태도를 지녔다. 그러한 지도자는
우리를 질책하지 않고 받아들이며, 명령만 내리는 것이 아니라 귀를 기
울이고, 우리의 생각과 문제들을 경시하지 않고 종합적으로 다룬다. 그

---

61 Ibid.

62 Ibn al-Athir, *Kamil*, vol. 8, p. 363.

63 Ibid.

런 지도자의 카리스마는 그의 주변에 있는 사람들이 몸을 사리지 않고 지혜를 드러냄으로써 더욱 강해진다. 우리는 이러한 지도자 속에서 자기 자신을 발견하며 그에게 매혹된다. 사타의 요새는 곧 경쟁 관계의 씨족장들이 모두 모이는 장소가 되었고, 그들은 초청을 받아 둘러앉아서 의견을 냈다. 실제로 1969년 예멘 공화국 선포 이전까지도 살아남아 있던 예멘의 고대 풍습을 따라서 알리는 모든 정복지의 왕자들을 곁에 두었다.[64] 그는 그들을 위해 사나에 있는 자신의 궁전 가까이에 궁전들을 건설했고 그렇게 함으로써 그들이 국사에 참여할 수 있게 했다. 이는 정치적 적수를 무력화시키는 평화적인 방법으로 현대 아랍에서는 찾아보기 어려운 것이다.[65] 삼 년에 걸쳐 예멘은 국제적 불화와 분단 지역에서 번영하는 나라로 탈바꿈했다. 안전한 도로들은 그 번영을 뒷받침하고 반영하는 것이었다.

458/1055년에 알리는 그가 애정을 품고 있었던 여행, 그의 경력에 정점을 찍을 사건이 될 여행을 결심했다. 무슬림들 앞에 선조들의 위엄을 불러일으킬 수 있는 모든 화려함과 의식을 거행하면서 메카로 성지순례를 하기로 한 것이었다. 예언자의 시대에 무함마드와 그의 동료들은 메디나의 먼지 날리는 길들에서 다른 모든 이들처럼 사나의 사절단들이 동맹의 서약을 하기 위해 다가오는 것을 보았다. 예멘의 군주들은 왕관을 쓰고 화려한 누빔 겉옷을 차려입고 황금 마구를 갖춘 말에 올라 다른 모든 군주 사이에서 돋보였다. 그리고 국제적인 장에 자신의 권

64 Kamil, *Yaman*, p. 168.

65 Ibn Khallikan, *Wafayat*, vol. 3, pp. 412, 413; Hanbali, *Shazarat*, vol. 3, pp. 347, 348.

력을 드러내 보이고 싶어하는 무슬림 수장에게 거대한 인파가 모여있는 메카보다 더 좋은 곳은 없었다. 순례자 중에는 실제로 평민들도 있었지만, 이 시기에 순례 카라반은 보통 공식 행렬의 모습을 취하고 있었고 몇 년간은 수장들이나 그 계승자들이 직접 선두에 섰다. 이 카라반들은 거대한 수행원들을 대동하고 몇 주에 걸쳐 이동해야 했다. 그래서 물품뿐만 아니라 외교적 준비와 함께 항상 우호적이지만은 않은 여러 영토를 지나가는 동안 안전을 확보하기 위한 군사적 준비도 필요했다. 사실 어떤 나라의 카라반이 메카에 안전하고 온전히 도착하는 것 자체가 그 나라가 가지고 있는 군사적 힘과 번영의 증거였다. 파티마조는 이라크의 카라반이 지나가는 지방들에 혼란과 내전의 씨를 뿌려서 바그다드 칼리프의 의표를 찔렀다. 이 때문에 이드(축일)에 맞춰 바그다드의 카라반이 성도에 도착하는 것이 지체되었다. 그 결과 순례자들은 뭔가 중대한 일이 벌어지고 있음을 알게 되었다. 체제 전복자들이 항쟁을 선언하는 곳도 메카였고, 공식적으로 중재가 이뤄지는 곳도 메카였다. 메카는 무슬림 세계의 심장이자 거울로서 형제애가 지배해야 하는 곳으로, 최소한의 문제의 기미를 반영하고 그 문제들, 불안, 스트레스를 드러내는 곳이었다.

알리는 458/1066년이 최고의 행복이자 성취의 해라는 것을 확신했다. 그 해가 또한 그의 비극적인 죽음의 해가 되리라고 별들이 정해두었던 것을 그가 어떻게 알았겠는가? 그의 죽음은 성공에 도취되어 있던 그 행복한 순간에 나타나는 불행의 징조만큼 예상치 못한 것이었다. 그는 증오와 그것을 먹고사는 사람들을 잊어버리고 있었다. 그는 자신이 정치적 살인을 사용했던 몇 안 되는 곳 중 하나이며 여전히 그에게 대항하고 있던 단 하나의 공국인 주바이드가(家)의 군주들인 바누 나자흐를 잊고 있었다. 바누 나자흐는 술라이히조에 가차없는 피의 복수를 노리는 옛 에티오피아 노예 가문이었다.[66] 예멘의 역사는 아주 오래전부터 항상 에티오피아의 침략으로 얼룩져 있었고 두 나라 간에는 군대든 상인이든 끊임없이 주고받는 관계가 있었다. (예멘인들과 에티오피아인들은 홍해를 이용하는 중개 무역을 했다. 홍해를 끼고 있는 두 지역은 사실상 하나의 지역이었다. 셰바의 여왕이 에티오피아인이라는 주장도 예멘의 여왕이라는 주장도 이 때문에 다 맞는 이야기가 된다. 알리에 의한 예멘의 통일 이전에 에티오피아 지역에서 번영했던 악숨 왕국(100년-940년)은 에티오피아 북동부에서 홍해 건너 예멘의 사나 지역까지 걸쳐 있었다. 악숨 왕국이 붕괴하고 나서도 에티오피아인들은 예멘 지역에서 계속 활동했다. 그들의 주업이 중개 무역이었기 때문이다.-옮긴이) 게다가 술라이히 군대의 상당 부분은 에티오피아 군사들로 구성되어 있었다. 바누 나자흐는 알리가 사나에서 내린 명령으로 자신들의 아버지가 살해당한 것을 결코 잊은 적이 없었다. 알리는 주바이드를 유혹해서 독살할 사람을 수백 명의 후보자 중에서 신중하게 선발했다. 알리가 주바이드에게 보낸 매혹적이고 재능 있는 자리야는 달콤한 미소를 띠며 그를 살해했다. 그 자리야는 꾸러미에 루트 한 개와 노래할 시집들 사이에 숨긴 독약 한 병만을 지닌 채 바누 나자흐의 도시로 갔다. 그녀가 그 우두머리의 침실로 들어가는 데 성공했다는 것은 말할 것도 없었다.[67] 주바이드가는 궁전 한가운데를

---

66 S. Lane-Poole, *The Mohammadan Dynasties: Chronological and Genealogical Tables with Historical Introductions*(London: Constable, 1894), pp. 89ff.

67 Ibn Khallikan, *Wafayat*, vol. 3, p. 413; Hanbali, *Shazarat*, vol. 3, p. 347.

강타한 죽음으로 인해 하루아침에 비탄에 잠겼다. 독살된 군주의 아들들, 특히 사이드 이븐 나자흐는 복수를 맹세했다. 술라이히의 별이 높이 오를수록 그의 일거수를 파악하는 일도 더 쉬워졌다.

알리가 아내 아스마를 대동하고 사나를 떠나 성도로 향하고 있을 때, 사이드 이븐 나자흐는 벌써 그가 어떤 경로를 취할지 파악하고 있었다. 하지만 이번 카라반은 이전보다 더 엄청났다. 알리는 이제 단순한 순례자 무리를 이끄는 평범한 수장이 아니었다. 그는 왕자들과 유명한 말몰이꾼들이 따르는 눈부신 카라반을 이끌고 있었고, 이는 그의 아찔한 성취와 그 여정의 군사적 목적을 분명히 보여주었다. 메카가 그 어느 때보다도 더 확고하게 시아의 수중에 있음을 분명히 하려는 것이었다. 바그다드와 카이로, 순니와 시아 사이의 분쟁이 맞붙은 성지의 운명은 한쪽의 무상한 승리와 다른 한쪽의 일시적인 패배 사이에서 동요하고 있었다. 이 예멘 지도자는 메카에서 3년 전 자신이 이루었던 것, 즉 쿠트바가 이집트의 파티마조 이름으로 반포되고 그 자신이 그러한 기적을 가능하게 한 군사적, 종교적 지도자로서 추앙받는 그 성취를 다시 이루고자 했다.[68]

알리의 카라반은 술라이히 가문 백 명, 에티오피아 군사 5천 명, 그리고 알리가 예멘을 통일하던 시기에 정복되어 그 이후 사나의 궁전에서 살고 있던 예멘 전역의 왕자들 전원으로 구성되어 있었다.[69] 알리는 안전책으로, 그리고 그들을 계획에 참여하게 하려고 왕자들에게 메카

---

68 Kamil, *Yaman*, p. 169.

69 Ibid.

240

에 대동하기를 요구했다. 그의 아내 아스마는 여정에 함께하고 있었으며, 외교 의례에 따라 자신의 마차에서 화려하게 치장한 수백 명의 자와리와 함께 행렬에 참가했다.[70] 알리는 아르와의 남편인 아들 알-무카람에게 부재중에 자신의 자리를 맡도록 지정해두었다.[71] 알리의 카라반은 화려함과 세력을 과시하며 여정에 올랐고, 술라이히가 메카로 향하고 있다는 소식이 전역에 퍼져 나갔다.

분명 많은 순니들이 알리와 아스마의 눈부신 카라반이 지나가는 것을 보면서 카르마트를 떠올렸을 것이다. 카르마트파는 죽음과 파괴의 씨를 뿌리는 자들로, 그 이름이 신성모독과 동의어가 되었다. 그들은 한 세기 앞선 317/930년에 순례자들을 공격했던 극단주의적 시아 분파였다. 시간이 흘러도 무슬림들은 이들의 공격을 잊을 수 없었다. 시아들, 특히 알리는 파티마조가 공식적으로 파면한 카르마트파의 기억으로부터 자신을 분리하는 데 엄청난 노력을 기울였다. 하지만 부와 세를 과시하는 시아 카라반은 카르마트파가 메카에 들어와서 카바의 성소를 모독하고 그곳을 덮고 있던 '카스와kaswa'(귀중한 너울)를 벗겨내고 그 유명한 검은 돌을 가져갔던 두려운 기억을 되살렸다.[72] 이 모든 일은 알리와 아스마의 수 세대 전에 일어났지만, 트마우마를 남기는 사건들의 가장 눈에 띄는 특징 중 하나는 시간이 흘러도 그 일이 전혀 무뎌지지 않

70 Zarkali, *A'lam*, vol. 1, p. 305.

71 Ibn Khallikan, *Wafayat*, vol. 3, p. 413; Hanbali, *Shazarat*, vol. 3, p. 347.

72 카르마트파가 메카를 공격한 것에 대해서는 다음을 참조할 것. Ibn al-Athir, *Kamil*, vol. 7, pp. 53ff; Hanbali, *Shazarat*, vol. 2, p. 274. 카르마트파에 대해서는 다음을 참조할 것. *Encyclopedia of Islam*, article on 'Karmati.'

는다는 것이다. '그 해 아무도 성지 순례 예식을 끝내지 못했다. 약 3만 명이 죽었고, 그만큼의 여성들과 아이들이 전쟁 포로로 잡혀가 노예가 되었다.'[73] 카르마트파는 상징으로 가득한 검은 돌을 20년이 넘게 가지고 있었으며 이 반역자들이 한때 충성을 바쳤던 파티마조의 압력이 있고서야 본래 자리에 되돌려 놓았다. 이스마일파의 외교관들은 항상 엄청난 노력을 기울여서 순례 기간에 있었던 그 사건의 기억을 지우려고 했다. 그러나 매년 메카로 향하는 시아 카라반들이 드물게 눈에 띌 때마다 그 기억은 되살아났다. 그날, 사나와 메카 사이의 오아시스에서 알리 알-술라이히의 카라반이 과시하는 장관은 아이들의 경도된 눈에 반짝였다.

왕실 카라반이 조용한 모래 위를 천천히 움직이고 있었을 때 비르 움 마바드라는 이름의 물가에서 갑작스러운 정지 명령이 내려졌다. 사이드 이븐 나자흐는 멀리에서 대 사막에서만 가능한 명료한 시력으로 카라반을 염탐하고 있었다. 그의 아버지를 살해한 알리가 이 물가에서 잠시 쉴 모양이었다. 이상하게도 알리 자신이 의식하지 못한 채 이 장소를 선택하여 멈추기를 주장했으며, 운명에 따라 그는 다시는 새로운 날을 맞을 수 없게 되었다. 그는 시아 스승들과 공부를 했었기 때문에 이 지역에서 있었던 예언자의 여정의 세부 내용을 누구보다도 더 잘 알고 있었다. 그럼에도 그는 (나중에 밝혀지듯이 잘못 생각하여) 예언자가 5세기 전에 움 마바드에서 휴식을 취했다고 확신했기 때문에 그곳에서 멈춰 섰다. 이것은 사실이 아닌 꿈의 환각으로 이루어진 기억을 죽음에

---

73 Hanbali, *Shazarat*, vol. 2, p. 274.

덧씌운 황망한 확신이었다.

　(알리의 죽음이라는) 이 비극의 소식이 사나에 도달하자 비통에 빠진 사람들은 알리가 그렇게 사랑했던 그녀를 찾아보려고 했으나, 어디에서도 알-후라 아스마의 자취는 보이지 않았다. 사나 사람들은 여왕을 찾아 오랫동안 공들여 수색했고, 사나의 군대들은 그녀를 잡고 있던 자들에게 복수하기 위해 선제공격을 가했다. 아스마가 마침내 풀려나서 사나로 돌아오자 그녀의 아들 알-무카람은 그녀로부터 명령을 받았다. 그리고 그가 병이 들자 사람들은 미래를 건설하기 위한 지도자를 찾아 그의 아내인 아르와에게 기댔다.

08
셰바의 작은
여왕들
The Little Queens of Sheba

아랍인들은 여왕의 지배를 받았고 그것에 만족했으며 자신들의 여왕을 경외했다. 이것은 전자 혁명에 다소 불안해하는 남성들, 마치 그렇게 하면 빚투성이 경제가 기적적으로 안정될 것처럼 우리에게 베일을 쓰라고 신경질적으로 조언하는 남성들이 있는 현대 아랍 세계에서는 초현실적인 이야기가 아닌가? 여성들과 여성들의 힘을 덮어버리는 것은 11세기 예멘 사람들의 주요 관심사가 아니었던 듯했다. 연대기의 저자들은 자신을 드러내고 적극적이며 활동적인 예멘의 여성들, 생각하고 말하고 의사결정을 하는 그 여성들에 남성들이 완전히 만족해 있었다고 묘사한다. 이는 국가 전체뿐 아니라 개인들을 포함한 모두에게 이로웠던 것으로 보인다. 그리고 이 고대 기록들을 통해 민주적인 상호작용으로 결합된 강력한 부부관계는 과거 우리 모두에게 사악한 것으로 선언되었으나 실제로는 우리 선조를 배반한 것도 아니고 서구를 기계적으로 도입한 것도 아님을 확인시켜주는 자취들을 기쁘게 찾아볼 수 있다.

　아스마 빈트 쉬합 알-술라이히야는 권력과 진주를 똑같이 월등하게 갖추었다. 그녀는 458/1066년 남편이 죽을 때까지 곁에서 그 지역의 중요 국사를 전부 함께 지시했다. 처음에 그녀는 동반자의 자석과 같은 광채에 이끌린 젊은 부인으로서, 이맘을 준비하는 어려운 길을 택한 남편에게 시아의 의무가 부과한 드러나지 않는 소박한 삶을 기꺼이 받아들였다. 그녀는 인내심을 가지고 15년간의 준비 기간에 남편을 보필하고 그와 그의 천재성, 그의 사역을 믿었다. 그랬다. 그녀는 인내심이 있었으나 그렇다고 결코 자기 자신을 가리지는 않았다. 연대기의 저자들은 그녀가 국가 회의에 '얼굴을 가리지 않은 채'로 참가했다고 적고 있다. 남편을 믿고 사랑하는 여성이 베일을 쓰지 않고, 할 말이 있는 아랍 여성에게 부당한 모욕을 가하지 않았다는 것이다! 알리가 스스로 군주임을 선포해도 좋다는 승인을 받자 그는 그녀에게 여성이 받을 수 있는 가장 뛰어난 선물을 안겼다. 그녀를 공식적으로 자신의 삶과 결부시키고 그녀를 동등한 자이자 파트너로 인정한 것이다. 쿠트바는 그녀의 이름으로 반포되곤 했다. 예멘의 모스크들에서는 파티마조 칼리프와 그녀의 남편 이름 이후에 그녀의 이름이 울려 퍼졌다. '알라께서 신자들의 국사를 보살피시는 완전한 알-후라의 지배가 오래가도록 해주시기를.'[1] 우리 역사 속의 이러한 순간들은 결코 초등학교나 중학교의 교과 과정에 선택되지 않는다. 학계의 역사는 정복, 도시 및 영토 점령,

---

1 Zarkali, *A'lam*(위의 ch. 1 n. 35 참조), vol. 1, p. 279. 이 전기서의 맨 뒤에는 여왕 아르와에 대한 주요 출처들 목록이 나와 있다. 특히 al-Dahbi의 저작인 *Siyar al-'alam al-nubala'*(Cairo: Dar al-Ma'arif, 1958)에서 나오는 아르와의 전기에는 여성들의 전기들이 나온다.

수천 구의 시신이 널린 일련의 전장들의 연속이며, 여기서 영웅이 자신의 아내에 대해 감히 생각한다는 것은 극단의 수치가 될 것이었다. 하지만 아스마 여왕은 부부의 진정한 전통을 열었다. 아내는 힘이기에 하렘의 그늘에서 정체된 채로 내버려지는 것은 말이 안 된다는 생각으로 권력을 공유하고 아들 알-무카람을 키워냈던 것이다. 그리고 알-무카람은 자신의 아내인 아르와 빈트 아흐마드 알-술라이히야를 동료이자 파트너로 삼았다. 이 두 여왕 간의 눈에 띄는 유일한 차이는 통치 기간뿐이다. 아스마의 통치가 아주 짧았던 반면, 아르와의 통치는 반세기가 넘게 지속되었다.

아스마와 아르와가 지녔던 공식 칭호는 알-후라, 즉 상위의 권위를 섬기지 않는 군주 여성이었다. 이 두 여왕뿐 아니라 사나 근처에 있는, 앞서 살펴봤듯이 사나에 적대적이었던 나라의 도시인 주바이드 공국을 다스렸던 알-말리카 알-후라 알람 또한 이 칭호를 지녔다. 알-후라 알람은 최고의 정치인으로서 면모를 드러내기 전에 주바이드의 왕 만수르 이븐 나자흐의 노래하는 노예, 즉 한낱 자리야였기 때문에 초반에는 사람들의 입에 오르내렸다. 만수르는 '그녀의 지능과 학식에 감명을 받아… 이 지역의 관리를 그녀의 손에 맡기고 그녀와 상의하지 않고는 어떤 결정도 내리지 않았다. 그리고 그녀는 훌륭하게 임무를 해냈다.' 남편이 죽은 후 알-후라 알람은 계속해서 주바이드를 다스렸다. 하지만 원전에 따르면 그녀는 아스마나 아르와처럼 쿠트바가 자신의 이름으로 설파되는 특권을 누리지 못했다. 알-후라라는 이 유명한 칭호는 예멘의 정치 영역에서 활동적이었던 상당수의 여성이 종종 썼던 것으로 보이며, 무슬림 세계의 서쪽인 마그립과 안달루시아에서도 마찬가지였다. 하지만 예멘인들은 여왕들에게 자신들만의 칭호를 부여했다. 그것은 '발끼스 알-수그라balqis al-sughra', '셰바의 작은 여왕' 혹은 더 정확하게는 '셰바의 어린 여왕'이었다.

무슬림 여왕을 '셰바의 여왕'이라고 부르는 것은 매우 역설적이다. 그여왕이 자힐리야, 즉 무지의 시대, 이교도의 시대, 예언자 무함마드가 와서 꾸란을 계시받기 전 시대에 속해있기 때문이다.[2] 이슬람의 시간은 어떤 다른 해석의 여지도 없이 이전과 이후, 이렇게 두 부분으로 나누어져 있다. 이 이분법에는 점차적인 이행이나 상대화가 전혀 허용되지 않는다. 오직 두 시대만이 있을 뿐이다. 이전의 시대는 자힐리야로, 그때의 사람들은 선악의 구분에 무지했기 때문에 이는 본질적이고 근본적으로 부정적인 시대이다. 이후의 시대, 즉 예언자 무함마드가 온 이후의 시대는 마침내 선과 악을 구분하는 원칙을 포함한 성서 꾸란이 인간에게 주어진 시대이다. 셰바의 여왕은 자힐리야 시대 사람으로, 말하자면 그녀의 운명은 미리 정해져 있었고 그녀를 자부심의 대상으로 삼는 것은 적어도 모호한 면이 있는 행위이다. 그럼에도 예멘인들은 여왕을 이 이름으로 부르기를 좋아했다. 무함마드 알-싸우르가 말하기

2 자힐리야에 대해서는 다음을 추천한다. 이슬람의 관점을 보려면 Tabari가 쓴 매혹적인 입문서인 *Tarikh al-umam wa al-muluk*(Beirut: Dar al-Fikr, 1979)를 참조할 것. 자힐리야 시대 자체에 대해서는 Tabari가 자신의 저작 *Tafsir*(Commentary on the Koran) (Beirut: Dar al-Fikr, 1984), vol. 22, pp. 4, 5에서 설명하면서 꾸란의 33수라 33절을 언급한다. 집 안에 머물러 있어야 한다. 옛 무지시대(無知時代)와 같은 화려한 몸차림을 해서는 안 된다. (김용선 역. 33. 부족연합의 장 〈메디나 계시 전73절〉-옮긴이); (Pickthall translation, 위의 ch. 4 n. 8 참조) 이 구절은 여성들이 거리로 나가기 전에 스스로 '화려한 몸차림'을 하는 것은 명백히 자힐리야의 행동방식이라고 말하고 있다. 무슬림 여성들을 구별해주는 행동은 겸양으로 특징지어진다. 그리고 셰바의 여왕에게는 그 겸양이 없었다. 이 주제에 대한 짧은 설명은 다음을 참고할 것. Ignaz Goldiziher, 'What is meant by al-Jahiliyya?', in *Muslim Studies*(Chicago: Aldine, 1966), pp. 208−19.

를, '아스마에 대한 존경으로 넋을 잃은 몇몇 시인들은 셰바의 여왕들의 왕좌가 웅장했다면 아스마의 왕좌는 그보다 훨씬 더하다고 선언하는 데까지 나아갔다.'[3]

아스마의 이름이 '사마sama'(하늘)와 같은 어근을 가졌기 때문에 시인들이 아스마라는 이름으로 언어유희를 하는 것은 어렵지 않았다. 아스마는 아라비아에서 가장 오래된 여성 이름 중 하나이다. 이 이름은 상승, 고귀함이라는 의미가 있다.[4] 아스마 여왕의 왕좌를 셰바의 여왕의 왕좌와 비교하는 것은 꾸란을 직접적으로 암시하는 효과가 있다. 셰바

---

3 'Abdallah Ahmad Muhammad al-Thawr, *Hadihi hiyya al-Yaman*(Beirut: Dar al-'Adwa, 1979), p. 281.

4 Ibn Manzur의 *The Lisan al-'Arab*. 나는 이 책에 빠져 있다. 그가 단어의 어근을 찾고 그 과정에서 이슬람과 이슬람 이전의 기억들에 대한 진정한 고고학적 조사를 하면서, 수 세기 동안 숨겨져 있던 의미, 특히 아스마라는 여성의 이름과 관련해서 기억상실에 걸린 것을 드러내기 때문이다. 그는 vol. 1에서 이슴ism, 즉 이름이라는 단어를 말하면서 그 첫 번째 글자인 알리프를 다룬다. 이 경우 그는 두 개의 이름을 돌아본다. 첫 번째는 남성 이름인 우사마Usama로, 그에 의하면 '사자'를 가리키는 여러 단어 중 하나이다. 그 후 그는 두 번째 단어인 아스마를 제시하면서 다른 얘기 없이 그것이 여성 이름이라는 명백한 사실을 짧게 언급한다. 예를 들어 예멘 시인들에게는 너무나 당연했던 것, 그 단어가 상승을 의미하며 사마sama와 같은 어근에서 나왔다는 얘기를 빼먹고 있다. 사마(하늘)라는 단어는 Ibn Manzur가 주로 글자 S를 다루는 vol. 3에서 나온다. 그는 이 단어가 하늘을 가리키지만, 또한 '상승하는 모든 것, 높이 있는 모든 것'을 가리키기도 한다고 말한다. 알-수무우al-sumuw, 즉 전하라는 단어가 그 예이다. 사마는 천장과 같이 높이 있는 것, 그리고 '구름과 비와 같이' 하늘과 관련된 높이 있는 것을 가리키기도 한다. 사마는 기호를 의미하는 이슴과 어근이 같다. 이 기호는 대단한 것을 가리키는 기호이다. '기호에는 우월감'이 있다. 그에 의하면 이슴은 '사물에 부과되어 그 의미를 나타내는 디자인, 표식'이다. 그리고 이슴의 복수형 중 하나가 바로 무엇인지 추측해보라! 아스마이다! 어떻게 우리 아랍 기억의 고고학자인 Ibn Manzur가 아스마라는 여성 이름과 단어 이슴(이름, 기호) 사이의 관계를 보지 못했을까? 자신이 이 두 단어가 사마라는 같은 어근에서 나온다고 말하면서 말이다. 이는 그러한 주장이 억압받는 자들의 귀환을 가져올 것 같아서 그랬을까? 말하자면, 전 이슬람 시대 아라비아는 여신들을 숭배했으며 '무쉬리낀mushriqin'(우상숭배—옮긴이)에 대항한 예언자의 전쟁은 그 여신들과의 투쟁이나 마찬가지였던 것이다. 어쨌든 11세기 예멘 시인들은 자신들의 여왕과 천국의 관계를 들여다보는데 별 어려움이 없었다.

의 여왕은 솔로몬 왕을 만나는 장면이 수록된 꾸란의 27 수라인 '개미장'에서, 분명하게 정치적인 역할을 하는 것을 인정받은 몇 안 되는 여성 중 하나이다.

그녀는 새들의 언어를 이해하는 희귀한 능력이 있었던 솔로몬 왕에게, 한 새가 전하는 말에서 등장한다. 새들을 둘러보던 솔로몬 왕은 후투티(훗훗이라고도 불리는 새로, 머리에 화려한 댕기와 날개와 꼬리에 흑백의 줄무늬가 있는 아랍의 민중새다.−옮긴이)가 보이지 않는다는 사실을 알았다. 그는 후투티가 참석하지 않은 것에 대해 설명하지 않으면 벌을 내리겠다고 맹세했다. 그리고 후투티가 다시 등장하여 솔로몬의 심문을 받는데, 이 새의 지식은 그 불손함을 상쇄시켰다.

22 오디새(후투티−옮긴이)는 얼마 있다 돌아와서 이렇게 말했다. 저는 당신들이 모르는 것을 알고 있습니다. 사바로부터 확실한 소식을 가지고 왔습니다. 23 저는 사람들에게 군림하고 있는 한 여성을 보았습니다. 그녀는 모든 것이 주어져 위대한 옥좌에 앉아 있습니다.[5]

셰바의 여왕 발끼스는 이렇게 왕권을 온전히 행사하는 것으로 꾸란에 등장한다. 하지만 그녀와 그녀가 이끄는 백성은 그릇된 길, 악의 길을 가고 있었다. 후투티는 이를 전적으로 확신한다.

5 Pickthall, *The Meaning of the Glorious Koran*(New York: Dorset Press, n.d.), sura 27. (김용선 역 꾸란−옮긴이)

24 저는 그녀와 그 백성이 알라를 제쳐놓고 태양을 숭배하고 있는 것을 알았습니다. 사탄들은 그들이 한 일을 그럴듯하게 그들에게 보여 옳은 길로부터 떨어지게 하였습니다. 그들은 올바로 인도되지 못했습니다.[6]

이야기의 끝에서 그 여왕은 왕좌를 잃게 된다. 솔로몬을 위해 일하는 진(jinn. 알라가 흙에서 인간을 만들기 이전에 불에서 만들어낸 '영귀'적 존재이다.—옮긴이)이 그녀에게서 왕좌를 빼앗는다. 하지만 발끼스는 물질적인 자산을 잃었지만, 정신적으로는 얻게 된다. 그녀는 태양 숭배를 멈추고 처음에는 알라에게, 그다음에는 그의 선지자인 솔로몬에게 숙인다.

44 …여왕은 말했다. '주여, 저는 스스로 잘못을 저질렀습니다. 저는 솔로몬과 더불어 만유의 주이신 알라에게 귀의합니다.'[7]

꾸란의 구절들은 겉치레가 없다는 점에서 명쾌한 아름다움이 있으며 핵심 논점인 여성에게서 남성에로의 왕위 전달에 집중하여 그 메시지를 놀랍도록 분명하게 한다. 하지만 발끼스의 이야기에서 가장 매혹적인 점은, 주석 저자들이 꾸란에서는 무시하고 있는 문제들에 대한 길고 복잡하게 뒤얽힌데다 너무 세밀한 주석을 달아야 했다는 점이다. 주

6 Ibid.
7 Ibid.

석 저자들을 더듬거리게 했던 주요 문제 중 하나는 여왕의 왕좌가 갖는 본질과 중요성이다. 마치 부적당한 존재가 차지하고 있던 왕좌를 마침내 잃어버린 것 마냥 그 왕좌의 중요성은 축소되어야 했다. '아짐 Adhim'(위대한)은 발끼스의 왕좌를 묘사할 때 쓰인 형용사이다. 이 단어는 그 미묘한 의미를 전달하기가 상당히 어렵다. 하지만 타바리는 그것을 축소하는 방법을 찾아냈다. 아짐이라는 단어가 묘사하는 것은 왕좌의 크기도 아니고 그 '물질적인 중요성'도 아니며 '그보다는 그것이 내포한 위험'을 말하고 있다는 것이다. 하지만 그는 그 왕좌의 물질적인 측면도 무시할 수 없었다고 말하고 있다. 그 왕좌는 진주와 보석들로 장식된 황금으로 되어 있었다.[8] 꾸란이 (그것이 전문가들을 괴롭게 하긴 했으나 꾸란은 분명 중요하지 않다고 생각하여) 완전히 무시했던 또 다른 문제는 여왕의 혼인 관계였다. 솔로몬 왕을 만났을 때 그녀는 처녀였을까 아니면 이미 혼인을 했을까? 초기 역사가인 타이푸르는 그래야 하는 바대로 그녀를 사촌인 이븐 자라와 결혼시킨다.[9] 여성들에게 경도되어 여러 권으로 된 '인명록'에서 이들을 다룬 현대 전기 작가 카할라는 발끼스에게 선행장을 줄 필요가 있다고 느꼈다. '발끼스는 접근할 수 없는 품행을 지닌 여성이었고 순결을 지켰다. 그리고 그녀는 남성들에게 약간의 관심도 없었기 때문에 솔로몬을 만날 때까지 처녀였으며 그와 결혼했다.'[10]

8 Tabari, *Tarikh*, vol. 19, p. 48.

9 Imam Ibn Tahir Tayfur, *Kitab balaghat al-nisa'*(Beirut: Dar al-Nahda al-Haditha, 1972), p. 129. 저자는 헤즈라 280년 사망했다.

10 Umar Kahhala, *A lam al-nisa' fi 'almay al-'Arabi wa al-Islami*(Beirut: Mu'assasa al-Risala, 1982),

그녀가 진실로 솔로몬과 결혼했던가? 그런 결론을 보여주는 꾸란의 구절들은 없다. 하지만 신학자들과 역사가들은 알아서 결정하기로 했다. 무함마드 알-까누지는 솔로몬이 발끼스와 결혼했다고 감히 생각하는 모든 이들이 지옥에 갈 것이라고 단언했다. '이븐 알-문지르는 후에 솔로몬이 발끼스와 결혼했다고 말했다. …이것은 극도로 비난받을 언사이다.'[11] 무함마드 알-까누지에게 있어서 발끼스와 솔로몬은 서로 다른 존재였다. 그리고 권력의 정상에 있는 여성은 우리 시대의 결혼 상대인 젊은 여성의 프로필에 전혀 부합하지 않기 때문에 발끼스는 항상 역사가들에게 문제를 안겨왔다. 그들 중 몇몇은 이 이상한 여성을 설명하기 위해 비합리적인 것들에 기대기도 했다. 마수디(346/10세기 사망)는 그녀가 인간 아버지와 진인 어머니 사이에서 나왔다고 말하면서 그녀의 태생을 의심했다. 왕좌를 손에 넣고 온 백성을 거느린 발끼스는 온전한 인간일 리가 없었던 것이다.

이 여왕의 출생은 전달자들이 얘기하는 바에 따르면 초자연적인 현상들로 싸여 있다. 그들은 그녀의 아버지가 사냥을 나가서 하나는 검고 하나는 흰 뱀 두 마리를 마주하게 되었다고 전한다. 그는 검은 뱀을 죽였고 그러자 논 앞에 진 두 명이 나타나는 것을 보았다. 하나는 늙었고 하나는 젊었다. 나이 든 진이 조건을 내걸고 그 왕에게 딸과 결혼을 시켰고 그 결실이 발끼스였다.

vol. 1, p. 144.

11 Qannuji, *Husn al-uswa*(위의 ch. 5 n. 39 참조), p. 179.

마수디는 대적할 자가 없는 지식을 갖춘 역사가였으며, 가장 평범한 지능을 가진 어떤 무슬림이라도 남을 설득하기 위해서는 논리적이어야 한다는 사실을 알고 있다. 그럼에도 불구하고 대개는 자신만만한 마수디도 발끼스의 문제에 대해 양심의 가책을 느꼈다. 그는 이 진 이야기를 설명해야 한다고 느꼈다. '우리로서는 종교 율법이 받아들이라고 명하는 믿음에 기초한 이런 종류의 사실들을 인정할 수밖에 없다.'[12] 이번 경우에 종교 율법은 아무것도 강제하고 있지 않다. 꾸란은 발끼스의 아버지나 어머니에 관해서 관심이 있거나 우리에게 전달해줄 필요가 있다고 생각하지 않았다. 그것은 마수디의 개인적인 문제였다. 그는 심지어 꾸란에 등장할지라도 그녀를 공격하거나 인간임을 의심하지 않고는 여성이 왕좌에 올라 있는 것을 견딜 수가 없었다.

이 모든 것에도 불구하고 발끼스는 그녀를 과소평가하고 모욕하려는 역사가들의 시도에 맞서 꿋꿋이 자리를 지켰다. 그녀는 계속해서 문학과 시의 상상력을 지배하고 있다. 이제 위험한 것은 역사적으로 그녀가 결코 존재한 적이 없다는 증거를 쌓아가고 있는 학자들이다. '상당히 논의된 셰바의 여왕에 관한 이야기를 제대로 이해하기 위해… 그녀는 솔로몬을 방문했다고 얘기되지만 셰바와 마인에 관해 우리가 알고 있는 모든 것은, 그곳에 여왕들이 있었다는 가정과 일치하지 않음이 확실하다.' 이것은 『이슬람 백과사전』에서 학자들이 내린 결론이다. 그들에 의하면 '어쨌든 우리는 이 이야기 속에서 셰바의 여왕들이 통치했다는 증

---

12 Mas'udi, *Muruj al-dahab*(Beirut: Dar al-Ma'rifa, 1982), vol. 2, p. 384.

거를 발견하지 못했다.'[13] 그렇게 말한다고 해서 학계의 탐구가 발끼스의 전설적인 힘을 무너뜨리는 데 성공할 수 있을까? 거의 그렇지 않다. 발끼스라는 이름이 꾸란에서 언급되고 있지 않기 때문이다. 이는 무시할 수 없는 사실이다. 꾸란은 '셰바의 백성 위에 군림하고 있는 한 여성'을 말하고 있다.[14] 하지만 우리의 성서에서 그녀의 이름은 나오지 않는다. 꾸란에 나오는 이름없는 군주에게 발끼스라는 이름을 붙인 것은 마수디와 같은 역사가들과 타바리와 같은 주석 저자들이다. 핵심은 발끼스가 자힐리야에서부터 곧바로 우리에게 걸어나오며 학계와 그들의 설명에도 불구하고 그녀의 생명은 그녀의 전설만큼 오래간다는 사실이다. 학계가 인정하든 말든 발끼스는 오늘날 아랍 시에서 월등한 위치를 차지하고 있으며 많은 현대 시인들이 그녀를 이용하여 매혹적이고 환상적인 여성의 존재를 말하고 있다.[15]

기쁘게도 11세기 예멘인들은 『이슬람 백과사전』에 나오는 우리의 발끼스에 관한 무례한 주장들을 읽는 엄청난 불쾌감을 느낄 필요가 없었다. 그들은 자신들을 다스리는 여성, 아스마와 아르와를 그녀와 비교했고 그녀를 '말리카 하지마malika hazima'라고 불렀다. 오늘날까지도 '하짐hazim'이라는 통칭은 모든 정치인이 자신에게 부여하고 싶어하는 수식

---

13 *Encyclopedia of Islam*, 2nd edn(Leiden: E. J. Brill, 1960) article on 'Saba.'

14 27 수라 23절

15 많은 작품을 쓴 시인 니자르 깝바니Nizar Qabbani만 읽어봐도 알 수 있다. 그가 발끼스를 불러내는 것이 금지 되었더라면 어떻게 여성들에게서 찾았던 기쁨을 표현할 수 있었겠는가? 난 그가 글쓰기를 파업했을 것이라고 생각한다! 그러면 누가 패배자가 되었을 것인가? 그건 명백히, 그의 시를 엄청나게 읽는, 나를 포함한 아랍 여성들이었을 것이다. 니자르의 시를 읽고 나면 세상에 대해 멋지고 평화롭게 느낄 수 있다.

어이다. 이 단어는 '자신의 삶과 사안들 전반을 통제하고 확고하게 결정을 내리는 능력을 의미한다. …누군가를 하짐이라고 부르면 그가 가장 노련하며 박식한 결정을 내리고 그 과정에서 이성을 발휘한다는 의미이다.'[16] 하짐이라는 수식어가 붙은 사람은 홀로 의사 결정을 내리지 않는다. 그는 다른 사람들에게 귀를 기울이고, 전문가의 의견을 묻고, 이 모두를 고려하여 문제를 해결한다. 게다가 그것은 하짐이라는 수식어가 붙은 사람의 '확고함'을 설명해주는데, 그는 한번 결정 내리면 이를 바꾸지 않기 때문이다. 이븐 만주르는 이 단어에서 '히잠hizam'(허리끈)이 유래했으며 허리끈을 조여서 잠그는 행위가 이 단어의 개념을 아주 잘 보여준다고 교훈적으로 회상한다. 하짐은 결코 갑작스러운 상황에 부닥치지 않으며 그래서 결코 분별없는 행동을 하거나 서둘러 결정을 내리지 않는다. 끊임없이 모든 것을 생각하고 사건을 예측하며 모든 가능성의 찬반을 가늠하기 때문이다. '알−하즘Al-hazm'은 명백히 오늘날에나 과거에나, 일반적으로는 아랍인들 사이에서 특수하게는 그 지도자들에게서 가장 높게 평가되는 자질이다. 많은 시인이 군주들에게 아첨하면서 이 자질을 가지고 그들을 묘사했으며 그 대가로 막대한 부를 얻곤 했다.

이와 같은 경외감을 현대의 예멘 역사가들에게서 볼 수 있다. 무함마드 알−싸우르는 아스마에게 최상의 칭송을 보냈다.

아스마는 당대에 가장 유명한 여성이었으며 가장 권력 있는 이들 중

---

16 *Lisan al-'Arab*, section on 'Hazm.'

하나였다. 아스마는 후하게 베풀었다. 시구를 짓는 시인이었다. 시인들이 아스마의 남편인 알-술라이히에게 바친 칭송 중에는 아스마를 아내로 두었다는 사실도 들어있었다. …알-술라이히는 아스마가 지닌 완벽한 성격을 확신하고는 국사의 관리를 맡겼다. 알-술라이히는 아스마의 조언에 어긋나는 결정은 거의 내리지 않았다.[17]

마지막으로 이 저자는 알-술라이히가 '아스마를 상당히 존경하였으며 아스마의 의견보다 우선하는 다른 의견을 결코 내지 않았다.'고 덧붙인다.[18]

민중들과 엘리트들은 메카로 가는 길에 알-술라이히와 아스마에게 비극이 닥치자 아스마 여왕에 대한 진정한 마음을 보여주었다. 아스마는 458/1066년에 축제 분위기로 시작된 이 순례가 비르 움 마바드라는 평범한 물가의 습기 어린 그늘에서 재앙으로 끝날 것이라고는 의심하지 못했다. 카라반이 야영하기 위해 가던 길을 멈추고 왕실 천막이 설치되자 전례에 따라 그녀는 자신의 신하들과 자와리를 두고 직무를 보았고, 남편인 알-술라이히는 그의 측근들을 두고 직무를 보았다. 죽음이 문턱에 이르렀을 때 알리 알-술라이히는 자신의 천막에서 형제와 함께 논의하는 중이었다. 죽음은 아버지의 복수를 하러 온 에티오피아인 적수, 주바이드의 왕자 사이드 이븐 나자흐의 얼굴을 하고 있었다. 사이드는 적소에 신중하게 배치된 70명의 자객과 함께 일을 성사시켰고, 일

17 Thawr, *Hadhihi*, p. 281.
18 Ibid.

단 알리가 죽자 몇 시간 안에 전 호송대를 장악하였다. 그는 모든 중요한 사람들, 특히 술라이히가 왕자들을 살려두지 않았으며 아스마를 사로잡아서 대령하라고 명령했다. 아스마는 살려주었으며, 그는 군대 문제를 처리하고서야 그녀의 운명을 다루었다. 무슬림 세계 각지에서 온 순례 집단들에게 인상을 심어주기 위해 알리는 이 여정에 5천 명의 군인들을 대동했다. 일단 알리가 살해당하자 사이드 이븐 나자흐는 수월하게 군사를 장악했는데 이는 그들이 모두 에티오피아인들이었기 때문이었다. 그는 종족적 연대감에 호소하면서 그들에게 주바이드의 군대에 합류할 것을 설득했다. 군사적인 승리가 확실해지자 사이드는 아스마에게로 관심을 돌렸다. 아스마는 비밀 감옥에 격리되었다. 사이드 이븐 나자흐는 그녀의 불운을 상기시키기 위해 감방에서 뚜렷이 보이는 기둥에 아스마의 남편의 잘린 머리를 걸어두라고 명령했다.

아스마는 얼마간 감옥에 갇힌 채 사나에 있는 아들인 알–무카람과 며느리인 아르와와 접촉하기 위한 부질없는 애를 썼다. 간수들은 그들이 아스마에게서 소식을 받을 수 없도록 주의 깊게 감시했다. 아스마가 아들에게 전언을 보내는 데 성공한 것은 일 년 후였다. 그리고 그녀가 감금되어 있다는 소식이 사나에 퍼지자, 사나의 유력 인사들은 '갇혀 있는 여왕의 명예를 구하기 위해서' 알–무카람 주위로 결집했다.[19] 3천 명의 분노한 기병들이 알–무카람을 선두로 사나에서 출격했고 몇 시간 후 주바이드의 도성을 방어하고 있던 2만 명의 에티오피아 군사들을 대파했다. 그들은 그 도시를 공격하여 장악했다. 알–무카람은 제

---

19 Mahmud al-Kamil, *Al-Yaman*(Beirut: Dar Bayrut li al-Tiba'a wa al-Nashr, 1968), p. 169.

일 먼저 서둘러 어머니가 잡혀 있는 지하감옥으로 갔다. 그는 그곳을 나올 때 자신의 운명이 완전히 달라질 것을 알지 못했다.[20] 엄청난 감정적 충격이 그의 인생을 바꿔놓을 참이었다. 그리고 마치 꿈에서처럼 모든 것이 펼쳐졌다. 그는 어머니가 기다리고 있는 비밀 감옥으로 걸음을 옮겼다. 그는 아스마의 감방문에 다다르자 격식 갖춘 인사를 읊조리고 들어가도 되는지를 물었다. 하지만 아스마의 반응은 차가웠고 그녀와 접촉하려는, 얼굴이 가려진 이 방문객의 면전에서 경계를 풀지 않았다. 알-무카람은 허겁지겁 내려오느라 군대 출정 때 아랍인들이 쓰는 쇠갑옷 투구를 벗지 않고 있었던 것이다.[21]

'누구냐?' 그의 어머니가 물었다.
'알리의 아들, 아흐마드입니다.' 알-무카람이 대답했다.
'아랍인들 가운데는 수많은 알리의 아들 아흐마드가 있다.' 여전히 의심의 기색을 놓지 않은 여왕이 대답했다.[22]

그때 그는 투구를 벗어 어머니에게 자신의 얼굴을 보였다. 아스마는 그에 화답하여 새롭게 왕위에 오른 그에게 경의를 표했다. '우리의 주군 알-무카람이시여.'[23] 알-무카람은 어머니를 찾은 것과 즉위식을 보지도 못했던 그녀가 그에게 표한 왕에게의 인사에 두 번 감정적인 충격에

20 Salah Ibn Hamid al-'Alawi, *Tarikh Hadramawt*(n.p.: Maktaba al-Irshad, n.d.), vol. 1, p. 342.
21 Ibid.
22 Ibid.
23 Ibid.

휩싸였다. 그 모든 것이 그에게 아버지의 비극적인 죽음과 자신의 새로운 책임을 상기시켰다. 그의 몸은 오랜 전율로 떨렸고, 그 탓에 영구적인 장애를 입게 되었다.[24] 팔라즈 주의 감옥에서 나올 때 그는 부분 마비 상태였고 평생 그렇게 지냈다.

아스마 여왕은 기병들에게 둘러싸여서 수도인 사나로 가는 길에 올랐다. 그 곁에는 전장에서의 용맹함으로 그때까지 이름 높았던 용감한 알-무카람의 부분 마비된 몸도 함께였다. 알-무카람에게는 사바 이븐 아흐마드 알-술라이히라는 사촌이 있었다. 그는 권력을 쥐는 데 필요한 모든 자질을 갖추었고 삶의 전성기에 있었으나 아스마의 행렬이 사나에 입성할 때 아무도 그를 떠올리지 않았다. 아스마 여왕은 480/1087년 사망할 때까지 국사를 장악했다. 알-무카람은 어머니가 죽은 후 공식적으로 자신의 모든 권력을 아내 아르와에게 위임했다. 아르와는 어렸을 때부터 알-무카람의 아버지인 알리의 눈에 '자신들에게 무슨 일이 생기는 경우 왕조를 이끌어나갈 수 있는 유일한 인물'로 인정받았다.[25]

아주 어려서 양친을 잃은 아르와는 사나의 궁전으로 옮겨와서 삼촌인 알리와 함께 지냈다. 아르와의 교육은 아스마가 직접 감독했다.[26] 아르와는 권력이 남성의 특권이 아니라 부부의 일이었던 궁전에서 사촌인 알-무카람과 나란히 자랐다. 461년 17세의 나이로 아르와는 알-무카

24 Ibid.
25 Kamil, *Yaman*, p. 169.
26 Zarkali, *A'lam*, vol. 1, p. 279.

람과 결혼했다. 웅장하게 환희에 넘쳐서 축복받는 군주다운 결합이었다. 신부는 지참금으로 아덴 공국의 군주 지위를 받았다.[27] 그 이후로 아르와는 아덴의 관리를 지휘하고 총독을 임명하고 세금을 거두었다. 전래 동화 이야기처럼 아르와의 행복은 어머니가 되는 기쁨으로 완성되었다. 아르와는 알-무카람에게 두 명의 아들을 안겨주었으나, 사나의 사람들은 다른 누구도 아닌 그녀를 권력의 자연 승계자로 여기고 있었다. 권력이 아스마에게서 아르와에게로 넘어간 것은 놀라운 일이 아니었으며 오히려 전통의 계승과도 같았다.[28] 예멘의 모스크들에서는 다시 한 번 쿠트바가 한 명의 왕이 아닌 부부의 이름으로 울려 퍼졌다. 하지만 새로운 여왕과 이전 여왕 사이에는 한 가지 차이점이 있었다. 얼굴을 드러낸 채 통치했던 아스마와 달리 아르와는 회기 중에 얼굴을 가렸다. 왜였을까? 아르와는 34살밖에 안 된 젊고 아름다운 여성이었으며 남편은 장애인이었다. 하지만 이마저도 양보가 아니었다. 그녀 자신이 스스로 그렇게 했던 것이다. 이는 예멘과 다른 무슬림 세계에 술라이히 왕조가 불어닥친 불운에도 불구하고 여전히 강력하다는 것을 보여줄 유일한 방법으로, 결정적인 승리를 얻겠다는 군사적인 목표에 헌신하기로 작심한 여성에게는 합리적인 결정이었다. 그리고 아르와는 여전히 살아있는, 시아버지의 암살자 사이드 이븐 나자흐의 머리만이 그 승리가 될 것이라고 마음먹었다. 알-무카람이 주바이드를 점령하자 사이드는 바다로 피신하기로 했다. 일단 주바이드가 돌이킬 수 없게 함

---

27 Thawr, *Hadhihi*, vol. 1, p. 169.

28 'Amri, *Rawda*(위의 ch. 6 n. 4 참조), p. 358; Zarkali, *A'lam*, vol. 1, p. 279.

락되었다고 판단하자 그는 후퇴한 후, 패할 경우에 대비해 바다로 나가기 위해 적절하게 채비하여 항구에 정박시켜두었던 보트로 도망쳤다.[29]

아르와는 자신의 목적을 이루기 위해 우선 수도를 사나에서 산자락에 붙어있는 작은 요새 도시인 자발라로 이전하기로 했다. 아르와는 그곳에 남편과 술라이히의 보물들을 안전하게 둔 후 새로운 동맹 협상을 통해 사이드 이븐 나자흐를 압박해 들어가기 시작했다. 일 년 후인 481/1088년에 아르와의 군대는 자발라 근처에서 사이드를 쳐부수었다.[30] 아르와의 승리는 군사적 우위 때문이라기보다는 지형을 잘 이용하고 거짓 소문을 유포했기 때문이었다. 아르와는 사이드에게 모든 동맹이 그녀를 저버리려 하고 있다고 믿게 함으로써 그가 공격하게끔 유도했다. 사실 그녀는 그들에게 이븐 나자흐에게 가서 그가 자발라를 공격한다 하더라도 그들이 그녀를 도우러 가지 않을 것이라는 귀띔을 하게 시켰던 것이었다. 사이드는 덫에 걸려들어서 알-후라가 고립되었고 약해졌다고 완전히 확신한 채 자발라를 공격했다. 사이드가 죽고 나자 그의 아내인 움 알-무아릭이 아르와의 포로로 잡혀 왔다. 아르와는 이전에 알리가 당했던 것과 마찬가지로 사이드의 머리를 잘라 그것을 그의 아내가 있는 감방 앞에 꽂아 두었다.[31] 복수의 법칙에서는 상징과 행위가 완벽하게 대칭되어야 했다. 그리고 이 행위는 알-후라가 알-술라이히 왕조의 적인 사이드만큼이나 잔혹한 정치인임을 증명해 주었으며

29 'Alawi, *Tarikh Hadramawt*, p. 342.

30 Ibn Khallikan, *Wafayat al-a'yan*(Beirut: Dar al-Thaqafa, n.d.), vol. 3, p. 414; 'Alawi, *Tarikh Hadramawt*, p. 343; Kamil, *Yaman*, p. 180.

31 Ibid.

여성적인 동정의 가능성이라는 모든 허상을 없애버리는 것이었다.

역사가들은 아르와가 위대한 지도자 알리의 죽음과 알-무카람의 장애에도 불구하고 왕조가 전과 마찬가지로 여전히 강력하다는 것을 증명하는 데 필요한 군사 정복에 온 힘을 기울였다는 점을 강조한다. 정치에서는 음악에서와 달리 여성이라고 해서 행동이 부드러운 것이 아니다. 19세기 역사가인 야신 알-카팁 알-아므리는 아르와를 '국사와 전쟁 사안을 어떻게 관리할지 완벽하게 이해하고 있었던 통치자'로 묘사한다.[32] 또한, 현대의 한 작가는 그녀를 '지적으로 타고났으며 능숙한 여성'이라고 부르고 있다.[33] 자르칼리에게 아르와는 '능률적인 여왕이자 대적할 자 없는 행정가'였다. 아르와는 특히 그 유명한 사나 모스크와 사마라 대로를 포함한 아주 아름다운 건축적이고 공학적인 기념비들을 남겼다. 또한, 그녀는 문화적이고 종교적인 중심지를 세우고 학자와 교사들이 대우를 잘 받게 하는 데 큰 관심을 보였다.[34] 하지만 무엇보다도 그녀는 종교 지도자로서의 역할과 아시아 전역에 시아 이슬람이 퍼져가는 데 공헌한 것으로 기억되고 있다.

유명인사들의 전기 모음집인 『알람A'lam』의 저자 자르칼리에게 있어서 아르와는 '이스마일파의 지도자 중 한 명'이었다.[35] 좀 더 신중한 다른 작가들은 아르와가 알-무카람에게서 받은 세속적인 권력과 알-무카람이 사촌 사바에게 전달한 종교적인 권력을 구분한다. 알-싸우르는

---

32 'Amri, *Rawda*, p. 358.
33 'Alawi, *Tarikh Hadramawt*, p. 344.
34 Thawr, *Hadhihi*, p. 284.
35 Zarkali, *A'lam*, vol. 1, p. 279.

아르와가 첫 번째 남편인 알-무카람이 병들었을 때 그에게서 세속적인 권력을 공식적으로 넘겨받았다. 그러나 알-무카람은 시아 이슬람의 선교사라는 다이 칭호를 사촌 사바에게 위임했으며, 아르와는 사바와 두 번째 혼인을 했다고 상술하고 있다.[36] 분명한 것은 아르와의 치하에서 이스마일파가 예멘 선교사들의 영향 아래 인도 아대륙으로 퍼져 나가기 시작했다는 사실이다.[37] 지리적인 위치로 인해 예멘은 셰바 시대부터 인도와 가까운 상업 관계를 형성하고 있었다. '상품들이 바다를 통해 인도에서 예멘의 하드라마우트로 넘어왔고, 예멘인들은 그것을 에티오피아, 이집트, 페니키아 등으로 실어갔다.'[38] 새로운 개념의 전파자이자 지적인 효소였던 무슬림들은 천성적인 유랑인이었으며 전통적인 상업로를 사용했다. 그리고 예멘은 위치가 좋았다. 오늘날 인도의 이스마일파 보호와 공동체를 시작한 것이 바로 예멘 선교사들이었다.[39]

궁극적으로 아르와가 시아 이슬람의 대변자 중 한 명이었는지는 그다지 중요하지 않다. 분명한 것은 그녀의 권력이 시아 이슬람의 가장 걸출한 갈래의 승리에서 나왔으며 그녀의 시대에 권력의 균형이 그때까지만 해도 안정되게 자리 잡은 순니 정권들로부터 비난을 받았던 이슬람의 비전으로 기울어졌다는 사실이다. 술라이히 왕조의 권력에 접근한다는 것은 파티마조가 국제적인 수준에서 시아 이슬람의 공격을 획책해내는 데 성공하지 않았더라면 상상도 못할 일이었다. 아르와는 재능

---

36 Thawr, *Hadhihi*, p. 282.

37 *Encyclopedia of Islam*, article on 'Isma'iliyya.'

38 Jurji Zaydan, *Tarikh al-tamaddun al-Islami*(n.p., n.d.), vol. 1, p. 23.

39 *Encyclopedia of Islam*, article on 'Isma'iliyya.'

과 군사적 성공을 이루었음에도 여성이라는 사실로 고통받을 수밖에 없었다. 그보다 더 강력한 남성이 아르와의 업적에 도전하려 하고 있었다. 그는 이스마일파 시아 위계에서 그녀의 상관인 카이로의 칼리프 알-무스탄시르, 바로 최고 이맘이었다.

알-무스탄시르가 아르와에게 보낸 첫 번째 시련은 그녀의 남편이 죽었을 때 일어났다. 이는 누구라도 권력을 행사하겠다는 사람이라면 겪게 되는 시련이었다. 즉, 그 사람은 인정과 정통성을 부여하는 칼리프의 축복을 구해야 했다. 이번에 그 칼리프는 시아였고, 시아가 항상 혁명적이며 가난하고 배제된 사람들의 수호자임을 주장했듯이 여성이라고 해서 다른 견지를 취할 수는 없었다고 볼 수 있다. 특히 파티마조가 자신의 권위를 파티마의 후손으로서 공표하고 있었기 때문이었다. 카이로의 파티마조 칼리프는 우리가 살펴봤듯이 제도적으로 여성들이 권력에 접근하는 것에 반대했던 바그다드의 순니 칼리프와는 달리 행동할 것인가? 아르와에 대한 파티마조의 태도가 핵심적인 질문을 명확하게 해줄 것이다. 시아 이슬람은 여성들의 정치적 권리에 대해서 순니 이슬람과 다른 견해를 보일까? 시아 이슬람은 순니 이슬람보다 여성이 국가를 지배하는 것을 더 쉽게 받아들일 것인가? 시아 이슬람이 무엇보다 역사적으로 기존의 권력에 대한 도전의 표현이기 때문에 시아 이슬람은 연역적으로는 여성들에 대해서 더욱 평등주의적이어야 한다. 이 질문은 우리를 원점으로 되돌려 놓는다. 예멘의 여왕들은 그들이 시아였기 때문에, 혹은 예멘인이었기 때문에 자신의 이름으로 쿠트바를 반포할 권리를 가졌을까? 그들의 예외적인 사례를 종교(시아 이슬람) 또는 종족성, 즉 문화적 특이성이나 지역적 전통, 특히 남부 아라비아의 신화와 전설에 등장하는 여성들의 중요성으로 설명할 수 있을 것인가?

알-무카람이 사망한 후 아르와는 시아 위계 태도가 어떤지 비싼 값을 치르고 알게 되었다. 무슬림들에게 있어서 수장의 죽음이란, 불확실한 미래에 대한 불안감뿐인 파열의 시기이다. 그리고 이를 불가피하게 만든 것은 예언자의 전통이었다. 예언자 무함마드는 가문 구성원들의 압박에도 불구하고 자신의 가문에서 계승자를 지정하기를 거부했다. 그럼으로써 하느님의 의지는 자힐리야 시대를 지배했던 아랍인들의 귀족적 권력 전통에 반하고 있다는 강력한 의지를 보였다.[40]

예언자는 계승자 지정을 거부하는 것으로 이슬람의 평등주의 원칙이 가진 핵심 지점을 드러냈다. 7세기 이래로 이 중요한 행동은 무슬림 공동체의 지도자가 되려고 열망하는 모든 정치인이 신자들에게 자신의 권력이 어디서 오는지 밝히고 정통성을 합리화하는 데 필수가 되었다. 신성한 임무를 맡은 칼리프나 치열하게 물리적 군사력으로 권력을 얻은 술탄이나 그 어떤 칭호를 가졌던 지도자라 할지라도, 지도자가 죽으면 계승자는 그의 권력이 어디서 오느냐는 단순한 질문에 대답함으로써 정통성 문제를 해결해야 한다. 즉, 누가 그에게 통치할 권한을 주었는가? 이슬람에서 권력이란 이곳 속세는 저곳 내세와 분리될 수 없고 물질적인 것은 종교적인 것과 떼놓을 수 없다는 특징을 가졌다. 이 때

---

40 Ibn Hisham이 쓴 시라Sira(예언자의 전기)에는 예언자의 마지막 순간에 대한 자세한 설명이 나와 있다. 그는 예언자의 삼촌인 압바스가 알리 이븐 아비 탈립에게 자신은 예언자가 살 날이 얼마 남지 않았으며 그러니 반드시 그에게 가서 '권력이 우리 중에 남을 것'인지를 알아봐야 한다고 생각한다고 털어놓았다. 그러면서 Ibn Hisham은 알리가 그의 조언을 따라 예언자의 침상에서 그를 졸라대는 것을 단호하게 거부했다고 덧붙이고 있다. 다음을 참조할 것. Ibn Hisham, *Al-sira al-nabawiyya*(Beirut: Ihya' al-Thawra al-'Arabi, n.d.), vol. 4, p. 304.

문에, 누구도 자신을 정당화시키지 않고 통치한다는 것은 절대 상상도 못할 일이었다. 아르와는 자신에게 권력을 위임했던 남편이 살아있는 동안에는 공공연하게 물질적인 권력을 행사했다. 그러나 예멘의 이스마일파 다와의 계승자로서 종교적 권위를 쥐고 있었던 것은 알-무카람이었고, 그는 알-무스탄시르라고 하는 이집트 파티마조의 8대 칼리프로부터 정통성을 인정받았다.

알-무스탄시르는 소소한 통치자가 결코 아니었으며 '알-하샤쉰al-hashashin', 즉 '어새신Assassin' 직위의 최고자인 하산 알-사바흐의 지휘 아래 테러리스트 네트워크를 자신의 발아래 두었던 위험한 칼리프로 전세계에 권력을 떨쳤다. 알-무스탄시르 시대에 이스마일파는 절정에 다다랐다. 그의 통치하에서 시아 군대가 바그다드를 침략했고 압바스조와 순니 이슬람의 예배소 자리이자 상징인 알-만수르 모스크에서 쿠트바가 알-무스탄시르의 이름으로 선포되었다.[41] 60년간 이어진 알-무스탄시르의 통치는 기록을 세웠다. 그는 아르와가 태어나기 34년 전인 410년에 태어나서 18세였던 428년에 카이로에서 권력을 잡았으며 77세였던 487년까지 살았다.[42] 알-무스탄시르는 479년에 그에게 와서 인가를 받아간 전설적인 다이 하산 알-사바흐가 그의 축복을 업고 획책했던 정치적 테러리즘의 여파로 마땅찮은 명성을 얻었다. 하산 알-사바흐는 카즈빈의 북북서쪽에 있는 엘부르즈 산맥 한가운데의, 높고

---

41 Ibn al-Athir, *Al-kamil fi al-tarikh*(Beirut: Dar al-Fikr, n.d.), vol. 8, p. 342.

42 Ibid., p. 498.

거의 접근이 불가능한 바위에 있는 알라무트 요새에서 활동했다.[43] 살아생전에도 그는 당대의 가장 매혹적인 인물로 여겨졌다. 그는 철학자, 점성술사, 수학자 등 동시대의 인물들을 사로잡았다. 수많은 사람이 그를 따랐으며 그의 명령을 글자 하나까지도 충실히 이행했다. 하산 알-사바흐는 알라무트 요새에서 훈련과 입문식의 전 과정을 개발했다. 이에 따라 개종자들은 순니 무슬림들에 대한 정치적 암살을 당연하고 심지어 칭송받을 일로 여겼다. 몇몇 역사가들은 알-무스타르시드 (512/1118년-529/1136년)와 알-라시드(529/1136년-530/1136년) 등 두 명의 압바스조 칼리프의 암살이 그가 한 일이라고 생각한다.

알라무트에 상관없이 시아 여왕인 아르와는 자신의 위계상 상관이며 자신의 이맘인 파티마조 칼리프의 의지에 고개를 조아릴 수밖에 없었다. 시아 무슬림들에게 이맘이란 '마숨ma'sum', 무오류하다(이는 시아와 순니를 나누는 결정적인 차이점 중 하나이다. 무오류성을 신에게만 바치는

43 Hasan al-Sabbah에 관한 읽을거리로 어떤 것을 추천할 수 있을까? 이는 얼마나 알고 싶어하고 얼마나 시간을 들일 수 있는지에 따라 달라진다. 시간이 없는 사람들은 *Encyclopedia of Islam*에 나오는 al-Sabbah 편이나 Alamut 편을 찾아보는 것이 좋다. 소설을 좋아하는 사람이라면 Amin Ma'luf가 쓴 *Samarkand*(Paris: Lattès, 1988)라는 뛰어난 소설[아민 말루프, 이원희 번역(1997), 사마르칸드, 정신세계사-옮긴이]에서 al-Sabbah의 동문이었던 Omar Khayyam의 흥미진진한 생애를 통해 그 시대의 지적인 테러리즘에 관한 묘사를 접할 수 있다. 더 깊이 이 주제를 알고 싶은 사람들에게는 프랑스어와 영어로 된 다음의 책들을 권한다. Silvestre de Sacy, 'Mémoire sur la dynastic des Assassins', *Mémoire de l'Académie des Inscriptions et Belles-Lettres*(Paris), 4: 2 (1818); C. Defrémery, 'Nouvelles recherches sur les Ismaïliens ou bathiniens de Syrie', JA, 2 (1854). pp. 353-87, 그리고 1 (1854), pp. 130-210; Bernard Lewis, *The Assassins: A Radical Sect in Islam*(London: Weidenfeld & Nicolson, 1967); [버나드 루이스, 주민아 번역(2007), 암살단 - 이슬람의 암살 전통, 살림-옮긴이], Marshall G. Hodgson, *The Order of Assassins: The Struggle of the Early Nizari Isma'ilis against the Islamic World*(The Hague: Mouton, 1955). 아랍어 서적들은 다음과 같다. Athir, *Kamil*, vol. 9, pp. 36ff; Zarkali, *A'lam*, vol. 2, p. 193; 'Abdallah Inan, *Tarajim Islamiyya sharkiyya wa andalusiyya*(Cairo: Dar al-Ma'arif, 1947), p. 42.

순니 무슬림들의 눈에는 이를 인간에게 돌린다는 것이 충격적인 일이기 때문이다[44]). 그래서 아르와 여왕은 선임자인 알리와 알-무카람을 인가했으며, 그녀를 인가할 수 있는 위치에 있는 유일한 사람인 칼리프 알-무스탄시르의 결정에 도전할 수 없었다.

시아 이스마일파가 여성에 대한 어떤 특수한 존중을 보인다고 생각하기 쉽다. 이들이 예언자의 딸이자 시아 이스마일파에서 뚜렷한 지위를 차지하고 있는 파티마의 후손임을 주장하기 때문이다. 이 지위는 여성을 통해서는 권력이 계승될 수 없다고 생각하는 몇몇 순니 칼리프들에 의해 도전을 받는다. 여성은 대이맘제, 즉 공동체의 정치적이고 종교적인 지도자 자격에서 원칙적으로 배제되기 때문이다. 이 문제에 관해서는 두 개의 매우 중요한 서신이 있다. 이는 압바스 왕조의 2대 칼리프인 순니 칼리프 알-만수르(136/754년-158/775년)와 그의 시아 경쟁자이며 알리(전체 이름은 무함마드 이븐 압달라 이븐 알-하산 이븐 알-하산 이븐 알리이다.)의 증증손자인 그 유명한 알-나프스 알-자키야 사이에 오고 갔던 서신이다.

알-나프스는 메디나에서 조용히 살면서, 그때까지도 그에게 압바스 왕조의 설립자이자 알-만수르의 아버지인 압바스조의 1대 알-사파흐에게 도전하기 위해 무기와 돈을 대겠다는 사람들을 물리쳐왔다. 하지만 알-사파흐가 사망하고 그의 아들인 알-만수르가 즉위하자마자 알-나프스는 유혹에 넘어갔다. 처음에는 권력 승계에 대한 권리를 숨

---

44 우리 순니에게는 알라만이 무오류이며, 우리 초등학교 선생님들은 무오류성을 주장한다는 이유로 가톨릭 교황을 주저 없이 사기꾼이라고 말한다.

겼던 알-나프스 알-자키야는 전형적인 시아 도전의 형식에 따라 어느 날 공식적으로 자신이 유일한 정통 칼리프임을 선언했다. 그의 지지자들은 메디나에서 알-만수르의 총독을 몰아냈다. 그 후 이슬람의 두 주요 분파에서 권력 정통성의 논리에 관심 있는 사람들에게는 금광과 같은 서신이 압바스조 칼리프와 그 도전자 사이에 오고 가기 시작했다. 결국, 알-나프스 알-자키야는 앞서 그의 길을 갔던 다른 사람들과 마찬가지로 교수형을 당했다.[45]

정통성에 대해 말하는 사람이라면 반드시 출생에 대해 말해야 하고, 출생에 대해서 말하려면 모계에 대해 말해야 한다. 순니 칼리프와 시아 도전자 사이에 있었던 논쟁의 핵심축 중 하나는, 권력을 승계하는 데 있어서 여성의 역할에 관한 견해를 분명히 밝히는 것이었다. 여성은 정치적 권력을 전달할 수 있는가. 이 논쟁으로 인해 조심스럽게 감춰져 있던 모계의 유령이 본래 유일신교 성격을 가진 정치적 장에 들어서게 되었다. 모계는 부계 법률만 인정하는 샤리아에 의해서 그 물질적 측면이 완전히 무시되었다. 무슬림 혼인으로 태어난 자녀들은 필연적으로 아버지에게 속한다. 이 원칙은 너무도 중요해서 사생아(즉 어머니만이 있는 아이)의 지위는 실질적으로 존재하지 않는 것이었으며 무슬림 부모가 아이를 입양하는 것은 법적으로 불가능하다. 샤리아는 부계 의제(擬制)를 재생산하는 데 위험이 되는 입양을 거부한다. 오늘날 이것은 까

---

45 헤즈리 145년 al-Nafs al Zakiyya가 공식적으로 스스로 '신자들의 영도자'임을 주장했던 사건의 세부 내용에 대해서는 Tabari, *Tarikh*, vol. 10, pp. 201ff를 참조할 것. 이 사건에 대한 간략한 요약과 주고받은 서신의 내용은 다음에서 찾아볼 수 있다. Ahmad Amin, *Duha al-Islam*, 6th edn(Cairo: Maktaba al-Nahda al-Misriyya, 1961), vol. 3, pp. 277ff.

디들에게 풀 수 없는 난제를 던진다. 대부분의 무슬림 국가들에서 아이를 입양하는 것은 어느 정도 불법이기 때문이다.[46]

다시 서신 상의 대결로 돌아오자면, 알-만수르의 어머니는 비아랍계 자리야로 살라마라는 이름의 베르베르 노예였다는 점을 지적해야겠다. 살라마가 나프자와 부족 출신이라는 사람들도 있고 산하자 부족 출신이라고 주장하는 사람들도 있다.[47] 칼리프 직위를 노리는 시아 지원자가 압바스조 칼리프에게 던진 첫 번째 모욕은, 알-나프스 알-자키야 자신은 부계와 모계 모두 순수 아랍 혈통이지만, 압바스 칼리프는 그렇지 못하다는 것이었다. 알-나프스 알-자키야에 따르면 알-만수르는 이중으로 순수하지 않은 혈통이었다. 첫 번째로는 살라마의 몸에 아잠(비아랍계)의 피가 흐르기 때문이며 두 번째로는 그녀가 움 왈라드, 즉 수끄suq(시장—옮긴이)에 끌려와서 팔리는 노예였기 때문이었다.[48] 알-나프스 알-자키야 자신으로 말하자면 예언자의 첫 번째 아내이자 '순결한 여성, 끼블라qibla(메카의 방향—옮긴이) 앞으로 기도를 올린 첫 번째 인물'인 카디자로 곧장 연결되는 걸출한 귀족 가문 출신 여성들만이

---

46 아랍권의 최근 자료에 의하면 오늘날 인구 통계적 혁명이 일어나고 있다. 이 중 가장 두드러지는 면은 남성과 여성 모두에게서 결혼 연령이 늦춰진 것이다. 혼인 전 성적 행동에 대한 전통적인 금기가 더 이상은 존재하지 않기 때문에, 이는 사생아 출생 수가 높아진 것을 의미한다. 전통적 금기에는 성별의 분리와 딸의 행실에 대한 부모의 통제 등이 있었다. 하지만 소녀들이 점점 더 많이 고등 교육을 받게 되고 일자리를 구하게 되면서 여성의 비이동성에 기반을 둔 통제 체제가 무너지게 되었다. 의사와 판사들이 공동체의 자기 이미지에 너무도 파괴적인 이 비밀을 주의 깊게 지키기 때문에 우리는 사생아에 대해 아는 바가 없다.

47 Ibn Hazm, *Rasa'il*(위의 ch. 1 n. 40 참조), vol. 2, p. 120.

48 Tabari, *Tarikh*, vol. 10, p. 211.

있다는 것이었다.[49] 예언자는 바로 그녀에게 자신의 사명의 비밀을 털어놓았고, 카바의 성소에 가서 자신의 새로운 종교를 세상에 알릴 때, 바로 그녀가 그와 동행했다. 카디자는 몇 명의 딸을 낳았고 예언자가 가장 총애했던 딸이 파티마였다. 파티마는 시아 이슬람의 '퍼스트 레이디'로 간주되며 알-나프스 알-자키야는 칼리프에게 보내는 자신의 서신에서 파티마를 '여성들 가운데 최고이자 천국에 높이 있는 첫 번째 여성'이라고 묘사했다.[50] 압바스조 칼리프는 그렇게나 걸출한 여성 계보에 대해 어떻게 응답할 수 있었을까?

칼리프 알-만수르는 남성, 즉 삼촌인 알-압바스를 통해 내려온 예언자의 후손이라는 정통성을 기반으로 한 단순하고 논리적이며, 무엇보다 정확한 대답을 했다.

> 그대의 서신을 받고 그대의 주장을 읽어 보았다. …사실 그대의 주장 전체는 여성을 통해 내려온 후예임에 대한 자부심에 기대고 있다. 그리고 신은 여성들을 삼촌이나 아버지들과 같은 수준에 놓지 않으셨다. …실로 그대는 예언자의 딸을 통한 그의 후예이지만, 그 딸에게는 윌라야wilaya[정치적인 계승]를 물려받을 권리가 없으며 이맘이 될 자격이 없다. 그러니 어떻게 그녀가 권리를 가지지 못한 것을 그대가 그녀로부터 물려받을 수 있는가?[51]

49 Ibid., p. 210.

50 Ibid.

51 Ibid., vol. 10, p. 212.

압바스조에 따르면 여성을 통한 칼리프 직의 전수는 불가능하므로 알리로부터 내려오는 자들이 권력을 주장하는 것은 전혀 근거가 없었다. 국가의 주요한 지도자 직(알-이마마 알-쿠브라)으로부터 정의상 배제된 여성들은 이를 전수할 수 없다.

지적해야 할 점은 파티마가 제일이라는 원칙에 따라 몇몇 시아들은 이와는 다른 승계법을 발전시켰다는 것이다. 구라비야라고 알려진 한 극단주의 분파는 파티마에 대한 기억에 경의를 표하는 의미로 도를 넘어서서 파티마를 유일한 계승자로 생각했다. 그래서 아들에게 가는 몫의 반만을 파티마에게 인정하고 있는 순니 샤리아를 위반했다.[52] 꿈(이란의 테헤란에서 북서쪽으로 120km가량 떨어진 도시-옮긴이)이라는 도시에 기반을 두고 있는 구라비야파는, 샤리아를 적용할 필요성을 주장하고 딸에게는 형제들에게 가는 몫의 반만 주라고 명령한 어떤 용감한 까디를 살해하겠다고 위협했다.[53] 그 까디는 큰 대가를 치르고서야 상속에서 여성의 위치가 모든 경우에 다 같은 것은 아님을 깨달았다. 예를 들어, 남성이 딸과 손자(아들의 아들)를 남겨둔 채 죽으면, 시아는 상속에서 손자를 배제하며 모든 유산을 딸에게 준다. 이는 순니에게는 탈선이다. 순니에 따르면 이럴 때 유산은 똑같이 둘로 나누어 각각 딸과 손자에게 돌아간다.[54]

52 참조는 al-Sabki의 'Tabaqat'에 있으며 Adam Metz, *Al-hadara al-Islamiyya*(Cairo: Maktaba al Khanji, 1968), vol. 8, p. 123에서 인용되었다. 시아 구라비야파에 대해서는 다음을 참조할 것. Zahra, 'Furuq al-madhab alshi'i', in *Al-madahib al-Islamiyya*(Cairo: Maktaba al-Adab, 1924), p. 65.

53 Al-Sabki, 'Tabaqat', quoted in Metz, *Al-hadara al-Islamiyya*, p. 123.

54 Ahmad Amin, *Duha al-Islam*, vol. 3, p. 260.

이맘의 무오류성 교리 다음으로 상속법 문제가 순니와 시아 간 분쟁의 쟁점 중 하나이다. 그 밖에도 이 양측이 서로 동의하지 않는 많은 문제가 있다. 아흐마드 아민은 시아와 순니 사이의 개인적 지위의 차이에 대해 매우 정확하게 요약하면서 그 목록에 무트아 혼인을 더하고 있다. '니카흐 알-무트아Nikah al-mut'a'는 글자 그대로 '쾌락 혼인'으로 며칠에서 몇 달에 이르기까지 구체적으로 제한된 기간에 남성과 여성을 엮어주는 계약이다. 그 말미에는 남편 측이 아내 측에 미리 정해진 액수를 지불해야 한다. 순니는 이 계약을 그저 완전한 '지나'(간통), 매춘의 한 형태로 간주한다. 순니가 이 관행을 비난하는 주된 이유는 무타 혼인에는 증인이 필요하지 않으며 그래서 순니 혼인에 아주 핵심적인 공적인 성격이 없어지기 때문이다. 두 번째 이유는 그 혼인이 부부에게 서로 상속할 권리를 주지 않는다는 것, 세 번째로는 이 결합에서 태어난 아이의 운명이 불확실하다는 것이 있다. 분명 이런 형태의 결혼에는 이혼의 가능성도 없다. 이 혼인은 정해진 만료일이 되면 자동으로 무효가 되기 때문이다.[55] 여성들이 서로 다른 역할을 하는 결혼과 상속의 이 모든 다양한 문제들 말고도 정치적 문제에서도 비슷한 구도를 볼 수 있다. 카이로의 시아 칼리프는 아르와와 같은 여왕들에게 보다 회유적인 태도를 보였으며 더 잘 대우하는 경향이 있었으나 이는 순니 율법과는 상응하지 않았다.

하지만 칼리프 알-무스탄시르는 알-무카람의 죽음에 대해 순니 칼리프와 정확히 같은 반응을 보였다. 그는 아르와가 권력을 넘겨받는 것

---

55 Ibid., pp. 254ff.

에 반대했으며 사자를 보내 그녀에게 결혼하고 배우자 뒤에 남으라고 충고했다. 아르와가 알-무카람의 사촌이자 알-무카람이 임종 시 계승자('아흐드ʿahd')로 지정했던 사바 이븐 아흐마드와 혼인하는 데 동의한다면 모든 일이 순조로울 것이었다. 하지만 지금까지 합의된 역사적 문헌들은 이 왕위 계승의 구체적인 내용과 아르와의 두 번째 혼인의 조건들에 대해서는 의견이 갈린다.

어떤 역사가들은 알-무카람이 아르와와 사바 사이에서 신중하게 의무를 분리했다고 상술한다. 즉 아르와에게는 와시야를, 사바에게는 다와를 남긴 것이다. 와시야는 아르와가 세속적인 정치권력의 지배자로서 그 지위를 확실하게 해주었다. 다와는 사바를 예멘의 이스마일파 공동체의 지도자로서 종교적인 사역의 상속자임을 지정했다.[56] 또 다른 역사가들은 단순하게 알-무카람이 정확히 어느 범위까지 다루는지 말하지 않은 채 아흐드를 사촌 사바에게 넘겼다고 말한다.[57] 아흐드라는 단어는 '의무', '약속', '계약', '조약 또는 '협정'을 의미하며 통치 군주가 계승자를 지정하는 정치적 선포를 가리키는 단어로 쓰인다. 이 단어는 '성약'이라는 의미가 아주 명확해서 아랍어에서는 성경의 구약과 신약('알-아흐드 알-아티끄al-ʿahd al-ʿatiq'와 '알-아흐드 알-자디드al-ʿahd al-jadid')를 가리키는 데 사용된다.[58]

알-아므리에 따르면 알-무카람의 아흐드가 어떠했든, 아르와는

---

56 ʿAlawi, *Hadhihi*, p. 282.

57 그들 중에 Zarkali, *Aʾlam*, vol. 1, p. 289와 ʿAlawi, *Tarikh Hadramawt*, p. 342가 있다.

58 *Encyclopedia of Islam*, article on "Ahd."를 참조할 것.

알-무카람이 병들었던 473년부터 530년 그가 죽을 때까지 방해받지 않고 물크(세속적 권력)를 효과적으로 행사했다. 이것은 아르와가 칼리프의 반대에도 불구하고 반세기 동안 실질적으로 통치했음을 의미한다.[59] 하지만 그녀는 칼리프를 따라야 했다. 어떤 사람들은 알-무스탄시르가 아르와에게 사바와 혼인할 것을 명령했고 그녀가 그 명을 수행하여 순종적으로 그와 결혼했다고 말한다. 알-무스탄시르가 '나는 그대를 아미르 중의 아미르 사바와 혼인시키노라.'라는 서신을 보내 그녀에게 이를 기정사실화 했다는 것이다.[60] 또 다른 사람들은 사바가 먼저 나서서 알-무카람이 죽은 지 5개월 후 아르와에게 청혼했다고 말한다.[61] 그녀는 이 요구를 받아들였던 것 같지만, 다른 이들은 그녀가 이를 거절했으며 심히 자존심에 상처를 받은 사바가 아르와가 있는 자발라의 요새를 포위했다고 말한다.[62] 이 가설을 지지하는 사람들은 사바가 아르와의 마음을 풀기 위해 그녀의 형제인 이븐 아미르를 통하여 그녀를 설득했고, 끝내 그녀가 마음을 바꾸어 그를 남편으로 받아들였다고 말한다. 아르와의 형제는 그녀가 다이와 결혼하기를 바라는 사람은 칼리프 알-무스탄시르 자신이라고 말했다. 칼리프는 천문학적인 지참금인 1만 디나르와 다른 5만의 선물을 보내 이 계승을 합법화하였고, 이를 매우 불편하게 여겼다고 한다.[63]

---

59 'Amri, *Rawda*, p. 358.

60 Zarkali, *A'lam*, vol. 1, p. 289.

61 Thawr, *Hadhihi*, p. 284.

62 'Alawi, *Tarikh Hadramawt*, p. 342.

63 Ibid.

분명 이러한 주장들과 압박들로 인해 아르와는 마음을 돌리고 사바를 남편으로 받아들였다. 부유해질 수 있다는 유혹은 아마도 결정적인 요소가 아니었을 것이었다. 그녀는 이미 매우 부유하며 왕조의 보물들의 수호자였다. 그녀가 수도를 사나에서 자발라로 옮기겠다고 결정했던 이유 중 하가 이 보물들을 안전한 장소에 두기 위해서였다. 어떤 사람들은 이 혼인에서 합방은 이루어지지 않았다고 말하고, 또 다른 이들은 합방에는 들어갔으나 자녀는 없었다고 말한다.[64] 합방은 하지 않은 혼인설을 주장하는 사람들은 다사한 혼인식 날 밤의 이야기를 구체적으로 묘사한다. 그들에 의하면 사바는 혼인 서약을 맺은 후 살고 있던 아쉬야크의 요새를 떠나 신부가 있는 자발라로 향했다. 그는 알-무카람이 아르와를 위해 지었던 다르 알-이즈 궁전에 들어섰고 아내가 올 방으로 안내받았다. 아르와가 왔으나 그는 그녀를 알아보지 못했다. 그녀가 자리야처럼 차려입고 있었기 때문이었다. 그녀는 밤새 그의 시중을 들었으나 그는 분주히 움직이는 그 여성이 그저 자리야라고 믿었기 때문에 신경을 쓰지 않았다. 사바는 매우 신앙심이 깊었기 때문에 그녀에게 눈길도 주지 않고 오직 여왕을 기다리는 것에만 몰두해 있었다. 새벽이 찾아왔고 여왕은 여전히 오지 않았다. 자리야만이 계속 시중을 들고 있을 뿐이었다. 그는 자신과 함께 있던 노예가 바로 여왕이었음을 알지 못한 채 궁전을 떠나 집으로 돌아갔다.[65]

합방했든 하지 않았든, 그 혼인은 484년부터 495년 사바가 죽을 때

64 Thawr, *Hadhihi*, p. 284.

65 ʿAlawi, *Tarikh Hadramawt*, p. 343.

까지 11년간 유지되었다. 아르와는 재상들의 도움을 받아 남편/장막 없이 계속해서 통치해나갔다. 이는 명백하게 칼리프의 명령을 무시한 것이었다. 495/1102년, 아르와는 50세가 넘었고 파티마조는 487년 알-무스탄시르의 사망에 따른 승계 다툼으로 갈가리 찢어져서 더 이상은 이전처럼 강력하지 않았다. 이스마일파는 두 파로 갈라졌고, 각각 알-무스탄시르의 아들 중 하나를 따랐다. 그 결과 제국에 종말을 가져오게 되는 분열이 일어났다. 알-무스탄시르는 큰아들 니자르를 칼리프 계승자로 지정했다. 그는 알라무트의 주인인 전설적인 하산 이븐 알-사바흐에게 이를 털어놓았다. 하산 이븐 알-사바흐는 그 시아 제국의 계승을 보장하기 위한 협약을 마무리 지으려고 장사꾼으로 가장하여 알-무스탄시르를 만나러 왔다. 이 협약에 따르면 알라무트는 페르시아에서부터 시작하여 압바스조에 대항하는 테러리스트들을 움직일 것이었다. 계승자의 이름은 알라무트의 다이 하산 이븐 알-사바흐에게 핵심 사안이었다. 그는 시아 세계에서 위계의 중요성을 고려하여 알-무스탄시르가 죽은 후 누가 자신의 주인이 될 것인지 알아야 했다.[66]

하지만 487년 알-무스탄시르가 사망했을 때 니자르는 뒤로 밀리고 그 아버지의 바람과 달리 동생인 알-무스탈리가 카이로의 칼리프로 선포되었다. 알-무스탈리는 이집트 밖에서 칼리프 사칭자로 간주되었고 '오늘날까지도 이스마일파는 니자르만을 이맘으로 인정하고 있다.'[67] 이 분열은 이집트의 칼리프제를 현저히 약화시켰다. 제국의 전 지

66 Ibn al-Athir, *Kamil*, vol. 8, p. 294.

67 Ibid.

역들이 알-무스탈리를 인정하지 않았고, 그는 잔혹하게 니자르를 감금하기까지 하였다. 그러나 니자르는 알렉산드리아로 피신하여 그곳에서 칼리프로 선포되었다. '알-무스탈리는 니자르를 "다시 데려온" 후 그의 주변에 벽을 쌓았다.'[68] 순교한 이맘, 올바른 이맘, 그리고 희생된 무고한 자의 고리는 새로운 국면을 맞았다. 하지만 이번에는 지리적인 함의가 중대했다. 니자르가 죽은 이후 가장 강력한 다이인 알라무트의 주인 하산 알-사바흐가 스스로 최고 수장으로 선언하고 '후자$_{huja}$'(현인)의 칭호를 선포했던 것이다. '그가 죽은 후 그 지도자는 계속해서 알라무트를 통치했다. 네 번째 통치자인 하산 알라 디크리히 알-사람(557/1162년)부터 그들은 이맘으로 인정받기 시작했다.'[69]

아르와는 계속해서 카이로에 충성을 바쳤다. 아르와 덕분에 알-무스탈리는 예멘의 이스마일파 공동체 전체뿐 아니라 그에 종속된 인도에서도 인정받게 되었다.[70] 불행하게도 알-무스탈리는 아르와에게 고마워하지 않았고 그녀가 너무 나이가 많거나 아마도 너무도 인기가 있다고 생각해서 512/1119년에 자신의 수하인 나집 알-다울라를 보내어 그녀의 영역을 빼앗으려고 했다. 하지만 그는 매우 놀랄 수밖에 없었다. 예멘은 여전히 자신들의 여왕을 경외했고 다른 누구의 지배도 받으려 하지 않았다. 군대와 민중들은 그녀 주위에 결집하여 칼리프의 사절과 전투를 벌였다. '나집 알-다울라가 알-후라의 권력을 탈취하기 위해

68 Ibid., p. 398.

69 W. Madelung in the article on 'Isma'iliyya', *Encyclopedia of Islam*.

70 Ibid.

전쟁을 선포했을 때, 그녀는 예멘 아미르 대다수의 지지를 얻었고 나집 알-다울라는 자신의 임무를 포기해야만 했다.'[71] 위계제 내의 상관인 카이로의 칼리프가 적대감을 보였지만 아르와는 532/1138년에 사망할 때까지 권력을 잡고 있었다. 그로부터 20년 동안 아르와는 예멘의 수장으로서 모든 권력을 행사한 후 아랍 통치자로서는 기적적으로 자연사했다.

아스마와 아르와, 특히 아르와가 국가를 통치했을 뿐 아니라 쿠트바가 자신들의 이름으로 반포되게 하고 예멘의 유명 인사들과 민중들을 자기편으로 만들 수 있었다면, 이는 그들이 시아였기 때문일까 아니면 예멘인이었기 때문일까? 여성과 정치에 대한 시아 이슬람의 태도를 보면 종교적인 변수는 제거될 수 있을 것으로 보인다. 그러면 설명 가능한 변수는 하나만 남게 된다. 여성을 정치 게임의 파트너로 받아들이는 것으로 보이는 지역 문화 차원, 구체적으로 예멘의 전통이다. 역사적으로 시아와 순니는 모든 것에서 서로 반대였으나, 최소한 그들은 정치 사안에서 여성에게 남겨진 운명에 대해서는 일치했다. 시아 칼리프들은 순니 칼리프들과 마찬가지로 여성이 무슬림 공동체를 다스린다는 생각에 적대적이었다. 파티마의 역할에 관한 순니와 시아 간의 분쟁이야말로 정치적 기회주의자들이 어떻게 여성 문제를 자신들의 입맛에 맞게 사용하는지 알 수 있는 가장 좋은 사례라고도 볼 수 있다. 궁전의 이슬람, 즉 정치가들의 이슬람은 환경에 따라서 그 색깔을 바꾸었다. 칼리프와 까디들인 정치인들은 자신이 비호하고자 하는 특정한 이익에

---

71 Kamil, *Yaman*, p. 17.

맞게 성스러운 꾸란에 나오는 예언자 전언의 이슬람, 즉 이슬람 리살라를 제멋대로 왜곡할 수 있었다. 만약 여성의 왕위 계승만이 시아가 정통성과 권력을 얻는 유일한 길이라면 시아 종교 지도자들은 이를 증명하기 위한 일에 착수할 것이다. 바그다드의 순니 궁정이 여성을 정통성의 승계자로 인정하지 않을 필요가 있다면, 순니 종교 지도자들은 어려움 없이 꾸란을 필요한대로 이용할 수 있을 것이다. 차이가 있다면 파티마조 칼리프의 이익은 그에게 여성과 정치판에서 여성의 역할에 관해 두 가지 모순되는 태도를 야기했다는 것뿐이었다. 그는 권력 승계에 관한 비밀 논쟁에서는 파티마를 통해 정통성과 정치적 권력이 전달되었다고 주장하면서 자신들의 우월함을 긍정적으로 말했다. 하지만 그는 정치권의 파트너로서의 여성들의 존재는 부정했고 아르와가 시아 국가를 통치하는 것을 부정했으며 그럴 능력이 없다고 주장했다.

파티마조의 역사는 여성과 정치에 관심 있는 사람들에게 있어서 특별한 조사의 장을 제공한다. 일반적이지 않은 상황 때문에 파티마조 공주가 칼리프의 자리를 차지하고 넉 달 동안이나 칼리프가 맡은 제국의 임무들을 수행해야 했던 것이다. 그녀는 시트 알-물크였다. 칼리프이자 그녀의 남동생 이맘 알-하킴 이븐 아므리 알라는, 어느 날 아침 무아지경에 빠져 민중들에게 자신이 알라이며 자신을 신으로 섬겨야 한다고 선언했다. 그가 원인 불명으로 사라진 후 411/1020년에 시트 알-물크는 권력을 잡았다.

시트 알-물크의 이야기는 진형적이면서 매혹적이다. 이는 환경에 의해 상상도 하지 못했던 일을 떠맡게 된 여성의 이야기이다. 그녀는 이맘의 정신착란으로부터 수백 명의 신자를 구하기 위해 칼리프 직책을 맡게 된 것이다. 이는 아르와의 경우처럼 순전히 세속적 권력인 물크만을 행사하는 문제가 아니라 책무를 수행할 수 없게 된 칼리프의 빈자리를 메우는 문제였다. 시트 알-물크는 무오류의 이맘이 광기로 인해 신자들의 눈에 논리나 분별이라고는 찾아볼 수 없는 행동을 하는 미치광이 살인자로 바뀌자 그 자리를 떠안았다. 시트 알-물크의 사례는 분명 극단적인 경우로, 원칙적으로는 하렘에 물러나 있어야 할 여성의 존재가 칼리프 왕좌를 침범한 것이다. 체제는 자기 자신을 지키기 위해서 시트 알-물크의 존재를 완전히 부정했다. 모스크에서 쿠트바는 한 번도 그녀의 이름으로 반포되지 않았다. 시트 알-물크가 직접 통치한 넉 달이 지난 후, 역사가들이 기꺼이 하지마hazima라는 형용사를 수여했던 뛰어난 능력의 그 여성은 장막을 치고 몸을 숨겼다.

09

카이로의
여왕

The Lady of Cairo

파티마조 궁정에서 태어난 시트 알−물크는 '권력을 가진 부인'이라
는 의미로 이름에 다른 칭호를 더할 필요가 없었다. 또한, 그녀는 칼리
프들의 눈에 들기 위해 투쟁할 필요도 없었다. 그녀는 아랍인들이 저항
하지 못하는 매력인 뛰어난 지력을 겸비했고, 빼어난 미모를 갖추었다.
칼리프들은 이에 매혹되어 언제나 그녀 주위에 모여들었다. 하지만 저
주인지 운명인지 그녀의 마음에 들려고 했던 칼리프들은 그녀의 남편
이 아니었다. 그녀는 자신의 씨족과 그 권력, 그리고 그 막연한 열정의
볼모로 남았다. 그녀의 아버지인 칼리프 알−아지즈는 그녀를 애지중지
했으며 그녀의 남동생인 알−하킴은 질투에 불타는 연인처럼 그녀를 괴
롭혔다. 마침내 그녀의 조카인 3대 칼리프 알−다히르의 이름으로 그녀
는 4년간 권력을 행사했다.[1] 그녀는 411/1021년에서 415/1024년까지 자
신이 '알−다히르al-dhahi', 즉 '특출나게 눈에 띄는 자'라는 칭호를 부여했

던 아이의 이름으로 제국을 관리했다. 그녀 자신의 권력은 신성한 율법이 요구하는 바에 따라 보이지 않아야 했기 때문이었다.[2] 쿠트바는 단한 번도 그녀의 이름으로 반포되지 않았다. 신자들은 금요 예배에서 어린 이맘의 이름으로 예배를 올렸다. 그래도 분명히 제국을 관리하는 것은 그녀였고 '비범한 능력을 보였고 특히 법 문제에서 뛰어났으며 스스로 민중들의 사랑을 받게 된 것'도 그녀였다.[3] 그리고 이집트인들의 사랑을 받는다는 것은 결코 쉬운 일이 아니었다. 그녀의 아버지인 알-아지즈와 남동생 알-하킴은 서로 많이 달랐음에도 둘 다 정기적으로 백성으로부터 모욕적인 투서를 받았다. 알-아지즈는 온화하고 인내심이 있는 사람이었고 알-하킴은 비이성적이고 부당한 폭력을 행사하는 사람이었는데도 말이다.

시트 알-물크는 파티마 공주 중에서 가장 아름다웠다. 그녀는 제국에서 가장 귀한 보석으로 손을 치장하고 살결에는 희귀한 향수를 뿌리고서 그녀를 더욱 아름답게 만들 임무를 맡은 수백 명의 자와리에게 둘러싸여 있었다. 그들은 그녀에게 왕조에게만 진상하는 장인들이 특

---

1 아랍어로 된 시트 알-물크의 전기는 많이 있다. 주로 인용되는 초기 자료들은 다음과 같다. 'Amri, *Rawda*(위의 ch. 6 n. 4 참조), pp. 462-6; 'Abdallah Inan, *Tarajim Islamiyya sharkiyya wa andalusiyya*(Cairo: Dar al-Ma'arif, 1947), pp. 34-41; 'Amili, *Al-durr al-manthur*(위의 ch. 6 n. 7 참조), pp. 240-1; 'AH Ibrahim Hasan, *Nisa' lahunnafi al-tarikh al-Islami nasib*(Cairo: Maktaba al-Nahda al-Misriyya, 1970), pp. 108-14.

2 전체 제목은 *al-dhahir li i'zaz dim Allah*이다. 그의 전기를 보려면 Ibn Khallikan, *Wafayat al-a'yan*(Beirut: Dar al-Thaqafa, n.d.), vol. 3, pp. 406ff를 참조할 것. 그의 계승식에 대한 설명은 Ibn al-Athir, *Al-kamilfi al-tarikh*(Beirut: Dar al-Fikr, n.d.), vol. 8, p. 131를 참조할 것.

3 Zarkali, *A'lam*(위의 ch. 1 n. 35 참조), vol. 3, p. 78. 다음 역시 참조할 것. Ibn Khallikan, *Wafayat*, vol. 8, p. 130.

별히 재단한 최상급 실크, 린넨, 황실 양단으로 된 튜닉을 입혔다.[4] 파티마조가 타락의 징조라고 주장했던 압바스조의 허식에 대한 대안으로 간결함과 금욕주의를 약속하며 이집트에서 권력을 잡았으면서도 당시 무슬림 제국에서 필적할 수 없던 호화로운 생활에 급속히 잠식된 것은 이상한 일이다. 그리고 시트 알-물크는 다른 왕가의 일원들과 마찬가지로 할아버지인 알-무이즈가 설립한 왕실 의복 공급처를 애용했다. 그곳에서는 최고의 장인들이 파티마조의 빛나는 장관과 신성한 빛의 공식 표상에 맞춰서 눈부시게 화려한 의복을 제작하는 일을 맡고 있었다. 파티마조는 검은 예복을 입는 압바스조와의 차이를 보이기 위해 흰옷을 입었다. 그 백색에는 신성의 광휘를 더하기 위해 귀금속이 장식된 금은 자수가 더해졌다.[5] 파티마조가 전성기를 누리고, 시트 알-물크의 조부가 이집트를 정복한 지 1년 만인 359/970년에 태어난 시트 알-물크는, 파티마조의 호화로운 삶과 영향력을 반영했다. 태어날 때부터 그녀는 권력의 한가운데에 휩싸여 있었다.

시트 알-물크의 매력에 빠진 첫 번째 인물은 그녀의 아버지인 5대 파티마조 칼리프 알-아지즈였다(365/975년-411/1020년). 그는 자신의 아버지이자 전임자였던 알-무이즈가 359/970년에 세운 카이로에 두 개의 가장 아름다운 궁전인 까스르 알-바흐르(강변 궁전)와 까스르 알-다합(금궁)을 지었다. 시트 알-물크는 호화로운 까스르 알-바흐르에

---

4 *Encyclopedia of Islam*, 2nd edn(Leiden: E. J. Brill, 1960), article on 'Libas.'
5 아랍 왕조들에서 색깔은 항상 의례와 권력 상징에서 근본적인 역할을 해 왔으며, 기존 권력에 대해 도전하는 경우 그와는 다른 색을 채택했다. 다음을 참조할 것. *Encyclopedia of Islam*, article on 'Libas.'

서 행복한 어린 시절을 보냈다. 이 강변 궁전은 왕실 점성술사들이 별과 조화를 이루도록 설계했으며 동양에서나 서양에서나 비할 데가 없었다. 그녀의 아버지는 그녀의 어머니를 아주 사랑하여 그 관계의 성격이 그의 통치의 정치적인 실행에 영향을 미쳤다.[6] 사실 몇몇 고관들은 이 사랑을 유해하다고 보았다. 그도 그럴 것이 시트 알-물크의 어머니는 비잔틴 태생의 크리스천 자리야였으며 이를 자랑스럽게 여기고 크리스천으로 남았기 때문이었다. 많은 사람이 원칙적으로는 여전히 비잔틴에 맞선 성전을 치르고 있는 시아 이맘-칼리프의 사랑놀음과 그의 궁전에 누워있는 적군의 자리야를 질투 어린 눈으로 바라보았다.[7] '사면을 좋아하고 자주 사용했던'[8] 알-아지즈가 크리스천들에게 정치적 관용을 확대하자 궁전 광신자들의 외국인 혐오는 극에 달했다. 알-아지즈 치하에서 비무슬림, 즉 크리스천들과 유대인들은 전에 없던 특혜를 갖게 되었다. 그들은 제국의 최고위 관직에 오를 수 있었고 모든 정치 활동에 참여하면서 의사 결정을 내리고 우위를 점했다. 결과적으로 알-아지즈의 에큐메니즘과 개방성에 동의하지 않았던 사람들이 칼리프를 비판하고 모욕했다.[9] 칼리프는 먼저 크리스천인 이사 이븐 나스투라스를 재상의 지위에, 다음으로 만챠라는 이름의 유대인을 시리아의 대리인으로 임명했다. 이로 인해 알-아지즈가 다스리는 신자 중 가장

6 Ibn Khallikan, *Wafayat*, vol. 5, p. 372.

7 그녀가 콥트 교도라고 말하는 사람들도 있다. Inan, *Tarajim*, p. 34.

8 Ibn al-Athir, *Kamil*, vol. 7, p. 477.

9 Ibn Khallikan, *Wafayat*, vol. 5, p. 372에서 Nizar al-'Ubaidi라는 이름으로 된 al-'Aziz의 전기를 참조할 것.

광신적인 사람들의 분노가 그를 향하게 되었다.[10] 비무슬림들에게 그토록 큰 영향력을 주었다는 비난이 그에게 쏟아졌다.[11] 하지만 알-아지즈는 그 압력에 굳건히 맞섰고 자신의 정치적 관용을 딸인 시트 알-물크에게 전달하는 교육의 이상으로 삼았다. 시트 알-물크는 알-아지즈의 개인적인 특질, 특히 그의 개방성과 관용을 물려받았다. 그녀는 그의 편에 서서 알-아지즈가 공격을 받고 주저하다가 나스투라스를 해임했을 때 그의 직위를 보전하라고 격려했다.[12]

이맘과 크리스천 사이의 혼혈이었던 시트 알-물크는 자신의 이중 정체성을 자랑스럽게 여기고 이를 이상으로 비호했다. 그녀는 두 개의 경쟁하는 공동체 사이에서 분열되지 않고 그들이 서로에게 개방되는 길을 추구했다. 크리스천과 유대인을 존중했던 그녀는, 그 때문에 다음 칼리프의 반대편에 서게 되고 목숨을 위협받았다. 그녀는 크리스천 삼촌들인 아르세니우스와 아리스테스에 대한 반대가 점점 커질 때, 그들의 영향력 있는 직위를 보전해야 한다고 주장했다. 무슬림 역사가들은 칼리프를 평가할 때 있어서 칼리프의 관용도와 유혈 사태를 피하는 능력을 반드시 고려한다. 위대한 칼리프란 무엇보다도 관용적인 칼리프였고 파멸적인 통치란 유혈 사태가 일어나는 통치였다. 그리고 21년간 지속된 알-아지즈의 통치는 모두가 성공적이라고 인정하며, 그는 비범한 군주로 여겨졌다. 이븐 칼리칸은 알-아지즈를 '관대하고 용맹하며 사

10 Ibn al-Athir, *Kamil*, vol. 7, p. 477.

11 Ibid.

12 Inan, *Tarajim*, pp. 35, 36.

면을 자유롭게 주었던 온화한 경향의' 통치자로 묘사하고 있다.[13]

알−아지즈는 모든 면에서 뛰어난 통치자였다. 그는 커다랗고 맑은 눈과 넓은 어깨를 가진 검은 머리의 아주 잘생긴 남자로 말과 사냥, 특히 사자 사냥을 열정적으로 즐겼다. 또한, 그는 교양과 미덕을 갖추었다.[14] 시트 알−물크는 그에게서 두 가지 특질을 물려받았다. 완벽에 가까운 아름다움과 영웅들에 필적하는 용기였다.[15] 아주 이른 시기부터 그녀의 아버지는 그녀의 의견을 묻고 의견을 말하도록 격려하면서 그녀를 권력에 관여하게 했다. 아직 청소년이었던 시트 알−물크는 자신의 의견이 받아들여지는 것에 익숙했고 이는 아버지 사후에도 바뀌지 않았다.

알−하킴은 시트 알−물크의 남동생이었다. 이집트를 광신적인 광기와 무분별한 살인이라는 비극적 심연에 몰아넣고 개방성의 약속을 무자비한 증오로 바꾼 것이 바로 그였다. 알−하킴은 열여섯 살 위의 누이와 함께 강에 넓게 맞닿아 있는 궁전에서 여느 아이와 다를 바 없이 자랐다. 알−하킴이 놀고 있었을 때 내시 노예인 가정교사 알−우스타드 부르즈완은 그에게 즉시 멈추라고 한 뒤 그의 앞에 엎드려 발밑의 땅에 입을 맞추면서 '앗살람 알라 아미르 알−무으미닌Al-salaam 'ala amir al-mu'minin(신자들의 영도자에게 평화를)'이라고 말했다.[16] 군사 지휘관들과 고관들은 그의 아버지가 죽은 지 한 시간 만에 그를 권력의 옷으로 둘

---

13 Ibn Khallikan, *Wafayat*, vol. 5, p. 371.

14 Ibid., p. 372.

15 'Amri, *Rawda*, p. 463.

16 Ibn Khallikan, *Wafayat*, vol. 5, p. 375.

렀다. 알-아지즈의 죽음은 빌베이스 시의 목욕탕에서 벌어졌다. 목욕
요법이라는 위험한 치료법에 관한 지시를 잘못 이해한 결과였다. 그 죽
음이 아이의 미소를 띤 채 그 도시로 스며들어오리라고 예측할 길은 없
었다.

알-아지즈는 비잔틴에 대항한 출정 중 불과 42살에 별난 사고로 죽
었다. 386년(996년 10월 14일) 라마단 달이었다.[17] 장례는 서둘러 진행되
었다. 궁정 규약을 맡은 내시는 넓은 어깨에 운동으로 다져진 건장한
칼리프에게 맞는 커다란 관을 만들거나 구할 시간조차 없었다. 도시 사
람들은 경악하여 말문이 막힌 채, 왕실 장례를 지켜보았다. 그 장례는
엄숙했지만 한 가지는 유별났다. 죽은 칼리프의 발이 관 밖으로 삐져나
와 있었던 것이다.

알-아지즈가 휘황한 군대를 거느리고 떠났던 것을 보았던 카이로는,
해 질 녘에 열한 살짜리 아이가 귀금속으로 장식된 터번을 두르고 단색
의 로브를 걸치고서 왕실 차양 아래에서 손에는 창을 들고 허리에는 검
을 찬 채 깃발이 휘날리는 가운데 알-아지즈의 시신 앞에 서서 걸어들
어오는 것을 보았다.[18] 포고자들이 도시를 가로지르면서 부왕의 죽음
과 아들의 즉위를 알렸고, 왕위 승계가 불러일으키는 깊은 불안을 반
영하는 전통적인 문구가 뒤따랐다. '아마나쿰 알라 타알라 알라 암왈리
쿰 와 아르와히쿰Amanakum Allah ta'ala 'ala amwalikum wa arwahikuiri'(가장 높으

---

17 Ibid.; al-Maqrizi, *Al-Khitat*(Cairo: Maktaba al-Thaqafa al-Diniyya, 1987), vol. 2, p. 285; Ibn
al-Athir, *Kamil*, vol. 7, p. 477; 'Abdallah Inan, *Al-hakim bi'amri Allah*(Cairo: Dar al-Ma'arif,
1947).

18 Ibn Khallikan, *Wafayat*, vol. 5, p. 375.

신 알라는 선행과 삶의 안전을 보장해 주신다).'[19] 이는 카이로가 결코 잊지 못할 즉위식이었다. 누구도 이 놀란 표정을 하고 이마에 값진 보석을 두른 아이가 그 도시에 광기와 공포를 몰고 오리라고 의심하지 못했다.

알-하킴은 공개적인 폭정으로 카이로를 공포에 **빠뜨렸고**, 시트 알-물크를 개인적인 질투로 겁에 질리게 했다. 그는 그녀가 많은 연인을 가지고 있다는 생각에 사로잡혀 있었다. 그는 어디서든, 특히 자신의 위대한 군사령관 중에서 그들을 찾아냈다. 그의 의심과 질투는 시트 알-물크를 형제 살해와 일련의 살인으로 몰고 갔다. 알-아지즈의 죽음은 너무 갑작스러웠고 어린 왕 자신도 이해할 수 없는 폭력적인 정신적 동요를 풀어놓았다. 그리고 그로 인해 이후의 모든 것이 운명의 몽롱한 리듬에 따라 풀려나갔다.

현실의 악몽 속에서 점점 더 통제할 수 없고, 점점 더 많은 소름 끼치는 유혈 사건들이 꼬리를 물었다. 그러던 411년 봄의 어느 날 밤, 카이로에는 칼리프 알-하킴이 실종되었다는 소식이 퍼져 나갔다. 칼리프는 실종되지 않는다. 조용히 침상에서 죽음을 맞거나(드문 경우인 것이 사실이다), 전장에서 용감하게 죽음을 맞거나, 메카로 가는 길에서 신실한 죽음을 맞거나, 아니면 궁정 음모가들에 의해 계획된 암살을 당한다. 하지만 실종은 무슬림 사회가 예상하지 못한 일이었다. 그런 이상한 사건에 동요된 카이로의 군중은 두 갈래로 분열되었다. 대다수는 알-하킴의 실종을 받아들였고, 일부 소수는 오늘날까지도 여전히 그를 기다린다. 그들이 바로 레바논 산맥에 사는 드루즈파이다. 그들은 이집트인

---

19 Ibid.

들에게 박해를 받아 북쪽으로 이주했고, 이단으로 간주되는 자신의 신앙을 지키기 위해 고립된 산악 지역에 숨어들어야 했다.

411년 대다수의 카이로 주민은 이집트인들을 아랍 민족 가운데서 가장 다루기 어려운 민족으로 만든 그 실제적인 특징을 이미 가지고 있었다. 그들은 즉시 암살 가능성을 믿기 시작했던 것이다. 많은 카이로인은 폭력과 즉결 처분으로 끝나는 칼리프 알-하킴의 야간 행보가 도시를 공포에 떨게 했을 때, 이미 국왕 시해를 생각하고 있었다. 그리고 바로 이 공포가 그다음 이어지는 이상한 사건, 즉 시트 알-물크가 권력을 이어받아 칼리프 직을 차지하고 몇 달 동안 칼리프의 임무를 수행했던 것을 설명해준다. 이는 일반적인 상황이라면 결코 생각할 수도 없는 일이다. 푸까하(종교 전문가들)는 그것만을 제외한 모든 상황을 고려했었다. 칼리프 직이 비워졌을 때 신자 공동체 내의 혼란을 피하고자 모든 것을 예측하고 설명하는 것이 그들의 일이었다. 광기는 이맘에 복종하겠다는 맹세인 바이아로부터 신자들이 벗어나게 하는 이유 중 하나이다. 무슬림 공동체에 그러한 재앙이 일어났을 때 누구도 어떻게 대처해야 할지 알지 못했다. 그리고 가장 기이한 것은 남동생으로부터 누이에게 권력이 묵시적으로 이전된 일이 아주 고요하게 일어났다는 점이었다. 공위(空位) 기간에 보통 동반되는 역사적인 동요와 피할 수 없는 피트나(혼란)에 상반되는 고요함이었다.

알-하킴이 죽으면 그의 미성년자 아들만이 공식적으로 권력을 주장할 수 있었다. 하지만 모든 일이 예상치 못하게 일어났으므로 예식과 규약을 지켜야 한다는 생각을 할 틈이 없었다. 그렇게 시트 알-물크가 타당하고 당연한 대안으로 떠올랐다. 하지만 파티마 왕조가 별에 따라 영향을 받았다고 생각했던 일련의 사건들에서 당연한 것은 없었다. 알-하킴의 실종도 그 뒤를 이은 전망에 대한 것도 당연하지 않았다.

알-하킴의 실종에 관해서는 몇몇 판본들이 있지만 일치하는 점이 하나 있다. 알-하킴은 너무 자주 나돌아다니는 버릇이 있었던 것이다.

그는 기행이 너무 심했다. 어느 토요일에는 최소 6번 이상 나타났다. 한번은 말을 타고, 두 번째는 당나귀를 타고, 세 번째는 짐꾼의 머리 위의 가마에 있었다. 네 번째는 나일 강 위의 보트 위에 있었다. 게다가 이때 칼리프는 터번을 쓰고 있지도 않았다.[20]

그러나 민중들의 마음에 불안의 첫 번째 싹을 틔우게 한 것은 그의 잦은 야간 방랑이었다.

알-하킴이 별에 매혹되어 있었다는 것은 잘 알려진 사실이었다. 하지만 이는 이상한 일이 아니었다. 모든 이스마일파 이맘들은 점성술에 아주 능숙해 있었기 때문이다. 그들에게 점성술은 신비, 과학, 유희로 가는 첫걸음이었다. 알-하킴의 통치 기간에는 무슬림 세계에서 가장 위대한 점성술의 거장들이 카이로로 초청되어 군주의 옆을 지켰다. 별들을 관찰하고 그 움직임을 계산하는 것은 이스마일파 시아 이슬람에 중요한 일이었으며, 이는 '순환하는 시간'이라는 개념에 기초하고 있었다. 이 개념에 따르면 세속적 사건들은 그것의 심오한 실제, 즉 '하늘의 드라마'와 관련지어서만 설명될 수 있었다. 그들은 실제로 그 드라마

---

20 Maqrizi, *Khitat*, vol. 2, p. 288.

의 대단원을 준비하고 있었다.[21] 처음부터 '일름 알−누줌ilm al-nujum'(별들의 과학)은 이스마일파에서 중심적인 위치를 차지하고 있었으며 여러 가지 목적으로 쓰였다. 이븐 알−나딤은 이스마일파의 자료에 대한 논의에서, 자이단이라는 성을 가진 천문학자이자 철학자 무함마드 이븐 알−하산이 알−쿠르크에서 거대한 성공을 이루었던 일화를 예로 들고 있다. 그는 어떤 삼각 별자리가 전갈자리에서 궁수자리로 이동한 덕분에 '별자리 법칙'에 따라 아랍인들이 페르시아인들로부터 권력을 되찾게 될 것이라고 주장했다.[22] 신이 지정한 이맘, 예정된 마흐디(알−마흐디 알−문타자르al-mahdi al-muntazar)가 등장하는 시기와 다이가 진정한 정체를 드러내는 정확한 시간을 계산하는 것은 천계와 그 법칙에 대한 넓은 지식을 요구하는 천문학적 예측이었다.

이스마일파는 사건을 예측하기 위해서, 더 자세히 말하자면 그들에게는 순니 이슬람과 같은 음력이 없었기 때문에 한 달의 정확한 날 수를 정하기 위해서 천문학을 상당히 숙고했다. 그들에게는 '달이 차기를 기다릴 필요 없이 이맘이 한 달의 시작을 정하게 하는 것이 당연했다. 실제로 한 달의 시작은 그런 식으로 천문학 계산에 따라 정해졌으며 그래서 다른 무슬림들의 날짜에 하루 이틀 정도 앞섰다.'[23] 그러므로 알−하킴이 파티마조의 계승자 교육의 통합적인 일부로 별과 수학에 대한 학습을 받았다는 것은 타당하다.

21 Henry Corbin, *Histoire de la philosophic islamique*(Paris: Gallimard, 1964), pp. 128ff.

22 Ibn al-Nadim, *Al-fihris*(Beirut: Dar al-Ma'rifa, 1978), p. 267.

23 *Encyclopedia of Islam*, article on 'Isma'iliyya.' 이런 식의 계산법이 이스마일파와 순니 사이의 갈등을 낳았음을 상상할 수 있다. 특히 라마단 달을 정하는 데 있어서 그랬다.

하지만 알-하킴이 별에 매혹되었다는 사실만으로는, 그가 밤에 배회하는 것에 과도하게 집착했던 이유를 설명할 수 없다. 많은 신자는 그에게 불면증이 있다고 믿기 시작했다. 그리고 그의 불면증은 카이로 주민에 대한 강박감이 되었고, 결국 누적된 살인으로 이어지는 일련의 엽기적인 사건들을 일으켰다. 또한, 알-하킴의 수행원들이 불 밝힌 역동적인 카이로를 배회할 수 있도록 상인들과 장인들에게 낮에 자고 밤에 일하라는 명령이 내려진 것도 알-하킴의 불면증 탓으로 돌려졌다. 처음에는 칼리프가 야간 순회를 돌 때 그와 동행하는 수행원들의 번지르르한 장관에 혹했던 민중들도 실망했다. 얼마 지나지 않아 알-하킴이 엄청난 금욕주의 생활에 빠졌기 때문이었다. 법랑과 귀금속들이 뒤덮인 금은 마구를 갖춘 경주마들은 더는 눈에 띄지 않았다. 그 말들 중 일부는 목둘레에 '금사슬과 호박 목줄을 차곤 했었다. 때로 의식용 마술(馬術)을 위해 훈련된 말들은 금으로 된 굽 장식을 차고 행진했다. 안장가죽은 적색과 황색의 비단이나 형형색색의 자수 비단으로 바뀌었다.'[24]

어느 날 군중에게 익숙했던 칼리프의 과시적인 장식이 사라졌다. 이전에는 너무도 화려하게 빛났던 옷차림의 칼리프가 마치 버려지고 방치된 사람처럼 누추한 울 튜닉을 걸치고 홀로 돌아다니는 것이 목격되었다. 그는 머리칼이 자라게 내버려 두었으며 터번을 쓰는 것을 잊어버렸다. 군주에게 꼭 맞는 형상을 갖추도록 천을 두르는 방식을 고안하고

---

24 M. Canard, 'La procession du Nouvel An chez les Fatimides', *Annales de l'Institut d'Etudes Orientales*(Algiers), 10 (1952), p. 375.

장신구들로 장식한 터번이 파티마 왕조의 가장 두드러지는 표식이었는 데도 말이다.[25] 장신구를 벗어버린 채 홀로 카이로의 밤을 배회하는 칼리프의 모습이 악몽 같은 광경이 되면서 군중은 그 장대했던 시절을 회상했다. 411년 불가사의한 봄날 밤 알-하킴이 궁전을 떠난 후 다시 돌아오지 않았을 때 불안은 극에 달했다. 그 며칠 전에 칼리프와 그 누이 사이에 격렬한 질투의 광경이 연출되었다는 소문이 있었다. 칼리프가 시트 알-물크와 그가 그녀의 연인들이라고 주장하는 이들을 죽여버리겠다고 위협했다는 것이었다. 카이로는 소문들로 시달렸고, 칼리프가 실종되었다는 소식으로 소문들은 더 커져만 갔다. 칼리프가 실종된 이유에 관한 다양한 얘기들이 돌았고, 역사가들은 충실하게 이를 기록했으나 결코 그 상황의 진실을 밝히지는 못했다.

가장 일반적으로 인정되는 판본은 이븐 알-아씨르의 판본이다.

월요일 밤, 411년 슈왈 달이 삼일 밤이나 남아 있었던 때[1021년 2월 13일], 알라위파이며 이집트의 주인인 알-하킴 이븐 아므리 알라 아부 알리 알-만수르 이븐 알-아지즈 비 알라 이븐 알-무이쯔가 실종되었고, 누구도 그에 대한 소식을 알지 못했다. 그의 실종은 늘 그랬듯이 그가 밤 산보를 나갔을 때 벌어졌다. …그는 힐완 동쪽으로 걸어갔고, 두 명의 마필 관리관들과 동행했다. …사람들은 슈왈 달이 끝날 때까지 그의 흔적을 찾아다녔다. 그다음 달의 사흘째 되는 날 마달라madalla[권력의 상징 중 하나인 차양] 관리관인 알-무드하파르

25 Maqrizi, *Khitat*, p. 288.

알-사끌라비가 이끄는 한 무리의 궁정 사람들이 수색에 나섰다. 그들은 힐완에 도착해서 언덕을 올랐다. …그들은 알-하킴의 나귀를 보았다. 그 나귀는 앞 다리에 검으로 입은 상처가 있었으나 안장은 계속 지고 있었다. …그들은 발굽 자국을 따라갔고, 그의 옷가지를 발견했다. …그것들은 난도질되어 있었다. …사람들은 돌아왔고 누가 그를 죽였는지는 의심할 여지가 없었다.[26]

알-하킴은 카이로를 적으로 돌렸었고 그래서 살인 용의자들은 무한대였다. 이븐 알-아씨르는 다음과 같이 설명한다. '카이로 주민들은 그를 증오했다. 그가 가져온 모든 불운 때문이었다. 알-하킴은 그들에게 서신을 보내 그들의 조상을 욕보였다. …그러고 나서 그는 카이로를 불태워버리라고 명령했다.'[27]

410/1020년에 실제로 알-하킴은 (오늘날 마스르 알-아티끄Masr al-'atiq, 올드 카이로라고 불리는) '알-푸스타트al-fustat'를 불태워버리라는 명령을 내렸었다. 그가 자신이 신이라고 선언한 후 일어난 봉기 이후에 이집트인들이 모욕적인 풍자를 그에게 쏟아 부었을 때였다. 그는 자신의 검은 군단들에게 알-푸스타트를 약탈하고 불태우라고 명령했다. 칼리프의 군대와 민중들 사이에 죽고 죽이는 싸움이 뒤따랐다.[28] 카이로에 주둔하고 있던 다른 외국 군대들, 특히 투르크와 베르베르군들은 민중들을

---

26 Ibn al-Athir, *Kamil*, vol. 8, p. 128.

27 Ibid.

28 Ibid., p. 129.

마음대로 짓밟았다. 많은 이집트인은 군인들에게 잡혀가서 말 그대로 노예 신세로 전락한 아내와 아이들의 몸값을 치러야 했다.[29] 카이로 민중들은 알-하킴이 자신의 신성을 공표한 것에 분노했었다. 그 생각 자체가 터무니없었을 뿐 아니라 그 때문에 '집회나 모스크에서, 혹은 거리에서 그의 이름이 불릴 때마다 엎드려야 했기 때문이었다. 그의 이름을 듣게 되는 모든 사람은 엎드려서 땅에 입을 맞추며 그의 위대함을 찬미해야 했다.'[30] 그래서 알-하킴의 실종에 놀라는 사람은 아무도 없었다. 하지만 그로 인해 엄청난 불안이 야기된 것은 사실이었다. 알-하킴에 관련된 것이면 무엇이든지 비이성적이며 예측할 수 없고, 민중들을 당황하게 하는 것이었기 때문이었다. 알-하킴은 그저 며칠간 사막에서 '발에는 베두인 샌들을 신고 머리에는 천을 두른 채' 명상에 잠기려고 했던 것일 수도 있다.[31]

그 때문에 칼리프가 실종된 이후에도 이집트인들은 시트 알-물크에게 토를 달지 않았다. 오히려 그녀의 공범이자 동맹자가 되어 고요함을 유지하면서 칼리프의 죽음에 보통 뒤따르는 혼란을 피했다. 많은 사람이 그녀가 그 실종을 지휘했다고 생각했던 것을 고려하면, 그러한 평화와 고요함은 더욱 놀라웠다. 그 이후 닷새 동안 그녀는 마필 관리관들과 군사들을 보내어 카이로 시와 언덕들, 특히 알-하킴이 자주 갔던 곳을 이 잡듯이 뒤졌다. 보통의 경우라면 명확한 계승이 이루어져야 한

---

29 Ibid.

30 Hanbali, *Shazarat*(위의 ch. 1 n. 31 참조), vol. 3, p. 194.

31 Maqrizi, *Khitat*, vol. 2, p. 288.

다. 여기에서는 권력의 반경 안에 있는 자들, 선택의 특혜를 가진 자들만이 참여할 수 있다. 엘리트들이 유지하는 질서에 피트나, 즉 민중들이 개입하고 이를 교란하는 어떤 위험한 가능성을 막기 위해 계승은 가능한 한 빨리 이루어진다. 칼리프의 죽음은 계승자가 멀리 떨어져 있다면 그가 도착할 때까지 비밀에 부쳐지거나 계승자가 결정되는 즉위식 도중이 되어서야 발표된다.

이상하게도 411년 봄에는 그 누구도 궁정의 일이나 권력 실세들의 음모에 끼어들 생각을 하지 않았다. 카이로는 숨을 죽이고 있었다. 민중들과 마찬가지로 군대도 침묵 속에 빠져들었다. 이번만큼은 권력의 공백이 억제력을 발휘했다. 공식 역사가들에게 업신여김을 받았던 민중들은, 정치적 현장의 벽에 균열이 생긴 공위(空位) 기간이라는 드문 경우에만 시가전을 통해 그들의 목소리를 낼 기회가 있었는데, 그들은 놀라울 정도의 무감각을 연출했다.[32] 무감각한 카이로란 공공연한 반란을 일으키는 카이로보다 훨씬 더 놀라웠다. 카이로는 생겨났을 때부터 자체의 무질서한 상태에 매혹되어 그 상태가 카이로의 정체성이 될 정도였기 때문이다. 카이로는 항상 다음 묘사와 같았다.

여기는 수출입품의 집산지이며, 약자와 강자 모두의 안거지(安居地)다.

---

[32] 민중, 즉 al-'amma에 대한 증오와 경멸의 태도에 대한 논의는 *Encyclopedia of Islam*의 al-'amma편에 잘 요약되어 있다. 또한, 조신들의 적절한 처신에 관한 책의 한 예로 al-Jahiz의 *Le Livre de la couronne*(Kitab al-taj)를 들 수 있으며 이 책은 궁정 에티켓, 즉 어떻게 왕을 기쁘게 할 것인가에 대한 지시서이다. 기본 개념은 자신을 낮추라는 것이다. 존엄이나 자긍심을 조금이라도 보이면 군주는 불편해한다. 다음을 참조할 것. al-Jahiz, *Le livre de la couronne, tr. Charles Pellat*(Paris: Les Belles Lettres, 1954), p. 49.

또한, 여기서는 학자와 무학자(無學者), 엄숙한 자와 해학적인 자, 온
후한 자와 미련한 자, 비천한 자와 존귀한 자, 고상한 자와 영예로운
자, 무명인과 유명인, 이들 모두가 서로 병존 공생하고 있다. 문자 그
대로 사람들로 물결친다.[33]

시트 알-물크가 남동생을 수색하고 있을 때, 궁전에 눈을 고정한 채
지켜보면서 기다리던 카이로의 민중들은 알-하킴의 죽음을 믿을 수
없었다. 그들은 그의 설명할 수 없는 행동에 익숙해 있었다. 그는 말 그
대로 어떤 짓이든 할 수 있었다. 그의 병적인 기행에는 한계가 없었다.
그는 개들을 상대로 전쟁을 선포하지 않았던가?

395년 알-하킴은 실제로 카이로의 모든 개를 체계적으로 잡아서 죽
이라는 명령을 내렸으며 이집트 전역의 총독들에게도 같은 명령을 내
렸다.[34] 마끄리지에 따르면 그 살육은 너무도 철저해서 개가 씨가 말랐
다고 한다. 이븐 칼리칸은 심지어 동물에 대한 살육까지도 공식 업무
가 된 카이로의 심리적 분위기를 엿볼 수 있는 세부 내용을 덧붙이고
있다. '알-하킴이 개들을 살육하라고 명령하자, 시장이나 골목, 대로에

---

33 Ibn Battuta, *Travels of Ibn Battuta*(위의 ch. I n. 10 참조), vol. 1, p. 41. [이븐 바투타, 정수일 번역
(2001), 이븐 바투타 여행기 1권, 창비. 1장 이집트에서. 5. 카이로시, p. 65—옮긴이] 하지만 이븐 바투타
가 묘사한 것은 서기 14세기의 카이로라는 사실을 주의해야 한다. 1304년에 탕헤르에서 태어난
이븐 바투타는 1326년 메카로 첫 여행을 떠났다. 이 여정 중에 그는 처음으로 이집트를 방문했
다. 나는 이븐 바투타의 묘사가 아름답고 그 묘사의 정확도가 오늘날의 카이로에 비춰보아도 높
다고 생각해 이를 인용했다. 하지만 알-하킴의 카이로에 대한 묘사를 보려면 Maqrizi의 *Khitat*
를 읽어야 한다. 이 책에서는 카이로를 실질적으로 하나하나 묘사하고 있으며 공공건물에 대한
세부 묘사가 풍부하다.

34 Ibn Khallikan, *Wafayat*, vol. 5, p. 293; Maqrizi, *Khitat*, vol. 2, p. 285.

개가 나타나는 즉시 살육되었다.'[35] 왜 개였을까? 개들이 칼리프에 대항한 어떤 죄를 지었던 것일까? 마끄리지가 제시한 주장이 가장 타당성이 높다. '알-하킴의 행동에서 이유를 찾는 것은 쓸데없는 짓이다. 그를 사로잡은 꿈들은 해석 불가능하다.'[36] 어떤 역사가들은 개들을 죽여 없애라는 알-하킴의 결정은 개가 짖는 소리 때문에 잠을 방해받아서라고 설명한다.

실제로 카이로 전체가 점차 불면증 문제에 빠져들었다. 이는 389년 '마즐리스majlis'(통치 회의)를 야간에 소집하면서 처음 시작되었다. 당시 그는 14살이었다. '알-하킴은 마즐리스를 밤에 소집하기로 했고 모든 고위 관리들은 그의 명을 수행해야 했다.'[37] 하지만 몇 번의 회기 이후 그는 이를 그만두었고 야간 행보를 시작했다. 이는 처음에는 공식적인 행차의 형태를 취하면서 사람들을 매우 늦은 밤에 나가서 즐기라고 격려하는 것이었다. '민중들은 거리를 밝히고 치장하는 데 어마어마한 돈을 쏟아 부었다. …이 야간 활동으로 사람들이 집 밖에서 먹고 마시게 되었다. 노래와 유흥, 장관이 끝도 없이 증가했다.'[38] 이에 자극을 받은 알-하킴은 '방탕'에 대해, 그리고 앞으로의 혼란에 책임을 물어 여성들에게 가혹한 행동을 취했다.

알-하킴은 그 모든 일이 자신의 야간 순시 때문이라는 것을 잊고서 야간의 즐거움에 너무 심취한 이 무슬림 도시의 질서를 바로잡으려

35 Maqrizi, *Khitat*, vol. 2, p. 286; Ibn Khallikan, *Wafayat*, vol. 5, p. 393.

36 Maqrizi, *Khitat*, vol. 2, p. 289.

37 Ibid., p. 285.

38 Ibid.

고 했다. '그는 밤에 여성들이 밖에 나가는 것과 남성들이 가게에 나앉아 있는 것을 금했다.' 몇 년 후 그는 자신의 야간 행보를 그만두고 사람들이 밤에 밖을 돌아다니면서 즐기는 것을 금지했다. '하지만 금지령은 도를 더해갔다. 410년 그는 공공장소에서 노래하는 것과 나일 강둑을 걷는 것을 금지했다. 또한, 포도주 판매를 금하였고 해가 지고서 새벽이 될 때까지 누구도 거리에 나가지 말라는 명령을 내렸다.'[39] 유람선을 타는 것도 금지 행위였다. 그것이 유흥일 뿐 아니라 남성과 여성이 같은 공간에 있게 되기 때문이었다. 알-하킴은 강변을 향한 모든 집이 경치를 보는 즐거움을 누리지 못하도록 모든 문과 창문을 닫으라고 명했다.[40] 하지만 무엇보다도 알-하킴이 진정 집착했던 것은 여성들과 여성들의 몸, 여성들이 돌아다니는 것이었다.

여성들과 쾌락에 관련된 모든 것이 칼리프를 괴롭게 했다. 그가 내린 모든 금지령은 같은 목적을 향하고 있었다. 즉 여성들을 일상생활에서 배제하고, 눈에 띄지 않게 하고, 숨기고, 그들의 존재가 마치 카이로를 괴롭히는 인플레이션, 가뭄, 전염병의 원인이라도 되는 듯이 여성들의 존재를 제거하는 일이었다. 개들에게 그랬던 것과 마찬가지로 여성들에 관한 결정에도 폭력이 동반되었다. 외출 금지는 처음에는 밤으로 한정되었다. 그러더니 여성들의 삶을 육체적, 정신적으로 감옥과 같은 상태로 만드는 데까지 나아갔다. 역설적이게도 웃는 것과 즐기는 것뿐만 아니라 우는 것 역시 여성들에게는 금지였다. 즉, 장례 때 울고 애도하

---

39 Ibid., p. 287.

40 Ibid.

는 일도 할 수 없었다. '그러고 나서 그들은 장례에 참석하는 것이 금지되었으며 곧 성묘까지도 금지되었다. 그 결과 명절에 묘지에서 여성들은 눈에 띄지 않게 되었다.'[41] 금지령은 계속해서 도를 더해갔다. 곧 알-하킴은 여성들이 얼굴을 가리지 않은 채 거리를 걷는 것을 금지했다. 그 후에는 치장이 주목의 대상이 되었다. 알-하킴은 여성들이 치장하고 장신구를 단 채 거리를 다니지 못하게 했다.[42] 치장의 정의는 누가 그것을 정의할 권력을 가졌느냐에 따라 계속해서 바뀌었다. 길에서 여성들을 멈춰 세우고 심문하는 일이 늘었고, 그다음 단계는 예정되어 있었다. 여성들을 집 안에 감금하는 것이었다. '여성들은 길에 나서는 것이 금지되었다. 그리고 곧 여성들은 더는 보이지 않게 되었다. 구두장이들은 여성들의 신발을 만들지 말라는 명령을 받았고, 여성용 목욕탕은 문을 닫았다.'[43] 그리고 한발리가 말해주듯이, '여성들은 죄수들이 되었고 알-하킴이 죽기까지 칠 년 일곱 달 동안 거리에 발을 디디지 못했다.'[44]

이집트 여성들은 칼리프가 부여한 운명을 조용히 받아들일 생각이 없었다. 오늘날의 카이로 여성들과 마찬가지로 그들의 할머니들은 칼리프와 그의 정신 나간 명령에 따르기를 거부했다. '금지령에도 불구하고 몇몇 여성들은 밖으로 나갔고, 살해당했다.'[45] 여성 사절단들이 알-하

---

41 *Encyclopedia of Islam*, article on 'Al-Hakim.'

42 Ibid.

43 Ibid.

44 Hanbali, *Shazarat*, vol. 2, p. 193.

45 Ibn al-Athir, *Kamil*, vol. 1, p. 129.

킴에게 청원을 넣고서, '모든 여성에게 돌봐줄 남성들이 있는 것은 아니며 스스로 생계를 꾸려야만 하는 여성들이 있다'고 설명했다.[46] 그들의 불만에 대한 대답으로 알-하킴은 기막힌 생각을 해냈다. 역사가들이 아이러니하게도 진지하게 되풀이하는 내용이었다.

그는 상인들에게 시장과 거리에서 파는 모든 것들을 여성들에게 가지고 가서 그들이 구매할 수 있게 하라고 명했다. 그는 행상들에게 세부적인 지시를 내렸다. 그들은 아주 긴 손잡이를 가진 국자와 비슷한 기구를 준비해야 했다. 이것을 이용해 문 뒤에 숨어 있는 여성들에게 상품을 내밀고 여성들은 사고 싶으면 가격을 물어보는 것이었다. 이렇게 행상들은 고객을 보는 일을 피할 수 있었다.[47]

예상과 달리 대부분의 무슬림 남성들은 이런 종류의 어불성설에 흡족해하지 않았다. 이븐 알-아씨르는 '민중들은 이런 식의 조치에 매우 반발했다'고 결론지었다. 저항하려고 했던 많은 여성이 '죽임을 당했고, 한 무리의 여성들은 익사 당했다. 알-하킴은 많은 노부인을 없애버렸다.'[48]

감금되는 것보다 죽음을 선택했던 여성들은 누구였을까? 자신들의 특혜를 자랑스러워 하던 귀족들과 귀부인들이었을까, 아니면 생계를 꾸

---

46 Ibid.

47 Ibid., vol. 8, pp. 129–30.

48 Hanbali, *Shazarat*, vol. 3, p. 173.

y

z

302

리기 위해서 거리로 나서야 했던 가난한 여성들이었을까? 1,960년도 더전에 칼리프의 부당한 금지령에 맞서, 그가 남성들에게만 허용한다고선언했던 거리로 나서면서 칼리프의 명을 어기겠다고 작정했던 이 이집트 여성들은 누구였을까? 그들은 교육받은 여성들이었을까 아니면 문맹자들이었을까? 그들은 가뭄 때문에 카이로로 내몰린 농부들이었을까 아니면 부르주아의 응석받이 딸과 아내들이었을까? 그들은 가정의어머니였을까, 자식이 없는 여성들, 모든 이점을 가진 여성들 아니면 아무도 신경 쓰지 않는 소외된 존재들이었을까? 이 질문들은 카이로에있는 대학들의 젊은 여성들이 언젠가 논문 주제로 다루었으면 한다. 그리고 그날이 오면, 여성 혐오적 전통이 우리에게 강요한 믿음과는 아주다른 카이로 민중들의 역사가 우리 눈앞에 펼쳐질 것이다. 다루기 어렵고 전투적인, 불의에 대한 분노에서는 성 구분이 없었던 카이로 사람들의 역사 말이다. 우리는 남성들을 불타오르게 한 것과 똑같이 열렬하게여성들을 불타오르게 하고 그들이 나란히, 아마도 손에 손을 잡고서때로는 죽음이, 때로는 자유가 기다리고 있는 거리로 함께 나서게 한분노를 보게 될 것이다. 역사가들은 그 당시 카이로의 역동성을 설명하는 한 가지 사실을 강조한다. 남성들은 아내에게 내려진 금지령들에 깊이 영향을 받았으며, 그들이 느꼈던 모욕감은 결코 그 아내들, 딸들, 연인들이 느꼈던 것과 다르지 않았다. 그 당시 이집트 민중들은 이미 도시 내의 어떤 폭력, 심지어 개를 향한 폭력이라도 자신들에 대한 폭력임을 잘 알고 이해하고 있었던 것이다. 그리고 그들은 여성들을 감금함으로써 바로 모두의 자유가 위협받게 되었음을 알았다. 그리고 그들이옳았다.

곧 금지령 목록은 훨씬 더 길어졌다. 이번에는 너무도 일상적이고 무고해서 아무도 금지되리라고 상상도 못했던 음식에 관한 것이었다. 첫 번째로 금지된 것은, 별미 중의 별미 '물루키야'였다. 알-하킴은 (오늘날에도 이집트인들의 사랑을 받는 야채) 물루키야의 판매를 금지했다. 시아 이슬람의 적인 아이샤와 무아위야가 그것을 좋아했다는 이유에서였다.[49] 하지만 음식에 대한 금지는 거기서 멈추지 않았다. 콩, 특정한 조개류, 비늘이 없는 물고기의 판매가 금지되었다.[50] 와인 제조를 위한 건포도와 포도가 금지되었고 재고는 폐기되었다.[51] 수 톤의 포도가 나일 강에 버려지고 엄청난 양이 불태워졌으며, 운송이 금지되었다. 이 명령을 위반하면 사형을 받고 공개 처형을 당했다. 이 모든 금지령은 그 법을 적용하고 공공질서를 유지하는 책임자들이 폭력을 쓸 기회를 제공했다. 다른 중대한 문제들도 산재해 있었다. 특히 치솟는 인플레이션으로 인해 심각한 빵 부족과 혹독한 통제 조치가 생기게 되었다. 지독한 가뭄으로 나일 강 수위가 걷잡을 수 없이 낮아지면서 카이로에 물을 대는 것이 거의 불가능해졌다. 그러는 동안에 알-하킴은 움직이고, 먹고, 여흥을 찾는 것에 관한 금지들을 배로 늘리면서, 인플레이션을 잡겠다는 희망으로 세율을 계속해서 바꾸었으나 허사였다. 빵 폭동이 늘

---

49 *Encyclopedia of Islam*, article on 'Al-Hakim.' 아이샤와 무아위야는 시아 이슬람이 무슬림 공동체를 이끌 만한 유일한 이맘이며 예언자의 유일한 정통 계승자로 간주하는 칼리프 알리의 적이었다. 아이샤는 알리에 대항한 내전을 시작하고 지휘했으며, 무아위야는 군사 작전과 속임수를 써서 알리로부터 권력을 빼앗는 데 성공하고서 스스로 칼리프 칭호를 달았다.

50 Maqrizi, *Khitat*, vol. 2, p. 287; Hanbali, *Shazarat*, vol. 3, p. 193.

51 Ibid.

어났다.[52] 알-하킴은 새로운 법이 잘 지켜지고 있는지 볼 요량으로 전국에 스파이 군단을 풀었다. 그는 그들에게 모든 것, 특히 자신의 친지들과 궁정 사람들에 관한 것을 보고하라고 지시했다.[53] 그 이전에도 스파이를 보내는 일은 있었으나 알-하킴의 경우에는 보고받은 소문들에 분개했다는 점이 문제였다. '그리고 그는 분개하면 통제력을 잃었고, 그래서 수많은 사람이 처형되었으며 세대가 통째로 사라졌다.'[54]

알-자히즈에 따르면 칼리프가 스파이를 보내는 것은 완벽히 일반적이었으며, 그는 이 관행을 칼리프 우마르 시대로 올라가서 기록하고 있다.

우마르는 멀리 떨어진 총독들과 신하들을 너무도 잘 알고 있어서 마치 그가 그들과 같은 침대에 같은 베개를 베고 밤을 보낸 것과 같았다. 어떤 나라, 어떤 지역에서도 총독과 사령관에게는 칼리프의 스파이가 붙어 있거나 끊임없이 따라다녔다. 매일 밤낮으로 동쪽과 서쪽의 주민들이 하는 말들이 그에게 보고되었다.[55]

알-자히즈는 자신이 쓴 올바른 정부에 관한 안내서에서, 공동체의 지도자들에게 스파이를 쓰라고 권하고 있다. 그에 의하면 올바른 왕은 '측근과 가족들의 비밀스러운 생각을 알아야 하며 특히 그들 주변에,

---

52 Maqrizi는 민중들이 도시를 돌아다니지 못하게 한 금지법들과 공급 및 인플레이션 문제 간의 관계를 정확히 보고, 각 금지법 옆에 이집트가 겪었던 식량 공급 문제들을 계속해서 삽입하고 있다.

53 Hanbali, *Shazarat*, vol. 3, p. 194.

54 Ibid.

55 Al-Jahiz, *Le livre de la couronne*, p. 186.

그리고 일반적으로 민중들 주변에 스파이를 두어야 한다.'[56] 그런 관행의 정당성을 여전히 의심하는 독자들에게 그는 우마르가 '자신들의 삶이 너무도 잘 기록되어 있어서 각자가 가장 가까운 친지나 친구를 의심했던 총독들과 하수인들에게 보냈던' 편지들을 읽어보라고 권하고 있다.[57] 알-자히즈는 상당히 성공적으로 첩보 활동을 이용했던 칼리프들을 나열한다. 우마위야조의 초대 칼리프인 무아위야, 첩보 활동을 세련미의 극치에 달하게 하고 예술의 하나로 만들었던 하룬 알-라시드 등이 그 예다.[58] 하지만 우마위야조와 압바스조 칼리프들이 전시에나 평상시에 정보를 활용했다고 하더라도 결코 그 결과가 이집트인들이 알-하킴 통치하에서 겪은 물리적인 조직적 학살로 이어지지는 않았다. 예외적인 행위가 아니라 먹고, 입고, 한잔하러 혹은 산책하러 나가는 것 등의 일상적인 행위에 관련된 금지령들의 증가와 함께 잘못을 저지를 가능성은 급격하게 늘어났다.

개와 여성, 그리고 신체적 제한 다음으로 알-하킴은 이집트를 흔들리게 하던 심각한 경제 문제들에 대한 마법적인 새로운 해결책을 생각해냈다. 그는 '딤미dhimmi', '보호받는 자들' 즉 유대인들과 기독교인들을 목표로 삼았던 것이다. 알-하킴은 관용의 전통을 깨고 그들이 종교적 예식에서조차 와인을 구매하거나 마시는 것을 금지했다. 그는 유대인과 기독교인들의 예배소를 파괴했으며 그들의 무덤을 욕보이라고 명령했

---

56 Ibid., p. 184.
57 Ibid.
58 Ibid., pp. 184ff.

다. 비무슬림 인구가 무슬림 칼리프의 제도적인 보호 아래 있었음에도 불구하고 일어난 일이었다. '아흘 알-키탑ahl al-kitab', 경전의 사람들이라고 불리는 기독교인들과 유대인들은 특정한 혜택을 받고 있었다. 특히 종교 관행을 행하고 자신들의 율법에 따라 생활할 권리가 있었다.

알-하킴 치하에서 그들은 수많은 공개 박해와 모욕의 대상이었다. 여성들의 경우, 비무슬림에 대한 금지령은 몸과 복장, 공간과 관련 있었다. 그는 기독교인들과 유대인들이 목욕탕에서 무슬림들과 구분되도록 배지를 차게 만들었다. 그는 기독교인들은 십자가를, 유대인들은 작은 종을 목에 두르게 했다. 그리고는 그들에게 검은 허리띠와 검은 터번 및 히잡을 강제로 쓰게 했다. 기독교인들은 목에 커다란 나무 십자가를 둘러야 했다. 또한, 그들은 말을 타는 것도 금지당했으며, 보다 천한 탈 것인 나귀만을 탈 수 있었다. 모든 고위직 유대인 혹은 기독교인 관리들은 관직을 박탈당했고 일부는 처형되었다. 이러한 박해를 피하려고 기독교인들과 유대인들은 무슬림이 되고자 했고 엄청난 개종이 일어났다.[59] 그러나 여성을 공공 공간에서 없애고 집 안에 격리시키는 것도, 유대인과 기독교인들을 박해하고 결과적으로 무슬림이 되길 원하게 한 것도, 인플레이션을 막거나 나일 강 수위를 높여주지 않았다. 경제 위기는 계속되었고 빵을 구하는 것이 주요 문제가 되었다.

알-하킴은 야간 행보와 주간 행보를 다시 시작했다. 그 횟수가 늘어남에 따라 그가 가는 곳마다 폭력 사태는 거의 필연적이었다.

---

59 자세한 내용은 다음을 참조할 것. Maqrizi, *Khitat*, vol. 2, pp. 284-9; Ibn al-Athir, *Kamil*, vol. 8, pp. 128-31; Hanbali, *Shazarat*, vol. 2, pp. 192-5; Ibn Khallikan, *Wafayat*, vol. 5, pp. 292-8.

어느 날 그는 푸줏간을 지나가다가 푸줏간 주인의 식칼을 잡더니 시종들 중 하나를 쳐서 죽이고는 시체를 쳐다보지도 않고 가던 길을 갔다. 공포에 질린 군중은 감히 어찌할 바를 몰랐고 그 시체는 알-하킴이 장례를 위한 수의를 보낼 때까지 그곳에 놓여 있었다.[60]

사람들은 조심스러운 시선으로 어둑어둑한 거리를 훑으며 유령을 경계하면서 걸어 다녔다. 그 유령의 고독한 행보는 그의 신민들 각자의 외로움을 반영하고 있었다. 그들을 천국으로 이끌어줄 칼리프에 대한 모든 접촉은 두절되었다. 사랑받지 못하는 칼리프와 겁에 질리고 환멸에 빠진 그의 백성을 묶는 악의 고리에 얽혀서 그들은 이제 천국으로 가는 길을 알지 못했다.

이런 상태에서 궁전의 시트 알-물크의 존재는 더욱더 든든했다. 카이로의 민중들은 궁전에 고용된 수천 명의 장인, 노예들, 시종들로부터 퍼져 나가는 소문들을 지속적으로 듣고 있었다. 그들은 그녀의 성격을 알았고, 그녀가 남동생을 설득하려고 애쓰고 그의 변덕과 그 주변에 몰려 있는 극단주의 시아 다이들의 영향력을 상쇄시키려는 헛된 노력을 했음을 들었다. 특히 한 사람이 알-하킴의 측근에 등장해서 그와 그녀 사이에 끼어들었고, 그가 그저 평범한 이맘이 아닌 인간 속의 신이라고 말하면서 그를 미치광이 상태로 몰아갔다.[61]

파티마조의 카이로에는 모든 종류의 극단주의 다이들이 있었다. 그

60 *Encyclopedia of Islam*, article on 'Al-Hakim.'

61 Hanbali, *Shazarat*, vol. 3, p. 194.

들은 점성가들, 수학자들, 공론가들과 마찬가지로 궁정에 상시 모습을 드러냈다. 하지만 함자 이븐 알리는 다른 어떤 사람들과도 달랐다. 누구도 그처럼 죽음의 운명을 안고 있는 모두에게 매혹적인 것, 즉 죽음을 피하는 '알-타알루흐al-ta'aluh'의 꿈이라는 과대망상적인 꿈을 지어내지는 못했다. 죽음만이 칼리프를 불면증으로 몰았던 유일한 불가사의가 아니었던가? 알-하킴을 고통에 빠지게 한 것, 신자들의 영도자를 밤에 휩싸인 거리와 숲으로 몰고 가서 그 고정성으로 죽음을 물리치는 듯 보이는 별들을 응시하게 한 것이 무엇이었는지 우리는 결코 알 수 없다. 어떤 공포가 그 군주를 화려하고 안락한 궁전 경내를 버릴 만큼 내몰았는지 영원히 의문으로 남아 있을 것이다. 확실한 것은 다이 함자가 그 공포들에 대한 치유책을 제안할 위치에 있었으며 알-하킴이 자신을 '일라흐Ilah', 인간의 형상을 한 신이며 불멸이라고 선언하게 된 결정이 어떤 식으로든 그에게 통했다는 것이다. 알-하킴은 함자에게 설득당했을 뿐만 아니라 이를 공개적으로 선언하고 무슬림들이 그를 경배하게 하라는 함자의 압력에도 굴복했다.[62]

대부분의 무슬림들이 도를 넘어선 왕에게 불복종하기를 선택했지만, 오늘날까지도 레바논 산맥의 소수파가 알-하킴과 함자의 기억을 생생하게 간직하고 있다. 드루즈에게 있어서 알-하킴의 실종은 '가이바', 즉 평범한 이해를 넘어서는 이맘과 그 신비주의의 우주론적인 질서의 일부인 부재일 뿐이다.[63] 드루즈 분파의 설립자인 함자 이븐 알리는 추종

---

62 Ibid.

63 아무리 강조해도 지나치지 않는 것은 신비의 중요성인 이맘제이다. 그것은 시아 이슬람이 세상을 보는 관점에서는 숨어있고 불명료한 것이며 그 중심축이다. 숨은 이맘은 그 교리의 기둥이

자들에게 알-하킴은 너울에 가려져 있으며[이흐타자바ihtajaba] 부재[가이 바]가 끝난 후 지상으로 돌아와 신앙의 규율을 확실히 할 것이라고 단언했다.[64] 오늘날 드루즈는 아주 온건한 역할을 하고 있다. 세상에 대한 자신들의 비전과 신앙의 핵심 인물들을 잘 알고 있는 사람들은 거의 없다. 현대의 가장 유명한 두 명의 드루즈는 (최소한 내 세대에게는) 파리드 알-아트라시와 그의 누이인 아스마하네라는 위대한 현대 가수들이다. 왕가의 후손이며 인물이 준수하고 재능을 타고난 파리드 알-아트라시와 아스마하네는 상상력을 불러일으키는 신비한 힘을 가진, 극단주의 시아 이슬람의 매혹적인 특징이 각인된 삶을 살았다. 파리드와 아스마하네의 슬픈 노래와 혼합된 곡조에서는 초현실의 풍미와 비상한 것으로의 탈출이 담겨 있다. 이들의 곡조는 정확히 동양적이지도 서양적이지도 않으며, 본질적으로 아랍적이지도 완전히 아시아적이지도 않다. 북아프리카인인 나로서는 그들이 드루즈와의 첫 연결 고리였으며 순니 이슬람과는 다른 또 다른 이슬람이 존재한다는 것을 알게 해주는 기회였다.[65] 하지만 한 무리의 지지자들이 존경과 헌신을 가지고 알-하킴의

다. 다음을 참조할 것. Corbin, *Histoire de la philosophic islamique*, (H. 코르방, 전게서-옮긴이) 그리고 *Encyclopedia of Islam*, article on 'Isma'iliyya.'

64 Ibn al-Athir의 *Kamil*과 Ibn Khallikan의 *Wafayat* 등 다양한 서적들에 흩어져 있었을 정보들을 간결하면서도 구체적으로 요약한 알 하킴의 최고의 전기는 Zarkali가 쓴 *A'lam*, vol. 7, p. 304 이다. *Encyclopedia of Islam* 역시 뛰어난 요약본이다.

65 나처럼 가수 Farid al-Atrash와 그의 누이인 Asmahane를 좋아하는 사람 중 그들이 드루즈라는 것을 아는 사람들은 몇이나 될까? 그들은 시리아에 속한 드루즈 산맥의 알까리야 출신의 명망 있는 드루즈 가문 태생이다. Farid는 1910년 태어나서 어머니로부터 루트 연주를 배웠으며, 1925년 프랑스에 대항한 시리아 항쟁 시기에 Asmahane와 함께 카이로로 떠났다. 그들은 카이로에서 음악 훈련을 계속했다. Asmahane는 1944년 카이로와 수에즈 사이를 가던 중 자동차가 물에 빠지면서 알 수 없는 죽음을 맞았다. 1960년 내가 고등학교를 마치고 라바트에 있

기억을 간직하고 있긴 하지만, 당시 이집트인들은 그와 같지 않았다.

온갖 화려함을 갖추고 까디들과 울라마들의 강력한 지지를 받으면서 모스크들에서 칼리프의 신성이 선포되자마자, 카이로 민중들은 분노로 대응했다. 이집트인들은 현대 사회에서 가장 강력하게 될 두 가지 표현 방법을 사용했다. 출판물에서 볼 수 있는 것과 같은 개인적인 투서와 공공장소의 벽에 휘갈겨진 손글씨가 그것이다. 알-하킴의 궁정은 모욕적인 서신들로 가득 찼다. 당국은 파티마조 칼리프가 신성을 선포한 것을 조롱하는 벽에 적힌 글귀들을 지워내느라 바빴다. 알-하킴은 이집트인들이 감히 도시의 벽들을 반항과 불복종의 메시지로 뒤덮은 것에 분노로 정신을 잃고서 카이로를 불태우라는 명령을 내렸다.[66] 일

는 Mohammad V 대학에 가기 위해 페즈를 떠났을 때, 우리는 모두 엘비스 프레슬리를 들으면서 마릴린 먼로를 꿈꾸었다. 그러나 아직 서툴 때 내가 매력과 유혹을 종교적으로 따라 하려고 애쓴 것은 '까후아, 아스끼니 아후와Qahwa, asqini ahwa'(커피, 내게 커피를 부어다오)를 중얼거리는 Asmahane의 나른한 어투였다. 그녀가 2차 세계대전 중에 스파이였으며 그래서 살해당한 것이라는 소문이 있었다. 누구는 그녀가 아랍인들을 위해 일했다고 하고 누구는 영국을 위해 일했다고 말했다. 내가 정말 싫어했던 소문은 그녀가 실은 나치와 관련이 있으며 영국에 대항하는 아랍의 대의를 진척시키기 위해서 그녀가 독일인들과 협력했다는 것이었다. 그녀의 삶에서 남자는 어땠는가? 중동의 모든 왕자와 왕이 그녀의 눈에 들기 위해 경쟁했으며 노동자들이나 축구선수도 마찬가지였다. 더 꿈꿀 게 뭐가 있었겠는가? 어쨌든 사춘기의 힘든 시기에 내 여성성의 이상이었던 꿈을 풀어놓은 것은 그녀의 신비로운 분위기였다. 그리고 Farid, 메디나의 모든 골목에서 외로움을 토로했던 Farid는 남성성, 온몸에서 부드러움을 풍기는 진정한 남성성의 이상이었다. 우리는 Asmahane에게 사로잡혀 있어서 우리더러 그녀가 독립 한참 전에 이미 죽었다고 말했던 마라케시 출신의 학생을 쳐죽일 뻔했다. 알-하킴의 죽음을 믿지 않으려 했던 함자의 추종자들처럼 우린 그 말을 믿지 않았다. 사랑에서든 일에서든, 데이트에서든 콘퍼런스에서든, 유혹의 기술을 쓸 때가 왔을 때 내가 따라잡고자 했던 것은 Asmahane의 나른한 어투였다. 내가 강의를 할 때 가슴을 울리는 부드럽고 작은 목소리로 항상 시작하는 것도 그런 이유에서이다. 그녀가 죽은 후, Farid al-Altrash는 급속히 유명해지면서 우리가 잘 아는 그 유명한 가수이자 배우가 되었다. 그는 500개가 넘는 영화에서 음악을 담당했다. 그는 1974년에 죽었다. 그리고 우리는 라디오에서 그의 목소리가 흘러나올 때면 그 달콤함에 비통한 낭만에 빠진다. 알라 야르하무Allah yarhamu!(알라여, 그에게 자비를—옮긴이)

66 Ibn al-Athir, *Kamil*, vol. 8, p. 128; Hanbali, *Shazarat*, vol. 3, p. 194; *Encyclopedia of Islam*,

부 기록자들에 의하면 그는 그 도시가 파괴되는 것을 바라보면서 냉소적인 쾌락을 맛보았다고 한다.[67] 도시가 불태워진 마당에, 대처를 취하겠다는 시트 알-물크의 결심은 그다지 놀랍지 않다. 실질적으로 거의 모든 역사가가 그녀가 알-하킴의 살해자이며 형제 살해자라는 것에 동의한다. 그러나 단 한 명은 살인자가 다른 사람이라고 주장하고 있다. 『키타트Khitaṭ』는 오늘날까지도 파티마조에 관한 가장 존경받는 자료이다. 그 저서에서 파티마조의 카이로를 가장 생생하게 묘사한 저명한 역사가 마끄리지에 따르면, 알-하킴의 암살자는 바니 후사인이 보낸 자였다. 바니 후사인은 415년 다른 세 명과 공모하여 칼리프를 죽인 것이 자신이라고 공개적으로 밝혔다. 암살 방식을 질문받자, '그자는 칼을 꺼내 자신의 심장을 찌르면서 말했다. "이렇게 죽였소." 그렇게 그는 사람들 앞에서 자살했다.'[68] 그는 왜 알-하킴을 죽였을까? 그는 이슬람과 알라의 명예를 지키기 위해 그랬다고 대답했다.[69]

하지만 마끄리지가 주장하는 무명의 암살자는, 그 살인의 교사자로 시트 알-물크를 지목하는 다른 역사가들의 만장일치에 비해 무게감이 거의 없다. 시트 알-물크는 알-하킴을 제거할 이유가 충분했다. 그는 그녀가 지나(간통)를 저질렀다고 비난하고 죽이겠다고 협박하는 모욕적

article on 'Al-Hakim.'

67 M. Canard가 *Encyclopedia of Islam*의 al-Hakim에 관한 자신의 글에서 인용했으며, 여기에는 가장 완전한 참고 목록이 나와 있다.

68 Maqrizi, *Khitat*, p. 289.

69 Ibid.

인 서신들을 보내 그녀의 자존심에 상처를 입혔던 것이다.[70] 그러자 그녀는 알-하킴이 그녀의 연인이라고 상상했던 그의 수행원인 위대한 장군 이븐 다우스에게 서신을 보내 만남을 꾀했다. '이 만남에서 그녀는 이 군인과 협상을 지었고 칼리프를 제거하는 대가로 권력을 나눠주겠노라 약속했다.' 이븐 다우스가 임무를 수행하고 알-하킴이 죽자, 시트 알-물크는 놀랍게도 일단 정치적 살인이 시작되면 결코 멈출 수 없다는 것을 깨달았다. 모든 것을 알고 있는 이븐 다우스와 그를 도운 시종들을 어떻게 처리할 수 있겠는가? 하지만 더 시급한 일이 있었다. 아직 아이인 알-하킴의 아들이 칼리프 직을 계승하는 것은 샤리아에 의해 금지되어 있었다. 칼리프가 되기 위해서는 성인이어야 하기 때문이었다. 그렇다면 제국의 권력자인 이븐 다우스보다 까디들을 더 잘 부추기고, 종교 지도자들을 설득하여 협업하게 할 사람이 누가 있겠는가?

일단 알-하킴의 아들이 왕의 터번과 예식을 갖추고 왕위에 올랐으며, 궁전과 도시에 질서가 재확립되었다. 그러자 시트 알-물크는 그 어느 때보다 시급한 임무를 할 수 있게 되었다. 비밀을 알고 있으며 그녀를 협박할 수 있는 권력을 가진 이븐 다우스를 제거하는 일이었다. 그녀는 그를 공개적으로 죽게 만들 술책을 생각해 냈다. 그녀는 재상들과 귀족들의 회의에 근위대 몇 명을 보냈다. 그들은 이븐 다우스를 지목하여 '우리의 주인 칼리프'를 죽인 범인으로 몰고 간 후 그 회의 자리에서 그를 죽였다. 일단 궁전이 깨끗해지고 섭정이 공식적으로 조직되자, 시트 알-물크는 몇몇 유능한 장관들을 선정하여 4년 동안 경제를 안정시

---

70 Ibn Khallikan, *Wafayat*, vol. 5, p. 298; Ibn al-Athir, *Kamil*, vol. 8, p. 128.

키고 사람들을 진정시켰다. 그녀는 두 가지 모두 성공했다.

이는 유례 없는 경우였다. 칼리프의 실종에 따른 불안정한 몇 달간 예외적인 상황이 권력의 공백을 낳았다. 이 시기에 여성이 모든 칼리프의 기능을 실질적으로 수행했고 섭정으로서 제국의 국사를 지휘했다. 그런데도, 파티마조의 이 여왕은 감히 자신의 이름으로 쿠트바가 반포되어야 한다고 요구하지 않았다. 시트 알-물크는 분명 자신의 이름으로 나가는 쿠트바를 꿈꿨겠지만, 칼리프 장을 지켜본 노련한 관찰자로서 누구보다도 하렘의 거주자들에게 영원한 표식을 남기는 법칙, 즉 베일의 법칙을 잘 알고 있었다. 또한, 그녀의 이야기는 여성의 문제에서 시아와 순니의 입장이 같았다는 것을 우리에게 말해준다. 대이맘제, 국가의 수장 자리에 여성이 오른다는 것에는 혼란이 따르며 그 자체로 혼란의 신호였다. 여성들은 남성들과 동등한 정치적 권리를 갖고 있지 않다. 본질적으로 여성들은 정치에 관한 한 이방인들이어야 했다.

이는 예멘 여왕들의 경우가 시아 이슬람의 변수 때문이 아니라 지역적 문화 요소에 의한 것임을 다시 한 번 확인시켜준다. 하렘에 속해 있는 논리는 후두드(경계선-옮긴이)를 위반한 모든 여성, 다른 편, 즉 칼리프 판에 서게 된 여성들에게 얼굴 가리개, 베일을 강제한다. 베일은 현장과 예식에 관계되며, 그래서 부재나 죽음보다 더 문제시된다. 부재나 죽음에 대해 뭐라고 말하든지 간에, 중요한 것은 존재다. 죽은 자와 부재한 자는 존재하지 않는다. 다양한 차이가 있더라도 그것은 사실이다. 히지만 베일의 예식과 관련된 것은 육체적으로 실재하는 존재들, 바로 여기서 두 눈을 크게 뜨고 응시하고 있는 여성들의 자유 의지를 소멸시키는 것이다. 문제가 되는 것은 이집트의 왕좌에 앉은 시트 알-물크의 존재가 아니었다. 그것은 쿠트바가 확대시킬 그녀의 주인 의지였다. 이 것이 바로 아랍 남성이 여성의 지력에 불편해하는 이유이다. 뛰어난 지력을 가진 여성은 언제나 선망의 대상이 되었다. 아랍 세계에 교육 기회가 생긴 30년이 못 되는 짧은 기간에, 엄청난 여성들이 대학에 들어간 사실은 이를 확인시켜 준다. 여성이 지식과 대학, 학계에 진출하는 현상은, 정치에까지 퍼지지 않는 이상 불편한 일이 아니었다. 문제가 되는 것은 여성이 독립적인 의지의 주체로서 존재하겠다고 결정하는 일이다. 그리고 지력과 의지 사이에는 엄청난 차이가 있다. 여성의 지력은 항상 그녀를 소유한 자의 입맛에 맞게 쓰일 수 있지만, 여성의 주인 의지는 전혀 그렇지 않다. 의지는 있거나 없거나 둘 중 하나이다. 그리고 의지가 있다면 이는 다른 사람, 특히 여성이 복종해야 한다고 여기는 남성의 의지와 경쟁할 수밖에 없다.

그래서 아랍어에는 남편의 의지를 거스르는 여성을 가리키는 '나쉬 즈al-nashiz'라는 단어가 있다. '누슈즈nushuz'(나쉬즈의 복수형-옮긴이)라는 개념은 여성에게만 적용된다. 이는 남편의 의지를 따르지 않겠다고 결정한 여성의 선언이다. 나쉬즈는 자신을 한 개인으로 선언하고 다른 누군가의 의지에 더 이상은 맞추지 않겠다고 선언한 여성을 말한다. 그리고 당연히 누슈즈는 피트나, 즉 혼란과 동의어이다. 세계 인권 선언에 나오는 국민의 정의는 누슈즈와 동의어이다. 그것이 성별과 상관없이 정치판의 주인으로서 개인 의지의 발현을 담고 있기 때문이다. 개인의 의지와 그것이 현대 이슬람의 정치적 체스판에서 차지하고 있는 위치는 이맘들이든 좌파 세속주의자이든, 국가 수장의 연설이 되었든 정치범의 글이 되었든 간에, 모든 논쟁을 둘러싼 핵심 문제이다. 그러므로 아랍 세상에서 여성에 관한 모든 논의는 개인의 발전과 사회에서 그 개인의 위치에 관한 논의이다. 우리의 의지가 베일에 가려져 있는 한, 왕을 수행하지 않는 남성들, 그 특혜에서 벗어나 있는 남성들의 의지 역시 그럴 것이다. 이슬람에서 권력을 거머쥔 여성들의 영역에서는 아버지나 형제나 남편이나 아들인 왕과 가까웠던 여성들만이 정치판에 진입하는 데 성공했다. 궁전의 핵심부 내에 있지 않았던 여성들은 권력에 대한 접근이 평민 남성들과 다를 바 없었다. 그리고 정치적 과정에서의 이 귀족주의 본질이 투표권과 보통 선거권을 계기로 도마 위에 올랐다. 그래서 근본주의자들이 잘 알고 있듯이 베나지르 부토의 선출은 칼리파제 이슬람에 대한 완전한 타격이었던 것이다. 이는 정치판에서 베일에 가려져 있는 망측한 두 가지, 즉 여성들의 의지와 민중들의 의지가 등장했음을 알리는 것이었다.

보통 선거권은 정치적, 우주적 구조 안의 이슬람의 두 문턱에 본질을 주는 두 개의 베일, 즉 여성들의 히잡(베일)과 칼리프의 히잡을 없앴다. 역설적으로 보이겠지만 여성들만 히잡 뒤에 가려져 있었던 것은 아니다. 신도들, 복종을 선택한 자들, 집단의 이익을 위해 의지를 포기한 자들의 모든 의지의 궁극적 응집체인 무슬림 칼리프는 그 누구보다도 자신을 보호해야만 했다. 칼리프의 히잡, 그의 베일은 여성들의 베일만큼이나 정치적 이슬람에서 근본적인 제도이다. 그리고 여성들의 베일로 돌아가자는 필사적인 외침 속에서 칼리프의 히잡이 결코 직접 언급되지 않는 것은, 그것이 그 안에 언급될 수 없는 것, 즉 여성들의 의지만큼이나 위험한 '암마', 즉 대중의 의지를 숨기고 있기 때문이다.

결론

메디나
민주주의

The Medina Democracy

베일은 망측한 것만을 가린다. 그리고 여성의 주인 의지보다 훨씬 더 망측한 것이 암마, 즉 민중 집단의 의지이다. 이들은 애초에 이성이 결여되어 있다고 규정된다. 칼리프가 정치적 구성에서 가장 정점에 있다면, 암마는 가장 낮은 부분, 가장 세속적인 부분을 이루고 있다. 모든 역사가가 암마는 사고하는 법을 모른다고 주장했다. 사고하기 위해서는 배열하고, 구분하고, 판단하고, 평가하는 기준을 가지고 있어야 하는데 암마는 이해력과 분별력이 부족하기 때문이다. 그 때문에 암마는 질서와 그것을 대표하는 칼리프에게 저항하게 된다. 칼리프는 암마의 본질적인 적이며 암마는 끊임없이 칼리프의 목숨을 위협한다.

여기에서 칼리프를 보호하고 그를 히잡, 즉 베일 장벽 뒤에 숨길 필요성이 생겨난다. 이 '히잡 알-칼리파hijab al-khalifa', 즉 칼리프의 베일은 지엽적인 것이 아니다. 칼리프의 베일은 예식과 그것을 감시할 대리인을 갖춘 핵심적인 제도이다. 칼리프의 히잡은 우마르를 위시하여 모스크 안에서 일련의 암살을 겪었던 초기 무슬림 통치자들에게서 등장했다.

우마르 이븐 알-카탑은 알라 앞에서 겸손하고 사람들에게 정의로웠으며, 본받을 만한 청렴함을 갖춘 나무랄 데 없는 지도자였다. 그는 모스크 한가운데에서 이맘의 역할을 하던 중에 칼에 맞아 죽었다. 불만을 품은 자가 칼로 찔렀을 때 그는 예배를 이끌 준비 중이었다. 우마르는 예언자 뒤를 이은 두 번째 칼리프였고, 그의 죽음은 트라우마를 남겼다. 암살당한 칼리프는 그가 처음이었지만 마지막은 아니었다. 그의 죽음은 지도자와 그 신민들 사이의 살의 어린 증오를 풀어놓았다. 칼리프가 등장할 때마다 군중 속에는 살인자가 숨어 있었다. 칼리프의 백성은 예배의 의무와 이맘과 차단된 소통 사이에서 오도 가도 못하게 된 채 모스크를 희생소로, 이맘을 희생자로 만들었다. 칼리프의 시신은 모스크의 안뜰에 쌓여갔다. 무슬림 정치 체제는 그 살육을 멈추기 위해 또 다른 문턱을 만들고 또 다른 히잡을 설정해야 했다. 이번에는 대단히 본질적으로 정치적인 히잡이었다. 그 목적은 지상에서의 알라의 대변자를, 그가 의무적으로 이끌어야 하는 민중들의 폭력으로부터 피하게 하는 것이었다. 그래서 칼리프의 궁전은 신성과 그 대변자에 대한 거의 동물적인 증오를 지닌 암마, 즉 세속 대중의 히잡과 여성들의 히잡 사이에 갇히게 되었다. 칼리프 우마르의 암살로 말미암아 정치적 공간의 분리가 일어났고 망측한 대중들은 문턱에 막혀 그 뒤로 추방되었다.

무슨 일이 있었는지 다시 풀어보자. 무슬림 역사는 역사적 연대기에 따라 존재하는 것이 아니라 최초의 장면들로 끊임없이 돌아가기 때문이다. 헤즈라 13년(634년) 어느 날, 우마르는 매일 그랬듯이 거리를 걷고 있었다. 그에게 불만에 찬 비아랍인 노예 아부 룰루아가 다가왔다. 정의를 사랑하는 것으로 유명했으나 또한 '길다ghilda', 즉 엄격하기로도 유명했던 우마르는 안보상의 이유로 비아랍인들이 메디나에 거주하는 것을 금지했다. 예언자의 동료 중 한 명인 알-무기라 이븐 슈으바는 니하완드 출신의 페르시아 마즈다크인이었다. 그는 자신이 고용한 대장장이인 아부 룰루아가 메디나에 머물 수 있도록 허가를 신청했었다. 그 노예는 칼리프에게 가서 주인이 그에게 얻어 준 거주 허가에 대해 너무 높은 비용을 쥐어짰다고 고했다. 칼리프는 주인을 두둔했다. 그 노예는 두 번째로 칼리프를 찾아가 고했으나, 이번에는 칼리프를 위협했다. 우마르는 단지 이렇게 말할 뿐이었다. '이 노예는 나를 위협하는구나!' 하지만 그는 아무런 조처를 하지 않았고, 어느 날

아부 룰루아는 옷에 단검을 숨기고 새벽이 다 되었을 때 모스크로 들어가 구석에 웅크리고 칼리프가 와서 신자들의 예배를 이끌기를 기다렸다. 칼리프가 가까이 지나가자 그 노예는 튀어나와 칼리프를 세 번 찔렀고 칼리프는 아랫배에 치명상을 입었다. 뒤이어 그가 공격했던 열두 명의 사람들 가운데 여섯 명이 상처를 입고 죽었다. 그 후 그는 단검으로 자살했다.[1]

---

1 Mas'udi, *Muruj al-dahab*(Beirut: Dar al-Ma'rifa, 1982), vol. 2, p. 329; *Les prairies d'or*(위의 ch. 2 n. 20 참조), vol. 3, p. 607.

메디나의 모스크에서 새벽에 일어난 이 무서운 광경, 칼에 찔린 칼리프와 나란히 놓인 신자들과 암살자의 시신으로 인해, 칼리프와 민중들 간의 전쟁이 시작되었다.

이 암살에 이어 모스크 안에서 수많은 다른 암살들이 이어졌다. 그 중 유명한 것은 알리 아븐 아비 탈립의 암살이다. 이슬람의 첫 분열을 야기했던 이 암살 탓에, 암살자를 숨기고 있을지 모르는 모스크의 신자 집단에 대한 칼리프의 불신은 더욱 확고해졌다. 이븐 칼둔은 필적할 것이 없는 그의 저서 『무깟디마』에서 이렇게 애통해하고 있다.

예배를 올릴 시간에 모스크에서 암살당한 칼리프들을 보라, 그리고 그 암살자들이 어떻게 정확히 그 시간에 그들을 기다리며 잠복했는지를 보라. 이는 칼리프들이 예배를 직접 주재했으며 그 임무를 대체할 사람이 없었음을 보여준다.[2]

칼리프들에 대한 일련의 암살을 계기로 신자들의 이상적인 공동체인 '움마'는 칼리프에 대한 증오와 그를 죽이려는 생각으로 가득한 '암마'로 바뀌었다.

그래서 칼리프를 보호하기 위해 외부를 차단하고 그것을 걸러내는 히잡은 암마가 된 신민들로부터 칼리프를 분리해냈다. 그때 이후로 정의로운 칼리프라는 허구는 세속적 공간과 그 폭력적인 현실의 죄수가 되었다. 이 폭력은 정치판을 두 개로 나누어 버렸다. 그 둘은 칼리프의

2 Ibid.

의사결정 공간과 그 의사결정으로부터 배제되고 영원히 궁전 벽 밖으로 추방된 암마의 공간이었다. 이븐 칼둔에 따르면 칼리프의 히잡이라는 제도는 칼리프의 이상이 세속적인 독재로 바뀜과 동시에 등장했다.

칼리프제가 신정 왕정으로 바뀌고 술탄제가 자신들의 칭호를 들고 등장하면서[즉, 칼리프가 이맘들에게 예배, 재판, 재정 관리 등의 권력을 위임하기 시작하면서], 처음으로 행해진 것은 대중들을 향한 문을 닫는 것이었다. 카와리지파와 다른 반대자들의 공격을 칼리프가 두려워했기 때문이었다. …대중들을 향한 문을 열어두는 것에는 또 다른 단점이 있었다. 군중이 왕에게 몰려들어 주요 업무에 참석할 수 없게 되는 것이다. 그 실무에 선발된 고관을 하집이라고 불렀다.[3]

하집hajib이라는 단어는 히잡hijab과 하자바hajaba라는 같은 어근을 갖고 있다. 하자바는 가리다, 너울을 덮다, 장벽을 세우다, 시트르sitr, 즉 베일로 공간을 분리하다라는 뜻이다. 하집과 히잡의 유일한 차이점은

---

3 Ibn Khaldun, *Recueils de textes*(위의 ch. 1 n. 1 참조), p. 89. [이븐 칼둔, 김정아 번역(2012), 무깟디마 1권, 3부. 일반적인 왕조 왕권, 칼리파위, 정부의 관직 그리고 이에 수반되는 사항들. 관련된 기본법규와 보충적 제의들. p. 393. 칼리파위가 왕권으로 변화되고 군주의 형식과 호칭이 생기자 왕조가 처음으로 한 일은 대중이 군주에게 접근하는 것을 막는 것이었다. 그들은 우마르, 알리, 무아위야, 아므르 븐 알아쓰와 그 밖의 인물에게 일어났던 암살을 우려했기 때문이다. 그리고 백성이 군주의 주위에 몰려 군주가 국사를 처리하는 데 방해를 할 수도 있다는 두려움이 있었다. 군주는 이런 문제를 담당하는 이를 선택해서 '시종'이라고 불렀다 압둘 말리크는 시종을 임명하면서 이렇게 말했다. "너에게 내 방문 앞에서 시종으로서 모든 이들의 입장을 막는 권한을 부여하노라. 단 세 가지 경우는 그 예외이니, 첫째, 예배를 알리는 무앗진이다. 그는 알라의 부름을 전하기 때문이다. 둘째, 전령이다. 그는 신속히 소식을 전해야 하기 때문이다. 셋째, 음식을 나르는 이다. 그는 음식이 상하지 않도록 해야 하기 때문이다." 그 이후 왕권은 더욱 비대하고 복잡해졌다. 부족이나 집단의 일을 상담해주는 자문관과 보좌관이 생겼고 이들을 재상이라 불렀다.─옮긴이]]

하집은 남성이고 히잡은 물체, 즉 베일이나 어떤 종류의 장벽을 의미한다는 것뿐이다. 하지만 이 둘은 같은 기능을 지닌다. 공간을 안과 밖의 둘로 나누어 밖으로부터 안을 보호하려는 것이다. 하집은 '술탄과 대중[암마] 사이에 끼어들어 대중들에게는 문을 닫고 방문자들의 계급에 따라 문을 여는 일을 하며, 왕이 정한 시간 동안 이 일을 한다.'[4]

아랍 역사에는 모든 대가를 치르더라도 폭력을 막고 반란자들과 대화하려고 했던 우마르 이븐 압드 알-아지즈와 같은 독실한 칼리프들이 겪어야 했던 고독한 상황에 관한 매우 아름다운 구절들이 있다. 그는 평생 그들을 포용하고 서신을 보내 자신을 설명하고 그들을 이해하려고 했다. 우마르 이븐 압드 알-아지즈는 애석하게도 너무 일찍 죽었다. 반대자의 목을 베는 대신에 대화를 제도화할 시간을 갖지 못한 채 너무 일찍 죽었다. 그 독실한 칼리프는 히잡에 의해 민중들과 분리된 것에 고통스러워 했다. 그는 이상적으로는 국가의 수장이자, 행정부의 수장, 사법부의 수장, 재정부의 수장, 군대의 총사령관이 되어야 하는 자신이 임무를 수행하는 것이 불가능함을 인식하고 있었다.[5] 까디 직무는 칼리프제에 포함된 기능 중 하나였다. 분쟁을 끝내고 판례를 줄이기 위해서 꾸란과 순나에서 끌어 온 성스러운 율법 구절들만을 적용하여 소송 당사자들 간에 결정을 내리는 것은 까디의 직무였다. 그 때문에 이 직무가 칼리프 임무의 일부였던 것이다.[6] 하지만 오래지 않아 민중

---

4 Ibid.

5 다음을 참조할 것. Ibn Khaldun, *Al-Muqaddima*(Beirut: Dar al-Kitab al-'Arabi, n.d.), pp. 217ff.

6 Ibid.

들과 직접 대면해야 하는 모든 임무를 칼리프가 직접 수행하는 것이 불가능해졌다. '이슬람의 초반에 칼리프들은 그것[까디의 기능]을 직접 행사하였고 다른 이에게 위임하지 않았다. 이를 다른 사람에게 위임하고 그에게 전권을 맡겼던 첫 칼리프는 우마르였다(신께서 동의하시길).'[7] 사법권은 이 정도로 해두자.

2대 정통 칼리프인 우마르는 헤즈라 13년(634년)에 죽었고, 그 이후로 신성한 계획이 그 책임을 지운 자, 즉 칼리프 자신이 직접 무슬림 사법권을 행사한 적이 없었다. 앞서 살펴봤듯이 하룬 알-라시드는 자신을 대신해 예배를 이끌 다른 사람을 보내 이맘의 기능을 위임했던 첫 칼리프였다. 그때 이후로 칼리프와 민중들은 더는 대화할 기회가 없었고 폭력과 처형에 뒤이은 선동의 악순환에 갇혔다. 칼리프는 궁전 안에 스스로 바리케이드를 쳤으며, 민중들은 궁전에 들어갈 수 없게 되었다. 칼리프는 히잡을 통해서만 세상을 볼 수 있었다. 재상들과 고관들, 울라마(종교 지도자들), 그리고 군대 장군들로 구성된 엘리트의 궁전은 칼리프를 둘러싸고 그의 시야를 막았다.

암마(군중)는 능력이 있건 무능하건 차이를 두지 않고, 진실과 잘못을 구분하지 않고, 누구든 지도자가 되면 그 뒤를 추격했다. 독자들이 우리가 말하는 것을 진실로 이해하길 원한다면, 학자들의 집단에 눈을 돌려보기를 권한다. 통찰력과 선의, 지력을 뿜어내는 엘리트 남성들로 가득 차 있음을 보게 될 것이다. 반면에 암마가 자주 가서 모

7 Ibid.

이는 장소에서 그들을 살펴보라. 곰 조련사나 북소리에 맞춰 원숭이
가 춤을 추게 하는 어릿광대 주변에 몰려 있는 사람들밖에 볼 수 없
을 것이다. 군중은 쾌락과 천박함이 있는 곳으로 몰린다는 것을 알
게 될 것이다. 그들은 곡예사나 마술사, 약장수들을 빈번하게 찾아가
고, 인기몰이하는 설교자들의 거짓 이야기에 귀를 기울인다.[8]

역사가 마스우디가 민중들을 폄훼하는 이 장광설은 다른 많은 무슬
림 지도자들의 연설에서도 마찬가지로 찾아볼 수 있다. 이는 오늘날 관
료들의 의식 속에도 깊이 뿌리 내리고 있다. 속담처럼 되어버린 결정적
인 말은, 반란자의 단검에 목숨을 잃은 또 한 명의 칼리프 알리 이븐
아비 탈립의 입에서 나왔다. 그는 암마에 대해 어떻게 생각하느냐는 질
문을 받았다. 그는 이렇게 대답했다. '암마는 목소리가 큰 사람이면 누
구든지 따라가는 짐승의 무리이다. 그들은 지식의 빛을 절대 구하지 않
는다. 그 때문에 군중에게 "메뚜기 떼"라는 욕설을 하는 것이다. 이슬
람 정신에는 없는 오늘날 서구와 그 의회 민주주의에 대한 일부 반동
주의 무슬림 정치가들의 반대는, 자신들의 정치권력 개념이 의회 민주
주의에 의해 완전히 파괴되었다는 사실에서 나온다. 이는 우리가 앞서
살펴보았듯이 헤즈라 초반의 칼리프들이 가졌던 이상과는 아무런 상
관이 없다.'[9] 이상적인 칼리프는 샤리아로 깨우치고 모스크에서 어떤 장
벽도 없이 가까이 두었던 민중들에게 귀 기울였던 이맘이라는 개념이

---

8 Masʿudi, *Muruj*, vol. 3, p. 44; *Prairies d'or*, vol. 3, p. 729.

9 Ibid.

다. 그리고 기적과 수수께끼, 현대의 도전을 볼 수 있는 것이 바로 15세기 동안의 전제 정치에도 흔들림 없었던 정치적 이슬람의 이상이다. 기적이라고 말할 수 있는 것은 그 이상에 대한 꿈이 역사에 도전장을 내밀고 역사에 완전히 무심한 태도를 보여주었기 때문이다. 또한, 수수께끼라고 할 수 있는 것은 15세기 동안 민중들이 자신들의 분노와 슬픔을 폭력의 순환고리에서 끊어낼 방법을 찾지 못한 채 끊임없이 지도자들의 압제에 맞서 일어났기 때문이다. 마지막으로 도전이라고 말할 수 있는 것은 민족의 독립 이후, 보통 선거권—세속적인 서구에서 빌어온 것은 사실이다—이 제한적일지라도 제도화 되었기 때문이다. 흥미로운 것은 오늘날의 무슬림 세계에서는 이제 보통 선거권의 적법성에 관한 논쟁이 없다는 것이다. 현재의 논쟁은 선거 결과에 대한 위조 가능성의 정도이다. 이것은 민중을 주권의 원천으로 받아들인 큰 발걸음이다. 그래도 이슬람의 정치 권력에게 있어서 민중들에게 주권이 있다는 인식보다 더 낯선 것은 없다. 이는 대부분의 신실한 칼리프라면 결코 생각할 수도 없었을 이상한 개념인 것이다.

이슬람에는 성서가 샤리아로 규정해 놓은 것을 이루지 못하고 지상의 정의와 하늘의 천국으로 가는 길을 실행하지 못해서 고통받았던 신실한 칼리프들이 많이 있었다.

언젠가 바그다드에 들이닥친 격렬한 허리케인이 모든 건물을 지상에서 쓸어버리고 그 거주자들을 그 폐허에 묻기 일보 직전이었다고 한다. 그러자 마흐디[카이주란의 남편이자 하룬 알-라시드의 아버지]가 궁전에 엎드려서 기도했다. '주님, 주님은 주님 사도의 나라를 제 손에 맡겼나이다. 제가 지은 수많은 죄악을 보고 그 나라를 벌하지 마시옵소서. 언제나 생생한 무함마드의 모습을 보시어 이 나라를 구하옵소서!' 그렇게 그는 돌풍이 가실 때까지 열렬하게 기도했다.[10]

불가능한 정의의 통치를 열망하며 괴로워하는 칼리프의 고독을 누가 알 수 있겠는가? 이것은 언젠가는 반드시 기록되어야만 하는 무슬림 역사의 또 다른 면이다. 누가 이맘의 잠 못 드는 밤을 알겠는가? 그들은 마흐디처럼 종종 달빛 아래에서 외로운 아이처럼 기도를 올렸다.

그의 시종인 라비야가 나에게 이렇게 말했다. '어느 날 밤 마흐디께서 일어나서 방에서 홀로 기도를 드리고 있다는 말을 들었습니다. 나는 장식도 없이 그저 하얗게 칠해진 전하의 방으로 갔습니다. 달빛이 벽과 소파를 비추며 카펫의 붉은빛을 두드러지게 하고 있었고, 그 위에 흰옷을 입은[11] 마흐디 전하가 소파를 향해 서 있었습니다. 전하는 부드러운 목소리로 꾸란을 낭송하고 계셨고 제가 온 것을 알아차리지 못하셨습니다. 저는 문 앞에 서서 방을 비추는 달빛과 신에게 탄원하는 칼리프와 그분의 아름다운 목소리에 감탄하고 있었습니다.'[12]

---

10 Tabari, *Tarikh al-umam wa al-muluk*(Beirut: Dar al-Fikr, 1979), vol. 10, p. 15.

11 여기서 알-마흐디는 흰옷을 입은 것으로 그려지고 있다. 위에서 압바스조는 검은 옷을 입었다고 했다. 하지만 이 둘은 충돌하지 않는다. 검은색은 공식 복장의 색이었고, 하얀색은 왕이나 우리 같은 소시민들 모두가 예배 때 입는 로브의 색이었다.

12 Tabari, *Tarikh*, vol. 10, p. 15.

많은 무슬림 칼리프들은 히잡에 가려 있는 폭력과 반란, 그리고 선동에 대응할 방법을 찾으려고 기도에 빠져들었다.

암마의 부정적인 개념과 시민이라는 긍정적이고 명백히 서구적인 개념을 비교해보면, 왜 이슬람에서 인권에 관한 모든 논쟁이 베일, 즉 히잡, 그러니까 금지된 문턱과 보호하는 경계의 측면에서만 이루어질 수 있는 망측한 논쟁인지를 알 수 있다. 망측함은 두 가지다. 이는 국민의 주권이 정치적 정통성을 천국의 저장고에서 끄집어내 지상으로 가지고 왔다는 사실로부터 나온다. 또한, 그 주권이 동양과 그 압제를 지배하는 집단의 법칙에 맞서는 서구의 개인주의라는 기준을 불러일으킨 것에서 나온다. 이 두 배의 망측함에 더욱 대처하기 어려웠던 이유는 무슬림 국가들이 독립을 획득한 이래로 줄곧 자신들의 부서지기 쉬운 존재에 모호함이라는 역설을 새겨왔기 때문이었다. 즉, 이슬람은 국교가 될 것인데, 그 국가는 보통선거로 선출된 국회를 갖춤으로써 주권이 하늘로부터 도시 빈민가의 제대로 먹지도 못하는 사람들의 불안정한 자유 의지가 있는 낮은 곳으로 내려왔음을 인정할 것이기 때문이다. 이제부터 그 무슬림 국가는 칼리프제와 의회라는 두 개의 모순적인 무대에서 펼쳐지는 드라마를 가동해야만 유지될 수 있다. 그리고 이 대목에서 베일과 장벽들이 제한 없이 증식하게 되는 것이다.

식민지에서 벗어나 독립을 얻은 이후로 두 번째 무대가 전통적인 칼리프제의 장에 나란히 세워졌다. 그곳에서 민중은 암마, 혼란을 품고 있는 자들이라는 부정적인 낙인이 찍혔다. 이것이 바로 의회적 무대이다. 이곳에서 민중은 이성을 부여받고 국가의 최고 수장을 지정할 권리를 포함한 모든 권리를 누린다. 이 모든 것은 무슬림 여성의 선출과 같은 소위 일탈로 이어질 수 있다.

세계 인권 선언 제1조는 히잡과 그 논리에 대한 철저한 위반으로 구성되어 있다. '모든 사람은 태어날 때부터 자유롭고, 존엄성과 권리에 있어서 평등하다. 사람은 이성과 양심을 부여받았다.' 제19조는 피에 굶주리고 다스리기 어려운 암마의 개념에 완전히 대치된다. '모든 사람은 의견과 표현의 자유를 누릴 권리를 가진다. 이 권리는 간섭을 받지 않고 자신의 의견을 가질 자유를 포함하며 모든 수단을 통하여, 국경에 관계없이, 정보와 사상을 추구하고 받고 전할 자유를 포함한다.' 이것은 암마의 복종과 여성들의 침묵/가면에 기초한 칼리프제의 무대에서 보면 피트나, 즉 혼란에 대한 정의이다. 베나지르 부토가 정부 수장의 위치에 선출된 것이 피트나다. 헤즈라 1410년(1988년) 파키스탄의 암마들이 투표하여 선출된 여성의 승리가 바로 피트나인 것이다. 이는 15세기 동안의 압제, 오늘날 모두가 그렇듯이 과거에 자신의 삶을 염려했던 이븐 칼둔의 말을 빌리자면 물크(왕권-옮긴이)라는 거대한 괄호를 닫는 행위였다.

세계 인권 선언은 2차 세계대전 이후 거의 모든 무슬림 국가들에서 비준되었으며, 정치적 장의 통합성을 파괴하고 이를 서로 모순될 수 있지만 둘 다 필요한 두 개의 장으로 나누었다. 필요한 것은 무슬림들이 더 이상은 하룬 알-라시드 시대에 그랬던 것처럼 제국의 행보와 별들의 리듬, 시간 측정을 통제하지 않기 때문이다. 무슬림들은 1414년이며 여전히 음력으로 달을 세는 달력과 나란히, 낯설고 이질적이며 달이 빠르고 불안정하게 가는 1992년의 달력을 걸어둔다. 두 개의 장, 두 개의 달력은 시간에 대한 현기증을 유발한다. 시간은 과거에 의미했던 것을 더는 의미하지 않는다. 시간은 두 개로 나누어졌기 때문에 지속성과 합리성을 위해서는 타인에게 속한 또 다른 시간이 새겨져야 한다. 그래서 우리는 두 개의 달력을 가지고 있다. 각각은 모순되는 주인들의 명령을 따른다. 한 달력은 메카의 성스러운 시간을 말해주고, 다른 달력은 주식 시장의 세세한 변화를 나타내며 달러의 상승과 하락을 반영한다.

두 개의 장, 두 개의 달력, 두 개의 정체성. 저쪽에는 주권 국민이 있고, 이쪽에는 복종적이고 신실한 무슬림들이 있다. 우리는 살아남기 위해서 '메디나 민주주의'라고 부를 수 있는 뒤죽박죽인 박자에 맞춰 춤추는 법을 배워야 한다.

우리, 메디나 민주주의의 주민들은 이 오락가락함, 반대될 뿐 아니라 양립할 수 없는 두 개의 장들 사이에서 실성한 춤을 추면서 지쳐가는 것이다. 한쪽의 장, 칼리프제의 장에서 주권은 단수이며 필연적으로 유일하고 통합된 신성한 의지에 응집된 집단/움마의 주권이다. 다른 쪽의 장, 의회의 장에서 주권은 타인만큼이나 중요한 각 개인 수백만 명사이에서 원자화되어 있다. 우리는 끊임없이 정신을 차리고, 우리의 가면과 자태를 맞춰 가야 한다. 또한, 무엇보다 누구를 상대하느냐에 따라 어떻게 입단속을 할지 알아야만 한다. 터놓고 말하자면 의회의 장에서 국민이 가지는 신성한 권리는 칼리프제의 장에서는 비드아, 즉 범죄로 공공연히 비난받고 규탄받는다. 신자들의 언어는 단 하나의 기능뿐이다. 선조들의 지식을 암송하는 것이 그 의무이자 존재 이유이다. 반면, 국민의 언어는 기능이 많다. 당연히 선조들의 가르침을 따라 할 수도 있으나 모두가 새로운 것을 말한다. 또한, 새로운 지식뿐 아니라 새로운 세계를 상상하도록 고무된다. 신자들은 자신들이 원하는 것, 특히 머릿속에 떠오르는 것을 말하거나 쓸 권리가 없다. 거기에는 전통이 인정하지 않은 어떤 생각도 담겨 있어서는 안 된다. 이 때문에 메디나 민주주의의 주민들은 자신들이 이상적으로 모순되는 두 개의 장에서 동시에 살고 있다는 것을 잊는다. 그들은 펜을 꺼내 들고 순나와는 전혀 가깝지 않은 책을 쓰고나서 때때로 이맘들로부터 비난받는다. 보기보다는 논리적인 이맘들은 명백한 것만을 지적할 수 있다. 단어 정의상 복종적이어야 하는 무슬림이 자유롭게 발언한다는 것은 말이 안 되는 것이다(무슬림은 복종하는 자라는 의미이다-옮긴이).

1988년 12월 모로코 인권단체의 제정 회의에서, 대부분 교사와 변호사들이었던 청중들은 모로코 남부 출신의 저명한 알림(학자-옮긴이)이었던 한 초대 손님의 발언을 기다리고 있었다. 그리고 그의 발언은 모두를 놀라게 했다. '이슬람의 형제자매 여러분, 제 생각에는 목소리를 높이고 표현의 자유를 다루어 온 여러분 중 많은 사람이, 올바른 무으민mu'min[신자]은 아무것이나 말해서는 안 된다는 사실을 잊어버린 것 같습니다. 말할 권리가 없는 것들이 많이 있습니다.' 청중석의 누구도 그에게 이의를 제기하거나 자유 발언의 권리를 신청하지 않았다. 이유는? 메디나 민주주의에서 자유 발언이란, 가면의 춤과 태도를 돌변하는 게임에 통달해 있지 않은 한 곧장 감옥으로 갈 수 있기 때문이다. 국제 암네스티의 최근 보고서에 의하면, 무슬림 국가들에서 불행한 '양심수들'이 수천 명을 넘어서고 있다. 그들의 문제는 무엇이며, 왜 감옥에 갇히게 되었는가? 그들은 매일 아침 이맘들이 우리에게 상기시켜주는 한 가지, 즉 칼리프제의 장에서는 오직 하나의 의견, 신성한 진실인 칼리프의 의견만이 존재한다는 것을 잊었던 것이다.

메디나 민주주의의 주민들인 우리의 문제는, 우리가 우리 자신의 파트너라는 사실이다. 우리는 스스로 연극을 하면서 양립하지 못하는 두 개의 장 사이에서 춤을 추고 있다. 그리고 이것이 불쌍한 우리의 정신세계를 복잡하게 한다. 이는 힘이 부치는데도 그저 평행을 유지하기 위해 엄청난 노력을 쥐어짜는 모터와 같다.

표현의 자유가 거의 무한정인 철저한 민주주의에서 사는 사람들에게나, 지도자를 제외한 누구도 의견을 낼 자유가 없는 철저한 신정정치에서 사는 사람들에게는 그런 문제가 없다. 모두가 자신이 속한 곳과 입을 놀리는 법을 알고 있다. 모로코 속담이 이 상황을 완벽하게 요약해준다. '알-리산 마 피흐 아듬Al-lisan ma fih 'adhm', 즉 혀에는 뼈가 없어서 타즐리고, 쉽게 미끄러진다는 것이다. 애석하게도. 실언은 모든 언어에서 똑같은 중요성을 지니지는 않는다. 프랑스에서 실언은 그저 의회적 장의 위대한 구루들인 정신분석학자들에게 기쁨을 주는 가벼운 문제일 뿐이다. 하지만 칼리프 앞에서나 칼리프제의 장에서 실언한다면, 그것은 멸망을 보게 될 일이다. 역설적이게도 개인의 의견에 무게감이 없는 그 칼리프제의 장에서 실언은 마치 하늘과 땅을 흔드는 벼락과 같고 실언한 자를 불경죄에 빠지게 한다.

어린 시절의 어느 날, 나는 팔라카(발바닥을 때리기 위해 발을 고정하는 장치)를 하고 맞아서 발이 잔뜩 부은 채 꾸란 학교에서 돌아왔다. 항상 내게 행복해지는 법을 가르쳐주려던 할머니가 물었다. '아가, 대체 무슨 일을 한 거니?' 나는 치욕의 눈물을 삼키면서 대답하기 시작했다. '나는 파끼하[선생님]께 말하려고 했어요…' 그러자 50년간을 하렘에서 보냈던 할머니는 내가 첫 마디를 끝내기도 전에 막아섰다. '애야, 더 말할 것 없다. 아주 큰 잘못을 저질렀구나. 네 파끼하에게 뭔가를 말하려고 했던 게로군. 네 나이 때는 뭘 말하는 게 아니다. 특히 어른들에게는 말이야. 조용히 있어야 한다. 아무 말도 말거라. 알게 되겠지만 그러면 더 이상은 맞는 일이 없을 거다.' 할머니는 내가 열세 살이던 아름다운 여름날 오후에 돌아가셨다. 난 성장했고, 어깨가 넓어졌으며, 꾸란 학교를 벗어나서 존엄성을 찾아 세계를 향한 확고한 발을 내디뎠다. 하지만 나의 진전은 나를 사랑하고 내가 행복하기를 바라는 사람들의 경악할 만한 조언으로 항상 가로막혔다. 그들은 항상 똑같은 얘기를 했다. 맞고 싶지 않다면 조용히 있어야 한다.

메디나 민주주의에서 개인들은 모든 노력을 하나의 신체 기관에 집중한다. 바로 혀이다. 그리고 혀의 곡예 때문에 그들은 본질적인 것, 즉 뇌와 사고하는 행위를 잊는다. 서구인들이 생각하는 것에 골몰할 때, 우리 메디나 민주주의의 주민들은 말하는 기술에 노력을 쏟아붓는다. 하지만 무엇을 표현하기 위해서인가? 대개 우리는 알지도 못한다. 그래서 우리는 회의를 하게 되면 자정을 넘기고 콘퍼런스를 열면 끝이 없다. 또한, 이것은 어떤 정치색을 가졌든지 간에 우리의 기획자, 정치인, 기술자, 지성인들이 어째서 한없이 말을 쏟아내는지 설명해준다. 한없이 쏟아지는 말들은 엄정하게 그 내용을 분석해 보면, 진정한 사고의 수준에서 볼 때 그저 새로운 생각이 아예 없거나 거의 없는 말뿐이라는 것이 드러난다. 아마도 이는 인간이 정신을 발전시키는 능력은 자신이 속한 곳에서 일어나는 일에 대해 책임을 지는 정도에 따라 달라지기 때문일 것이다. 세상이 다른 누군가에게 속해 있을 때는, 생각할 필요는 불필요하게 된다. 국민과 신자는 똑같은 방식으로 행동하지 않는다.

그 타당하고 단순한 이유는 천국과 지상이 서로 다른 법칙에 지배받으면서도 우주적인 계획 안에서 함께 존재하기 때문이다. 칼리프제의 장에서는 개인은 천국의 광대함과 편재의 한가운데 있을 뿐이며, 천국은 신성한 권력과 성스러운 주권을 가지고 지상을 뭉갠다. 이곳 지상은 붐비는 만큼 중요성은 거의 가지고 있지 않다. 지상은 천국의 압도적인 장엄에 비해 한낱 소소할 뿐이다. 무엇보다 지상은 천국을 타오르게 하는 광채 나는 영성에 비교하면 격이 떨어진다. 신자들의 지상은 낮고, 육체적이며, 관능으로 차 있다. 이 칼리파제의 지상은 격이 떨어졌고 격이 떨어지고 있다. 신성한 영원성의 광대함에 비해 난쟁이와 같은 사람들이 사는 곳이기 때문이다. 이 광대함과 그 시공간에 비춰봤을 때 지상과 그곳의 거주자들은 그저 미미하다.

반면에 의회적 맥락에서는 천국이 없으며, 있다고 하더라도 정치적 드라마의 무대 밖에 있다. 지상이 공간 전체를 장악하고 있으며, 국민은 각자가 남들과 마찬가지인 주권자로서 자신의 유한한 발을 지상에 딛고 서 있는 거인들로 그 장대함이 그 비극적인 유한성 안에 놓여 있다. 이 유한성은 매우 강대한 인간의 지능으로 계산되며, 그 지력은 지구와 은하계가 블랙홀로 빨려 들어가기까지 몇 년이 남았는지를 포함한 모든 것을 측정할 수 있는 기구들을 개발해냈다.

메디나 민주주의의 주민들인 우리는 천국과 지상 사이에서 소용돌이치고 있다. 엉겁결에 우주비행사가 되었는데 우주복이나 산소마스크도 없이 맨발과 맨손으로 행성의 춤을 추게 되었다. 그리고 여기에는 결코 무시할 수 없는 차이가 하나 있다. 우리 여성들은 그 소용돌이 속에서 베일을 쓰고 있어야 한다.

천국!

내가 우리의 힘을 생각하면! 하지만 쉿! 우리는 그것을 말해서는 안된다. 악마의 눈(evil eye, 아랍어로 ayan. 지중해, 중근동, 남아시아에서 신에 거역하면서 재앙을 가져오는 초자연적인 힘을 가진 눈 및 그 힘의 행사나 작용을 의미한다.—옮긴이)을 끌어들일지도 모른다!